Couvertures supérieure et inférieure
en couleur

PAUL BOURGET

MENSONGES

QUATORZIÈME ÉDITION

PARIS

ALPHONSE LEMERRE, ÉDITEUR

27-31, PASSAGE CHOISEUL, 27-31

M DCCC LXXXVIII

A LA MÊME LIBRAIRIE

OEUVRES
DE
Paul Bourget

Édition elzévirienne

Poésies (1872-1876) *Au bord de la Mer* — *La Vie Inquiète*
    Petits Poèmes. 1 vol. . . . . 6 »
Poésies (1876-1882) *Edel.* — *Les Aveux.* 1 vol. . . . . 6 »

Édition in-18
POÉSIE

La Vie inquiète, 1 vol. (épuisé) . . . . 3 f. »
Edel, 1 vol. (épuisé) . . . . 3 »
Les Aveux, 1 vol. (épuisé) . . . . 3 »

PROSE

Essais de Psychologie contemporaine. (Baudelaire. —
    M. Renan. — Flaubert. — M. Taine. — Stendhal).
    1 vol. 3 50
Nouveaux Essais de Psychologie contemporaine. —
    (M. Dumas fils. — M. Leconte de Lisle. — MM. de
    Goncourt. — Tourguéniev. — Amiel). 1 vol. . . . 3 50
L'Irréparable. *L'Irréparable* — *Deuxième Amour* — *Profils
    perdus.* 1 vol. 3 50
Cruelle Énigme. 1 vol. 3 50
Un Crime d'Amour. 1 vol. 3 50
André Cornélis. 1 vol. 3 50
Mensonges. 1 vol. 3 50

Paris — Imprimerie A. LEMERRE, 25, rue des Grands-Augustins.

8 V²
22401

MENSONGES

DU MÊME AUTEUR

Édition elzévirienne

Poésies (1872-1876) *Au bord de la Mer — La Vie inquiète
  Petits Poèmes*. 1 vol. . . . . 6 f. »
Poésies (1876-1882) *Edel. — Les Aveux*. 1 vol. . . . . . 6 »

Édition in-18

POÉSIE

La Vie inquiète, 1 vol. (*épuisé*) . . . . 3 »
Edel, 1 vol. (*épuisé*) . . . . 3 »
Les Aveux, 1 vol. (*épuisé*) . . . . 3 »

PROSE

Essais de Psychologie contemporaine. (*Baudelaire. —
  M. Renan. — Flaubert. — M. Taine. — Stendhal*).
  1 vol. 3 50
Nouveaux Essais de Psychologie contemporaine. —
  (*M. Dumas fils. — M. Leconte de Lisle. — MM. de
  Goncourt. — Tourguéniev. — Amiel*). 1 vol. . . . 3 50
L'Irréparable. *L'Irréparable — Deuxième Amour — Profils
  perdus*. 1 vol. 3 50
Cruelle Énigme. 1 vol. 3 50
Un Crime d'amour. 1 vol. 3 50
André Cornélis. 1 vol. 3 50

Tous droits réservés.

PAUL BOURGET

MENSONGES

PARIS

ALPHONSE LEMERRE, ÉDITEUR

27-31, PASSAGE CHOISEUL, 27-31

M DCCC LXXXVII

DÉDICACE

A Louis Ganderax,

J'ai composé toute une portion de ce livre, mon cher Louis, en Angleterre, et dans l'angle d'un bow-window pareil à celui qui bombait de notre salon commun sur une fraîche pelouse, à Shanklin, durant l'été de 1880. Tandis que je travaillais à cette œuvre de doute et d'analyse triste, dans ma solitude d'outre-Manche, cette année-ci, j'ai bien souvent évoqué, pour me reposer de ces noires imaginations, le souvenir de notre gaieté d'alors. Je revoyais la servante, au pâle visage digne d'une vierge de Burne Jones, qui passait, silencieuse et légère, comme un esprit; les hôtes charmants qui nous recevaient dans le poétique Rylstone; et ce chine, ce ravin, touffu et ombreux, à l'extrémité duquel bleuissait la mer et où les fougères verdoyaient, si hautes, si vivantes, si délicates! Mais c'est à vous surtout que je pensais, mon cher Louis, et au charme de votre sûre amitié qui m'a donné tant d'heures précieuses depuis ces heures lointaines. Trouvez ici, dans l'offre que je vous fais de ce nouveau roman, un témoignage trop faible de l'affection que je vous ai vouée en retour, — affection qui, elle du moins, n'est pas un mensonge.

P. B.

Paris, 26 Octobre 1887.

MENSONGES

I

UN COIN DE PROVINCE A PARIS

« Monsieur, » fit le cocher en se penchant du haut de son siège, « la grille est fermée... »

— « A neuf heures et demie!... » répondit une voix de l'intérieur de la voiture. « Quel quartier! Ce n'est pas la peine de descendre; le trottoir est sec, j'irai à pied... » Et la portière s'ouvrit pour donner passage à un homme encore jeune, qui releva frileusement le collet de loutre de son pardessus, et avança sur le pavé des souliers découverts. Ces souliers vernis, les chaussettes de soie à fleurs, le pantalon noir et le chapeau d'étoffe témoignaient que, sous la fourrure, ce personnage cachait une complète tenue de soirée. La voiture était un de ces fiacres sans numéro qui stationnent à la porte des cercles, et, tout en assurant son cheval, le cocher, peu habitué à ce coin provincial de Paris, se prit à regarder, comme faisait son client lui-même, cette entrée d'une rue, vraiment excentrique, bien qu'elle fût située sur le bord du faubourg Saint-Germain. Mais à cette époque, — en 1879 et vers le commencement de février, — cette rue Coëtlogon, qui joint la rue d'Assas à la rue de Rennes, présentait encore la double particularité d'être close par une grille, et, la nuit, éclairée par une lanterne suspendue, suivant l'ancienne mode, à une corde transversale. Aujourd'hui la physionomie de l'endroit a bien changé. Il a disparu, le mystérieux hôtel, à droite, placé de guingois au milieu de son jardin, et qui abritait sans doute une calme existence de douairière. Les terrains vagues qui rendaient cette rue Coëtlogon inabordable aux voitures du côté de la rue de Rennes, comme la grille l'isolait du côté de la rue d'Assas, ont été nettoyés de leurs amas de pierres. Les becs de gaz ont remplacé la lanterne. A peine si deux pavés un peu inégaux marquent la place des barreaux sur lesquels jouaient les portes mobiles de la grille, que l'on poussait seulement chaque soir au lieu de les verrouiller. Le jeune homme n'eut donc pas à sonner pour se faire ouvrir, mais, avant de s'engager dans la mince ruelle, il s'arrêta quelques minutes devant le paysage que formaient cette impasse sombre, le jardin de droite, la ligne des maisons déjà presque toutes éteintes à gauche, au fond les masses confuses des bâtisses en construction, la lanterne ancienne au centre. Là-haut, une froide lune d'hiver brillait dans un ciel tragique, un ciel vaste, pommelé de nuages mobiles et qui couraient vite. Ils passaient, passaient devant cette lune claire, et voilaient à chaque fois légèrement son éclat de métal, comme rendu plus vif lorsque ces vapeurs mobiles se creusaient soudain en une portion d'espace toute libre et toute noire.

— « Quel décor pour un adieu, » dit à mi-voix le jeune homme, qui ajouta, en se parlant tout haut à lui-même :

« *Jusqu'à l'heure où l'on voit apparaître et rêver*
« *Les yeux sinistres de la lune...* »

S'il y avait eu sur ce trottoir un passant quelque peu observateur, il aurait reconnu un homme de lettres à la manière dont ces deux vers de Hugo furent comme chantonnés par ce personnage, qui portait en effet un nom très en vedette, à cette date, dans la littérature. Mais les disparus sont si vite des oubliés, dans ce tourbillon d'œuvres nouvelles, d'incessantes réclames, de renommées improvisées, qui balaie infatigablement le boulevard, que les succès d'il y a dix ans paraissent lointains et vagues comme ceux d'un autre âge. Deux drames de la vie moderne, un peu trop directement inspirés de M. Alexandre Dumas fils, avaient acquis une vogue momentanée à ce jeune homme, — il avait trente-cinq ans passés, mais il en paraissait à peine trente, — et il n'avait pas encore usé sa signature, son nom sonore et hardi de Claude Larcher, en le mettant au bas d'articles bâclés et de romans de hasard. Il était à cette époque l'auteur de la *Goule* et de *Entre adultères*, pièces inégales, empreintes d'un pessimisme souvent conventionnel, puissantes cependant par une certaine acuité d'analyse, par l'âpreté du dialogue, par l'ardeur souffrante de l'idéal. En 1879, ces pièces dataient déjà de trois années, et Claude, qui s'était laissé rouler par une existence de dissipation, commençait d'accepter des besognes fructueuses et faciles, incapable de se reprendre par un nouvel effort de longue haleine. Comme beaucoup d'écrivains d'analyse, il était habitué à s'étudier et à se juger sans cesse, étude et jugement qui n'avaient d'ailleurs aucune influence sur ses actions. Les plus menus détails lui servaient de prétexte à des retours sur lui-même et sa destinée, mais le seul résultat de ce dédoublement continuel était de l'entretenir dans une lucidité inefficace et douloureuse de tous les instants. C'est ainsi que la vue de la paisible rue et le souvenir de Victor Hugo eurent pour conséquence immédiate de lui rappeler les résolutions d'existence retirée et de travail réglé qu'il formait en vain depuis des mois. Il réfléchit qu'il avait une nouvelle promise à une revue, un drame promis à un théâtre, des chroniques promises à un journal, et qu'au lieu d'être assis à la table de son appartement de la rue de Varenne, il courait Paris à dix heures du soir dans le costume d'un oisif et d'un snob. Il passerait cette fin de soirée et une partie de la nuit à une fête donnée par la comtesse Komof, une grande dame russe établie à Paris, dont les réceptions dans son énorme hôtel de la rue du Bel-Respiro étaient aussi fastueuses que mêlées. Il se préparait à faire pis encore. Il venait chercher, pour le conduire chez la comtesse, un autre écrivain, plus jeune que lui de dix années, et qui avait mené jusqu'alors, dans une des maisons de cette discrète, de cette taciturne rue Coëtlogon, précisément la noble vie d'assidu labeur dont la nostalgie le torturait lui-même. René Vincy — c'était le nom de ce jeune confrère — venait, à vingt-cinq ans, d'émerger du coup au grand soleil de la publicité, grâce à une de ces bonnes fortunes littéraires qui ne se renouvellent pas deux fois par génération. Une comédie en un acte et en vers, le *Sigisbée*, œuvre de fantaisie et de rêve, écrite sans aucune idée de réussite pratique, l'avait rendu célèbre du jour au lendemain. Ç'avait été, comme pour le *Passant* de notre cher François Coppée, un engouement subit du Paris blasé, un battement de mains universel dans la salle du Théâtre-Français, et le lendemain une louange universelle dans les articles des journaux. Ce succès étonnant, Claude pouvait en revendiquer sa part. N'avait-il pas eu le premier entre les mains le manuscrit du *Sigisbée?* Ne l'avait-il pas apporté à sa maîtresse, Colette Rigaud, l'actrice fameuse de la rue de Richelieu? Et Colette, engouée du rôle qu'elle entrevoyait dans la pièce, avait forcé toutes les résistances. C'était lui, Claude Larcher, qui, interrogé par madame Komof sur le choix d'une comédie à donner dans son salon, avait indiqué le *Sigisbée*. La comtesse avait accédé à cette idée. On jouait chez elle la saynète à la mode ce soir même, et Claude, qui s'était chargé de chaperonner l'auteur, venait le prendre, à l'heure dite, dans l'appartement de la rue Coëtlogon, où René Vincy habitait auprès d'une sœur mariée. Cette extrême complaisance d'un écrivain déjà mûr pour un débutant, n'allait pas sans un mélange d'un peu de vanité et d'ironie. Claude Larcher, qui passait son temps à médire du monde riche et cosmopolite dont était la comtesse Komof, et qui le fréquentait sans interruption, éprouvait un léger chatouillement d'amour-propre à étaler aux yeux de son camarade le détail de ses relations de haute vie. En même temps la naïve stupeur du poète, l'espèce d'ébahissement enfantin où le jetait cette syllabe magique et vide : — le Monde, — divertissait le malicieux moqueur. Il avait déjà joui, comme d'un spectacle doucement comique, de la timidité déployée par Vincy dans la première visite qu'ils avaient faite ensemble chez la comtesse, un des jours de la semaine, après le déjeuner ; et la pensée de la fièvre dans laquelle René devait l'attendre, le faisait sourire, tandis qu'il franchissait les quelques pas nécessaires pour arriver à la porte de la maison où vivait son jeune ami.

— « Et dire que j'ai été aussi puéril que lui, » songea-t-il, en se rappelant qu'il y avait eu, pour lui comme pour René, une première sortie mondaine; il songea encore : « Voilà une sensation que ne soupçonnent guère ceux qui ont grandi pour les salons et dans les salons, et comme c'est absurde d'ailleurs que nous allions, nous, chez ces gens-là !... »

Tout en philosophant de la sorte, Claude s'était arrêté devant une nouvelle grille, à gauche, fermée celle-là, et il avait sonné. Cette grille donnait sur une allée, laquelle desservait une maison à trois étages, séparée de la rue par la mince bande d'un jardinet. La loge du concierge était située sous la voûte qui terminait la petite allée. Ce concierge se trouvait-il hors de sa loge, ou le coup de sonnette n'avait-il pas été assez fort? Toujours est-il que Claude dut tirer une seconde fois la longue chaîne terminée par un anneau rouillé, qui servait de cordon. Il eut le temps de dévisager cette maison, toute noire et comme morte, où brillait seulement une seule fenêtre, au rez-de-chaussée. C'était là, et dans ce logement dont les quatre fenêtres ouvraient sur l'étroit jardin, qu'habitaient les Fresneau. Mademoiselle Émilie Vincy, la sœur du poète, avait épousé en effet un certain Maurice Fresneau, professeur libre, que Claude connaissait pour avoir été son collègue durant les premiers jours de sa vie à Paris, début d'écrivain pauvre dont l'auteur applaudi de *la Goule* avait la faiblesse de rougir. Combien il eût mieux aimé avoir dévoré son patrimoine en séances au club ou chez les filles! Il conservait cependant des relations suivies avec son ancien collègue, par reconnaissance pour des services d'argent rendus autrefois. Il s'était d'abord intéressé à René à cause de ce vieux compagnon des mauvais jours; puis il avait subi le charme de la nature du jeune homme. Que de fois il était venu, lassé de son existence factice, toute en douloureuses paresses et en passions amères, se reposer pour une heure dans la modeste chambre qu'occupait René, juste à côté de celle dont il voyait maintenant la croisée éclairée et qui était la salle à manger! Dans le court espace de temps qui sépara ses deux coups de sonnette, et grâce à la rapidité d'imagination propre aux artistes visionnaires, cette chambre se peignit d'un coup devant l'esprit de Claude, — comme un symbole de la vie toute de songes menée jusqu'ici par son ami. Le poète et sa sœur avaient eux-mêmes cloué aux murs une petite étoffe rouge sur laquelle se détachaient, de-ci delà, des gravures choisies par un goût raffiné de rêveur solitaire : des compositions d'Albert Durer, l'*Hélène* de Gustave Moreau et son *Orphée*, quelques eaux-fortes de Goya. La couchette en fer, la table bien rangée, la bibliothèque garnie de livres, le rouge du carrelage apparu comme un encadrement au tapis du milieu, — combien Claude avait aimé ce décor intime, et sur la porte cette phrase de l'*Imitation* écrite enfantinement par René : *Cellà continuata dulcescit!* L'évocation de ces images modifia soudain la pensée de l'écrivain, qui se sentit, d'ironique, devenir triste, à l'idée qu'en effet cette entrée dans le monde par la porte du salon Komof était un gros événement pour un enfant de vingt-cinq ans et qui avait toujours vécu là. Quelle âme nourrie d'idéal il allait apporter dans cette société de luxe et d'artifice, recrutée par la comtesse !

— « Jamais de mon avis, » se dit-il, tiré de sa rêverie par le grincement du pêne sur la serrure, et poussant la grille... « Puisque c'est moi qui lui ai conseillé de sortir, qui l'ai habillé pour ce soir. » — Il avait en effet conduit René chez son tailleur, son chemisier, son bottier, son chapelier, afin de procéder à ce qu'il appelait plaisamment son investiture... — « Il fallait penser auparavant aux dangers de cette rencontre avec le monde... Et quel triste don de prévoir le pire ! On le présentera à quatre ou cinq femmes, il sera invité à dîner deux ou trois fois, il oubliera de mettre des cartes, il oubliera... et on l'oubliera... »

Il s'était engagé dans l'allée, puis il avait sonné à une première porte à droite qui était celle des Fresneau, avant la loge du concierge. Cette bizarre disposition des lieux s'expliquait par l'existence d'un second petit jardin et d'une seconde maison, desservis également par la grille de la rue Coëtlogon. La personne qui vint lui ouvrir était une grosse et lourde fille de trente ans, à la taille courte, aux épaules carrées, avec un visage tout d'une pièce, qu'encadrait un serre-tête de forme auvergnate et qu'éclairaient deux yeux bruns d'une simplicité animale. Cette physionomie campagnarde exprimait une instinctive défiance, comme le geste par lequel la fille entre-bâillait à demi la porte au lieu de l'ouvrir largement, comme le clignement de ses paupières tandis qu'elle élevait la lampe à pétrole un peu haut afin de jeter la pleine lumière sur le visiteur. Elle reconnut Claude, et sa large face s'anima d'une bienveillance qui révélait la faveur dont l'écrivain jouissait dans l'intérieur des Fresneau. La fille sourit en montrant des dents blanches et petites, des dents de bête; il lui en manquait une derrière chaque œillère.

— « Bonsoir, Françoise, » dit le jeune homme, « votre maître est-il prêt? »

— « Tiens... C'est M. Larcher, » fit joyeusement la bonne; « il est paré, » ajouta-t-elle, « et gentil comme un Jésus... Vous allez trouver la compagnie dans la salle à manger... Attendez que je vous débarrasse de votre veste... Ah! Marie, Joseph! mon pauvre Monsieur, c'est ça qui doit vous peser sur le dos!... »

La familiarité de cette servante à tout faire, débarquée tout droit chez les Fresneau, du village d'Auvergne dont était le professeur, et installée dans la maison depuis quinze ans comme chez elle, amusait toujours Claude Larcher. C'était un de ces lettrés trop raisonneurs, qui raffolent du naturel, sans doute parce qu'il les repose du travail desséchant et ininterrompu de leur propre cerveau. Il arrivait à Françoise de lui parler de ses propres ouvrages en des termes d'une prodigieuse bouffonnerie, ou d'exprimer, avec une ingénue naïveté, la crainte dont elle était poursuivie, celle que l'auteur dramatique ne la mît dans quelque pièce de théâtre; ou bien encore elle appliquait à des phrases littéraires, ramassées en servant à table, cet étrange pouvoir de déformation propre aux gens du peuple. Claude se rappelait l'avoir entendue qui, pour vanter l'ardeur au travail de René, disait : « Il s'identifrise avec ses héros. » Il en riait encore. Elle disait « ceuiller » pour « cuiller, » « engratigner » pour « égratigner, » « archeduc » pour « aqueduc, » « voyager en coquelicot » pour

« incognito, » et une foule de locutions du même genre que l'écrivain s'amusait à inscrire sur un de ses innombrables calepins à notes, pour un roman qu'il ne finirait jamais. Aussi se complaisait-il d'ordinaire à provoquer ce bavardage. Il ne le fit pas ce soir-là, dominé par l'impression de mélancolie que lui avait causée la subite idée de son rôle de tentateur mondain. Pendant que Françoise suspendait son pardessus à une des patères, il regardait le couloir qu'il connaissait pourtant si bien et sur lequel ouvraient les portes des diverses chambres. Celle du poète, au fond à droite, était exposée au midi; les Fresneau se contentaient d'une autre chambre, plus étroite, au nord, à côté de laquelle se trouvait celle de leur fils, Constant, un petit garçon de six ans, moins cher à Émilie que ne l'était René. Les causes de cette affection passionnée de la sœur pour le frère, Claude les savait, détail par détail, comme il savait l'histoire de cette famille. Et cette histoire touchante, modeste et simple, ne justifiait que trop son remords de venir arracher de cet asile celui en qui elle se résumait toute.

Le père d'Émilie et de René, avoué à Vouziers, était mort misérablement, à la suite d'excès de boisson. L'étude vendue, toutes les dettes payées et grâce à la réalisation de quelques biens-fonds, la veuve de ce viveur de province avait eu à elle environ cinquante mille francs. Le séjour de Vouziers lui rappelant de trop cruels souvenirs, elle était venue, avec ses deux enfants encore tout jeunes, s'établir à Paris. Elle y avait un frère, l'abbé Taconet, prêtre très distingué, ancien élève de l'École normale, entré dans les ordres subitement, et sans que rien eût expliqué cette résolution à ses camarades qui le virent, avec non moins de stupeur et presque aussitôt après sa sortie de Saint-Sulpice, ouvrir, rue Cassette, un établissement d'éducation. Catholique convaincu, mais très libéral et tout voisin du gallicanisme, l'abbé Taconet avait compris que beaucoup de familles de la riche bourgeoisie hésitent entre les collèges purement laïques et les collèges purement religieux, sans trouver, ni dans les uns ni dans les autres, de quoi répondre à leur double besoin de christianisme traditionnel et de développement moderne. Il n'avait pris la soutane que pour réaliser plus aisément un projet d'harmonie entre ces deux courants opposés, et toute son ambition fut satisfaite le jour où il fonda, en compagnie de deux prêtres plus jeunes, un externat ecclésiastique, dont les élèves devaient suivre les cours du lycée Saint-Louis. Le succès de cette École Saint-André — l'abbé Taconet l'avait baptisée ainsi du nom de son patron, — fut si rapide, que, dès la troisième année, trois petits omnibus à un cheval étaient nécessaires pour prendre les élèves à leur domicile et les y ramener. La possibilité de donner à son fils, alors âgé de dix ans, une éducation exceptionnelle, fut une des raisons qui décidèrent madame Vincy à choisir Paris comme lieu de résidence, d'autant plus que les seize ans d'Émilie assuraient à la mère une aide précieuse dans la tenue d'une nouvelle maison. Sur les conseils de l'abbé Taconet, que le maniement des fonds de son collège rendait bon administrateur, elle plaça les cinquante mille francs de sa fortune en rentes italiennes, qui valaient à cette époque soixante-cinq francs. Le ménage de la veuve eut ainsi deux mille huit cents francs par an à dépenser. Le secret du culte idolâtre dont Émilie enveloppait son jeune frère dérivait tout entier de la masse de sacrifices quotidiens représentés par ce chiffre de revenus. Dans la vie du cœur, on court après sa souffrance, comme on court au jeu après son argent. Madame Vincy était tombée malade, presque aussitôt après l'installation à Paris, qui s'était faite en 1863, dans cette même maison de la rue Coëtlogon, mais au troisième étage. Jusqu'en 1871, date où mourut la pauvre femme, la jeune fille dut suffire à ce triple devoir : soigner sa mère alitée, veiller au minutieux détail d'un ménage où cinquante centimes étaient une somme, suivre l'éducation de son frère, heure par heure. Et elle avait mené cette dure tâche jusqu'au bout, sans que la fatigue d'une telle existence, qui pâlissait un peu le rose de ses joues amincies, lui arrachât une seule plainte. Elle avait ressemblé à ces ouvrières des vieilles chansons parisiennes, qui se consolent des lassitudes d'un âpre et continu travail, pourvu qu'elles aient une fleur épanouie sur le rebord de leur fenêtre. Sa fleur, à elle, avait été ce jeune frère, charmant enfant aux beaux yeux mobiles, qui avait tout de suite récompensé la douce Émilie de son dévouement par ces succès de collège, — solennelles réjouissances pour les femmes de l'humble bourgeoisie, si dépourvues de fêtes. Très jeune, ce frère avait commencé d'écrire des vers, et l'heureuse Émilie avait été la confidente des premiers essais du jeune homme. Aussi, lorsqu'elle fut demandée en mariage par Fresneau, dans les six mois qui suivirent la mort de la mère, elle mit à son consentement cette première condition que le professeur, agrégé de la veille, ne quitterait point Paris, et que René continuerait de vivre avec eux, sans prendre aucune carrière que celle des lettres. Fresneau accepta cette exigence avec délices. Il était de ces gens très bons et très simples qui savent aimer, c'est-à-dire qu'ils admettent, sans discussion, les moindres désirs de ceux qu'ils aiment. Il s'était pris au charme d'Émilie, sans rien oser lui en dire, depuis l'époque où il avait connu la famille Vincy, par suite du hasard qui avait fait de lui le répétiteur de René, à l'école Saint-André, en 1865. Cet homme déjà tout voisin de la quarantaine, avait été attiré vers la jeune fille par une communauté singulière de destinée. N'avait-il pas renoncé de son côté à toute espérance égoïste, à toute aspiration personnelle, dans le but de payer les dettes de son père, ancien chef d'institution tombé en faillite? De 1858 à 1872, date de son mariage, le professeur avait éteint pour vingt mille francs de créances, et il avait vécu — avec des leçons qui lui rapportaient cinq francs, l'une dans l'autre! Si l'on ajoute au chiffre d'heures de travail qu'un pareil résultat représente, le chiffre des heures nécessaires à la préparation des cours, à la correction des copies, aux allées et venues d'un endroit dans un autre, — il était arrivé à Fresneau d'avoir durant la même matinée une répétition rue Cassette, une seconde aux Ternes et une troisième près du Jardin des Plantes, — on aura le bilan d'une de ces existences, comme il s'en rencontre beaucoup dans l'enseignement libre, qui finissent par user les plus puissants organismes. La passion pour Émilie avait été le roman de cette vie, trop absorbée jusqu'alors pour que la rêverie y trouvât place. L'abbé Taconet avait fait ce mariage, et René Vincy avait compté un esclave de plus de son génie !

Claude Larcher n'ignorait aucun de ces petits faits, qui tous avaient eu leur importance pour le développement du talent et du caractère du jeune poète. Durant la minute que Françoise employait à suspendre son pardessus, et rien qu'à jeter un regard sur le couloir à demi éclairé, les moindres aspects de cette espèce d'antichambre commune revêtaient pour lui une signification morale. Il savait pourquoi, dans les crans du porte-cannes placé au coin de la porte, on voyait, à côté d'un gros parapluie d'alpaga au manche lourd, employé par le professeur, le bois élégant d'un mince parapluie anglais, choisi par madame Fresneau pour son frère. Il savait que cette même main d'une sœur idolâtre avait offert à René cette fine béquille à tête d'écaille qui coûtait sans doute trente fois plus cher que le solide et simple bâton utilisé par Fresneau dans les beaux jours. Il savait que les livres du professeur, après avoir longtemps subi, dans ce couloir et sur les planches d'un casier de planches noircies, tous les hasards de la poussière, avaient fini par être exilés même du couloir dans un cabinet obscur, et ce couloir abandonné aux fantaisies décoratives de René, qui en avait garni les murs avec des gravures de son choix. C'était toute une suite des admirables lithographies de Raffet sur le grand Empereur, qui avaient dû révolter le républicain Fresneau. Mais Claude savait aussi que Fresneau serait précisément le dernier à s'étonner du constant sacrifice de toute la maisonnée à ce frère, dont il avait fait son Dieu, par tendresse pour Emilie, comme la servante, comme l'oncle lui-même. Car l'abbé Taconet avait subi lui aussi l'ascendant de la nature et du talent du jeune homme. Il s'était dit que son neveu possédait de petites rentes, qu'à l'heure actuelle la modeste somme placée sur ses conseils en Italiens rapportait trois mille francs, qu'il laisserait lui-même une fortune analogue. L'éducation chrétienne de René n'était-elle pas une garantie que son talent d'écrire serait mis au service des idées de l'Église ? Et le prêtre avait contribué pour sa part à pousser le poète dans ce difficile chemin de la littérature où cet enfant privilégié n'avait rencontré jusqu'ici que du bonheur. Et tout ce bonheur, composé de pur dévouement, de tendre affection, de gâteries familiales, de tiède, de réchauffante confiance, Claude en comprenait le prix mieux que personne, lui qui avait dû, orphelin de père et de mère, se battre tout seul, dès sa vingtième année, contre les souillures, les cruautés et les désenchantements de la vie d'artiste pauvre à Paris. Il ne venait jamais chez les Fresneau sans éprouver une sorte d'attendrissement qui lui serra le cœur, cette fois encore, — attendrissement qui le portait d'habitude à rire très haut et à étaler le scepticisme le plus desséché. Il était ainsi, trop énervé pour que la moindre émotion ne lui fît point mal, à en crier, et, par désespoir de dompter jamais cette excessive sensibilité, calomniant son cœur le plus qu'il pouvait.

II

AMES NAÏVES

Ce fut donc avec une mine souriante, presque railleuse, que Claude entra dans l'étroite salle à manger où se trouvait rassemblée « la compagnie, » comme disait Françoise : René d'abord, le héros de ce qui semblait à toute la maison une aventure extraordinaire, madame Fresneau et son mari, enfin madame Offarel, la femme d'un sous-chef de bureau au ministère de la guerre, avec ses deux filles, Angélique et Rosalie. Ces six personnes étaient rangées autour de la table en noyer, et assises sur des chaises du même bois que recouvrait une étoffe en crin noir rendue luisante par l'usage. Ce mobilier de salle à manger, acheté par l'avoué de province lors de son installation, s'était conservé intact depuis le départ de Vouziers, grâce à des soins d'une minutie hollandaise. Un poêle mobile, engagé dans la cheminée, alourdissait l'atmosphère de la pièce déjà resserrée, et attestait l'économie de la ménagère. Émilie n'admettait le feu de bois que dans la chambre de René. Une lampe de porcelaine suspendue à des chaînettes de cuivre éclairait le cercle des têtes qui se tournèrent du côté du visiteur, et ses derniers reflets venaient mourir sur le mur tendu d'un papier à ramages jaunâtres où miroitaient quelques plats anciens. Sous ce coup de lumière, les jeux divers des physionomies apparurent plus vivement à l'écrivain qui entrait. D'ailleurs, les sympathies et les antipathies ne se dissimulent guère dans le petit monde : l'animal humain y est moins apprivoisé, moins usé aussi par le mensonge continu des politesses. Émilie tendit la main à Claude, geste rare chez elle, avec un sourire ouvert sur ses lèvres heureuses, avec un éclair dans ses yeux bruns ; tout son être exprimait sa franche joie à voir quelqu'un par qui elle sentait son frère aimé.

— « N'est-ce pas, que son habit lui va bien ?... » Ce fut un des premiers mots qu'elle dit au nouveau venu, avant qu'il eût échangé les premiers saluts avec les assistants et pris place lui-même dans le cercle. Et c'était vrai que René présentait en ce moment un exemplaire accompli de cette sorte de créature si rare à Paris : un beau jeune homme. A vingt-cinq ans, l'auteur du *Sigisbée* offrait encore aux regards ce front sans rides, ces joues fraîches, cette bouche pure et ces yeux clairs qui témoignent d'une âme entière et d'un tempérament inattaqué. Il ressemblait beaucoup au médaillon, trop peu connu, que le sculpteur David a exécuté d'après Alfred de Musset adolescent. Mais la chevelure épaisse de René, sa barbe blonde et déjà abondante, ses épaules carrées, corrigeaient, par un air de robustesse et de santé, ce que le masque du poète des *Nuits* garde d'un peu efféminé, de presque trop frêle. Les yeux surtout, d'un bleu d'ordinaire très sombre, traduisaient en ce moment un bonheur naïf et sans mélange, et l'exclamation d'Émilie était justifiée par une grâce native qui se révélait même sous le frac de soirée et dans cette tenue inusitée. La prévoyance de la tendre sœur était allée jusqu'à songer aux petits boutons d'or du plastron et des manchettes, qu'elle avait achetés, sur ses économies, chez un bijoutier de la rue de la Paix, après avoir demandé mystérieusement conseil à Claude. C'était elle-même qui avait noué le nœud de la cravate de son frère, elle-même qui avait inspecté cette toilette de mondain avec les mêmes soins qu'elle avait mis, quatorze ans plus tôt, à inspecter la toilette de premier communiant de ce frère idolâtré.

— « Pauvre sœur, » fit ce dernier avec un joli rire qui découvrit ses dents blanches et bien rangées, « pardonnez-lui, Claude, je suis sa seule coquetterie... »

— « Hé bien! Vous nous débauchez encore René? » dit à son tour Fresneau en prenant la main de Larcher. Le professeur commençait à grisonner. Il était très grand et lourd d'encolure, avec des cheveux mal peignés et une barbe non faite. Il avait, étalées devant lui et couvertes de notes au crayon, des feuilles de papier à grandes marges, ses copies du lendemain. Il les ramassa en ajoutant : « Vous ne connaissez plus cette corvée de la correction des devoirs, heureux homme!... Prenez-vous un petit verre pour vous réchauffer? » Il soulevait un carafon à demi rempli d'eau-de-vie et qui était demeuré, le café une fois emporté, sur la table de cette pièce qui servait de salon, dans le train ordinaire de la vie. — Le vrai salon, situé lui aussi sur le devant, n'était occupé que dans les occasions solennelles... — « Une cigarette?...»

ajouta Fresneau en tendant un bol rempli d'un tabac brunâtre qui s'échevelait autour d'un cahier de papier.

Claude eut un geste de dénégation, tout en s'inclinant pour saluer les trois autres dames, sans qu'aucune lui tendît la main. Elles travaillaient, la mère à un bas de laine bleue qu'elle tricotait en grattant par moments sa tête avec une des aiguilles, les deux demoiselles à un ouvrage de broderie appliqué sur de la toile cirée verte. Les cheveux de la mère étaient tout blancs, sa figure ridée et carrée; à travers les lunettes qui se tenaient tant bien que mal sur son nez un peu court, ses yeux envoyèrent à l'arrivant un regard de profonde aversion. Une des deux filles, Angélique, réprima un sourire parce que l'écrivain, en s'asseyant entre Émilie et René, avait dit : « Je me mettrai ici... » et prononcé *mettrai* comme si l'*e* de ce mot eût été muet, — incorrigible défaut dès longtemps remarqué par la jeune personne. Elle appartenait, avec ses yeux noirs, à la fois futés et fugaces, avec ses rougeurs aussi faciles que ses rires, à la grande espèce des timides moqueuses. Quant à la seconde des deux sœurs, Rosalie, elle avait incliné la tête sans lever ses beaux yeux, aussi noirs que ceux de sa sœur, mais d'une expression douce et craintive. Quelques minutes plus tard les paupières qui voilaient ses yeux se déplièrent, elle regarda du côté de René, et son aiguille trembla entre ses doigts en suivant le dessin qui indiquait la préparation de la broderie. Elle pencha sa tête davantage encore, et ses cheveux châtains brillèrent sous la lampe. Rien de ce petit manège n'avait échappé à Claude. Il connaissait de longue date les habitudes et les caractères de ces dames Offarel, — comme disait Fresneau avec une formule toute provinciale. Elles avaient dû venir dès sept heures, aussitôt après leur dîner pris dans leur appartement de la rue de Bagneux, tout auprès. Le père Offarel les avait amenées; il avait gagné de là le café Tabourey, au coin de l'Odéon, et il y lisait avec conscience tous les journaux. Claude n'avait pas eu beaucoup de peine à deviner que la vieille madame Offarel nourrissait le rêve d'un mariage entre Rosalie et René; il soupçonnait son jeune ami d'avoir encouragé cette espérance par un goût instinctif pour le romanesque, et il ne doutait pas que Rosalie ne se fût prise, elle, plus sérieusement qu'il n'aurait fallu, à l'attrait de l'esprit et de la jolie physionomie du poète. Il sentait si bien que la jeune fille l'aimait et le redoutait à la fois, lui, Claude Larcher. Elle l'aimait parce qu'il était dévoué à René; elle le redoutait parce qu'il entraînait ce dernier dans un courant nouveau d'événements. Pour l'innocente enfant, comme pour tous les membres de ce petit cercle, la soirée chez madame Komof revêtait les apparences d'une expédition lointaine, dans un pays fantastique et inexploré. Chacun y plaçait des espérances chimériques ou des appréhensions folles. Émilie Fresneau, qui avait toujours caressé pour son frère des ambitions démesurées, le voyait accoudé à une cheminée, disant des vers au milieu d'une assemblée de duchesses, aimé par une « princesse russe. » Quand elle prononçait ces deux mots, l'inconnu de toutes les supériorités sociales se développait devant ses songes. Rosalie, elle, était la victime de la plus aiguë des perspicacités, celle de la femme qui aime. Les yeux de René l'épouvantaient, quoiqu'elle se le reprochât, par la joie absolue qu'ils exprimaient d'aller dans un monde où elle, sa demi-fiancée, ne pouvait pas aller. Ils étaient bien autrement liés que n'imaginait Claude, s'étant fait l'un à l'autre des promesses secrètes, par un soir de printemps de l'année dernière. René, à ce moment-là, était inconnu. Elle l'avait pour elle toute seule. Il trouvait tout charmant d'elle, et tout insipide sans elle. Aujourd'hui elle entrevoyait, du fond d'une ignorance qu'illuminait son inconsciente jalousie, de quelles dangereuses comparaisons elle était menacée. Avec ses robes coupées à la maison et où gauchissait sa jolie taille, avec ses chaussures achetées toutes faites et où se perdait son pied menu, avec la modestie de ses cols blancs et de ses pauvres manchettes, elle se sentait comme devenir humble à la pensée des grandes dames qu'allait rencontrer René. Voilà pourquoi son aiguille tremblait, pourquoi ses paupières battaient plus vite, pourquoi son cœur se serrait d'une vague épouvante, tandis que le professeur insistait afin que Claude acceptât un verre de liqueur et roulât une cigarette de maryland :

— « C'est de l'excellente eau-de-vie de cidre qu'un de mes élèves m'a envoyée de Normandie... Non vraiment ?... Mais vous l'aimiez autrefois... Vous rappelez-vous lorsque nous donnions des cours chez le Vanaboste ?... Quatre heures par jour, y compris le jeudi, et les copies. Cent cinquante francs par mois !... Étions-nous gais en ce temps-là ?... Nous avions un quart d'heure entre les deux classes, durant lequel vous me conduisiez rue Saint-Jacques, je vois encore la petite salle du café, boire un verre de cette eau-de-vie pour nous soutenir. Vous appeliez cela vous durcir l'artère, sous prétexte que l'homme a l'âge de ses artères et que l'alcool diminue leur élasticité... »

— « J'avais douze ans de moins, » dit Claude

en riant de ce souvenir, « et pas de rhumatismes... »

— « Ça ne doit pas être très sain, » reprit aigrement madame Offarel, « de sortir presque tous les soirs, et ces grands dîners, avec leurs vins fins et leur cuisine épicée, voilà qui vous brûle le sang. »

— « Laissez donc, » fit Émilie avec vivacité, « nous avons eu le plaisir d'avoir M. Larcher à notre table, vous ne savez pas comme il est sobre... Et puis, on peut bien se coucher un peu tard, quand on a la liberté de dormir la grasse matinée. René nous a dit que c'est si tranquille chez vous, » ajouta-t-elle en s'adressant à l'écrivain d'une manière directe, « et si charmant... »

— « Si tranquille, oui... J'ai déniché un petit appartement dans un vieil hôtel de la rue de Varenne, dont je me trouve être aujourd'hui par hasard le seul locataire. Quand les persiennes sont fermées, je pourrais me croire au milieu de la nuit. Je n'entends que les sonneries des cloches d'un couvent qui est tout auprès, et la rumeur de Paris, si loin, si loin. »

— « J'ai toujours ouï dire qu'une heure de sommeil avant minuit vaut mieux que deux après, » interrompit la vieille dame que la douceur de Claude exaspérait. Elle lui en voulait, sans trop en comprendre la vraie raison, moins encore pour l'influence exercée sur René que par une profonde antipathie de nature. Elle se sentait étudiée par ce personnage aux yeux inquisiteurs, aux manières recherchées, aux sourires pour elle inexplicables; elle en éprouvait une impression de malaise qui se traduisait en brusques attaques. Elle ajouta : « D'ailleurs M. René n'aura pas ce repos ici. A quelle heure finira cette soirée chez cette comtesse?... » Elle prononçait *c'te* pour *cette*, comme les gens du peuple.

— « Je ne sais pas, » répartit Claude que les rancunes mal dissimulées de son ennemie divertissaient, « on jouera le *Sigisbée* vers les dix heures et demie... et on soupera vers les minuit et demi, une heure... »

— « M. René sera couché vers les deux heures, alors, » reprit madame Offarel avec cette visible satisfaction d'une personne agressive qui assène à un interlocuteur quelque argument irréfutable, « et comme M. Fresneau s'en va vers les sept heures et que, dès les six, Françoise est là à faziller... »

— « Allons, allons, une fois n'est pas coutume, » fit Émilie avec une certaine impatience, en coupant la parole à la grondeuse, dont elle prévoyait quelque algarade, et pour changer le cours de la causerie en flattant une manie de la vieille dame : — « Vous ne nous avez pas dit si Cendrillon est revenue définitivement ? »

Cendrillon était une chatte grise qui avait été donnée par madame Offarel à un jeune homme de leurs amis, un monsieur Jacques Passart, professeur de dessin, qu'un goût commun pour l'aquarelle avait lié avec le sous-chef de bureau. C'étaient là les deux vices du ménage : la peinture pour le mari, qui lavait ses paysages jusque dans son bureau ; la gent féline pour la femme, qui avait eu jusqu'à cinq pensionnaires de cette espèce dans le logement de la rue de Bagneux, — un rez-de-chaussée comme celui des Fresneau, et agrémenté aussi d'un jardinet. Jacques Passart, qui nourrissait pour Rosalie un amour malheureux, s'était si souvent confondu en exclamations devant la gentillesse de Cendrette ou Cendrinette, comme disait madame Offarel, que cette dernière lui avait donné la petite chatte. Après un séjour de trois mois dans la chambre que Passart occupait à un cinquième étage de la rue du Cherche-Midi, la pauvre Cendrillon avait fait ses petits. On lui en avait tué deux sur trois, et elle s'était sauvée, emportant le troisième. Passart n'avait pas osé parler de cette fuite. Deux jours après, madame Offarel avait entendu un grattement à la porte du jardin. « C'est singulier, » avait-elle dit en vérifiant le nombre des chats étendus, l'un sur le duvet de son lit, l'autre sur l'unique canapé, le dernier sur le marbre de la cheminée. « Ils sont là tous trois, et l'on gratte. » Elle avait ouvert, et Cendrillon était entrée, dressant son museau, arquant son dos, frottant sa tête contre son ancienne maîtresse, enfin mille amitiés qui avaient ravi la bonne dame. Puis, le lendemain matin, plus de Cendrillon. Cette visite, rendue plus mystérieuse par l'aveu que Passart avait dû faire de sa négligence à surveiller la précieuse chatte, avait été, la veille, un objet d'interminables raisonnements de madame Offarel à Émilie, et le fait de n'en avoir pas encore parlé de la soirée, révélait toute l'importance attachée par la mère de Rosalie à l'entrée de René dans le beau monde, comme elle disait encore :

— « Ah! Cendrillon!... » reprit-elle, avec un mélange de son aigreur actuelle et de l'enthousiasme que lui inspirait le souvenir de la gracieuse bête. « Mais monsieur René se la rappelle-t-il seulement? » Et, sur un signe du jeune homme qu'il n'avait pas oublié cette intéressante personne : « Hé bien! elle est revenue, ce matin, avec son petit, qu'elle tenait dans sa gueule et qu'elle a mis à mes pieds pour me l'offrir... Oui, elle me regardait... Elle était venue, l'autre jour, afin de voir si je voulais bien encore d'elle, et maintenant elle me demandait de prendre aussi son chaton... Ça vaut mieux d'aimer les bêtes que les gens, » ajouta-t-elle en manière de conclusion, « elles sont plus fidèles. »

— « Admirable trait d'instinct! » s'écria Fresneau qui recommençait de zébrer ses copies d'indications cabalistiques. « Je le citerai à mon cours... » — Le pauvre homme, sorte de maître Jacques du professorat, enseignait la philosophie dans une école préparatoire au baccalauréat, le latin ailleurs, ailleurs encore l'histoire, et jusqu'à l'anglais qu'il savait à peine prononcer. A ce régime il avait contracté cette habitude, propre aux vieux universitaires, de conférencer à perte de vue et à toute occasion. Ce merveilleux retour de Cendrillon au logis natal lui fut un texte à disserter indéfiniment. Il allait, racontant anecdotes sur anecdotes, et oubliant ses copies, — en apparence; car l'excellent homme, et si faible qu'il n'avait jamais su tenir en paix une classe de dix élèves, trouvait à son service toutes les finesses de l'observateur lorsqu'il s'agissait de sa femme. Tandis que son crayon courait dans les marges des devoirs de ses écoliers, il avait perçu distinctement l'hostilité de madame Offarel et deviné à l'accent d'Émilie qu'elle n'était pas rassurée sur l'issue d'une conversation engagée de la sorte. Et le professeur prolongeait son monologue pour donner aux nerfs de l'acariâtre bourgeoise le temps de se calmer. Il n'eut pas à soutenir ce rôle bien longtemps. Un nouveau coup de sonnette retentit...

— « C'est papa, il est dix heures moins un quart ! » s'écria Rosalie. Elle aussi avait souffert de l'aigreur de sa mère vis-à-vis de Claude et de René. Et l'arrivée de son père qui devait donner le signal du départ lui apparaissait comme une délivrance, — elle pour qui s'en aller de la maison des Fresneau était d'ordinaire un crève-cœur. Mais elle connaissait sa mère, et elle sentait, d'instinct plus que de raisonnement, combien l'amertume de ses remarques devait paraître mesquine et déplaisante à René. Il n'avait que trop de motifs pour ne plus se complaire dans leur société ! Elle se leva donc en même temps que son père entrait dans la salle. C'était un homme long et sec, avec un de ces visages comme évidés qui rappellent nécessairement le type immortel de don Quichotte : un nez en bec d'aigle, des tempes creusées, une bouche un peu tirée, et, dominant le tout, un de ces fronts fuyants, chimériques, dont il semblé que les manies et les idées fausses en ont raviné toutes les rides et soulevé toutes les bosses. Celui-ci joignait à son innocente passion d'aquarelliste en chambre, la ridicule infirmité de ramener sans cesse la conversation sur ses maladies imaginaires.

— « Il fait très froid ce soir, » fut son premier mot, et tout de suite, s'adressant à sa femme : « Adélaïde, as-tu de la teinture d'iode à la maison ? Je suis sûr que j'aurai ma crise de rhumatismes demain matin. »

— « Votre voiture est-elle chauffée ? » dit Émilie à Claude, sur cette exclamation.

— « Oui, Madame, » fit l'écrivain, et, consultant sa montre : « Il faut même la gagner, cette voiture, si nous ne voulons pas être en retard... » Tandis qu'il prenait congé de tout le petit cercle, et qu'Émilie le reconduisait, René avait disparu de son côté, sans serrer la main à personne, par la porte qui donnait de la salle à manger dans sa chambre. « Il est sans doute allé prendre son pardessus, il va revenir, » pensait Rosalie; « il n'est pas possible qu'il parte sans me dire adieu, d'autant plus qu'il ne m'a pas regardée de tout ce soir. » Et elle continuait son ouvrage tandis que Fresneau accueillait le sous-chef de bureau avec la même offre qu'il avait eue pour son ami :

— « Un petit verre pour chasser ce froid ? »

— « Une larme, » fit l'employé.

— « A la bonne heure, » reprit le professeur, « vous n'êtes pas comme Larcher, qui a méprisé mon eau-de-vie. »

— « M. Larcher ? » dit l'employé. « Vous ne savez pas sa boisson ordinaire ?... Hé ! hé ! » ajouta-t-il d'une voix plus basse et en regardant du côté du corridor prudemment, « j'ai lu ce soir même un article de journal où il est joliment arrangé. »

— « Conte-nous ça, petit père, » fit madame Offarel en posant son ouvrage sur ses genoux, pour la première fois de la soirée, et laissant paraître sur son visage la joie naïve de ses mauvais sentiments, comme elle avait montré tout à l'heure sa naïve affection pour la petite chatte.

— « Il paraît, » reprit le vieil homme en soulignant ses mots, « que, dans les salons où va M. Larcher, on lui donne à boire, au lieu de tasses de thé, des verres de sang. »

— « Des verres de sang ? » interrogea Fresneau abasourdi de cet étrange racontar, « et pourquoi faire ? »

— « Pour le soutenir, donc, » dit vivement madame Offarel, « vous n'avez pas vu cette mine ? Ah ! il doit en mener une jolie vie ! »

— « Il paraît encore, » continua le narrateur qui tenait à placer quelques anecdotes de plus, avec cette basse ardeur de crédulité propre aux bourgeois, aussitôt qu'il s'agit d'une des innombrables calomnies d'envieux auxquelles sont en proie les hommes connus, « il paraît qu'il vit entouré d'une cour d'adoratrices, et qu'il a trouvé un moyen sûr de faire un succès aux moindres pages qui sortent de sa plume. Il fait tirer ses épreuves à des dizaines d'exemplaires qu'il porte chez chacune des dames qu'il connaît. On les étale sur un canapé et alors : Mon petit Larcher par-ci, mon petit Larcher par-là, vous changerez ce mot, vous enlèverez cette phrase... et il change le mot, et il enlève la phrase, et ces dames s'imaginent qu'elles sont un peu les auteurs de ce qu'il a écrit... »

— « Ça ne m'étonne pas, » dit madame Offarel, « il m'a tout l'air d'un fier intrigant. »

— « Ma foi, » reprit Fresneau, « je n'aime guère sa littérature, mais pour intrigant c'est une autre histoire ! Il n'y a pas plus enfant que lui, ma pauvre madame Offarel. Quand je vois dans les journaux qu'il connaît le cœur des femmes... ce que je m'amuse ! Je l'ai toujours vu amoureux des pires drôlesses, qu'il prenait consciencieusement pour des anges, et qui le trompaient, qui le lanternaient !... René nous racontait l'autre jour qu'il passe toutes ses journées à se faire moquer de lui par cette petite Colette Rigaud, qui joue dans le *Sigisbée*, une farceuse qui lui grugera jusqu'à son dernier sou... »

— « Chut ! » fit Émilie, qui rentra juste à temps pour entendre la fin de ce petit discours, et qui mit la main sur la bouche de son mari. « Monsieur Claude est notre ami, et je ne veux pas que l'on en parle... Mon frère m'a chargée de vous souhaiter le bonsoir à tous, » ajouta-t-elle, « ces deux messieurs se sont aperçus qu'il était plus tard qu'ils ne croyaient, et ils sont partis dare dare.... Et mon aquarelle, qui doit représenter la dernière scène du *Sigisbée*, quand l'aurai-je? » demanda-t-elle au sous-chef de bureau.

— « Ah! la saison est mauvaise pour les études, » dit ce dernier, « il fait nuit si tôt, et nous sommes surchargés de besogne; mais vous l'aurez, vous l'aurez... Qu'as-tu, Rosalie? Tu es toute pâle. »

La pauvre jeune fille venait en effet d'éprouver une souffrance presque intolérable, à songer que René avait pu s'en aller ainsi, sans un mot pour elle, sans un regard. Sa gorge se serrait, des larmes lui venaient aux yeux. Elle eut la force de retenir ses sanglots cependant, et de répondre que la chaleur du poêle l'incommodait. Sa mère échangea avec Émilie un regard où se lisait un reproche si direct, qu'en dépit d'elle-même madame Fresneau détourna les yeux. Elle eut, elle aussi, une impression pénible, car elle aimait Rosalie. Mais elle avait toujours été opposée à ce mariage; il correspondait trop peu aux ambitieux projets qu'elle caressait vaguement pour son frère. Lorsque la mère et les deux filles se furent levées, qu'elles eurent mis leur chapeau et qu'elles vinrent dire l'adieu accoutumé, la jeune femme trouva dans cette impression de quoi embrasser Rosalie plus affectueusement que de coutume. Elle voulait bien la plaindre de souffrir pour René, mais cette pitié n'allait pas sans une certaine douceur, car la souffrance de la jeune fille prouvait l'indifférence du jeune homme, et, la porte refermée, ce fut avec une joie sans mélange dans ses clairs yeux bruns qu'elle dit à Françoise :

— « Vous aurez bien soin de ne pas faire de bruit demain matin ? »

— « Pas plus qu'une mariée de minuit, » répondit la servante.

— « Ni toi non plus, mon gros lourdaud, » dit-elle à son mari, en rentrant dans la salle à manger où le professeur reprenait déjà la corvée de ses copies.. « J'ai recommandé à Constant de s'habiller tout doucement pour aller à son cours... » — Elle ajouta, avec un sourire d'orgueil : « Quel triomphe pour René ce soir, à moins que ces gens du monde ne fassent la petite bouche ! » Elle répétait une formule habituelle à Claude. — « Bah ! ils ne pourront pas, ses vers sont si beaux, presque aussi beaux que lui !... »

— « Sais-tu qu'il est à désirer que toutes ces dames ne le gâtent pas comme toi, » interrompit Fresneau, « il finirait par perdre la tête... Mais non, » continua-t-il pour flatter les sentiments de sa femme, « c'est si charmant de voir comme il reste simple, même dans son succès. »

Et Émilie embrassa son mari, pour cette phrase, tendrement.

III

UN AMOUREUX ET UN SNOB

Les deux écrivains étaient montés dans la voiture, qui roulait au grand trot de son cheval, par la rue du Cherche-Midi, pour attraper le boulevard Montparnasse, et suivre, en contournant les Invalides, la longue suite d'avenues qui va presque directement à l'Arc de Triomphe, en traversant la Seine au pont de l'Alma. Durant la toute première partie de ce trajet, ils se turent l'un et l'autre. René reconnaissait chaque détail de ce quartier, auquel se rattachaient tant de souvenirs de son enfance et de sa jeunesse. Une vague buée voilait les vitres du coupé, symbole physique de l'espèce de brume qui flottait entre sa vie actuelle et ce passé pourtant si voisin. Il n'était pas un des coins de cette rue du Cherche-Midi qui ne lui fût aussi familier que les murs de sa chambre, depuis le haut et sombre bâtiment de la prison militaire jusqu'à la boutique du marchand de vins, dont l'enseigne étale l'image d'une biche, jusqu'à l'entrée paisible de cette rue de Bagneux, où demeurait Rosalie. Le souvenir de cette amie qu'il avait quittée sans lui dire adieu, ce soir, traversa son esprit, mais il n'en souffrit pas. Il avait la sensation de rêver tout éveillé, tant le personnage promené jadis sur ces pavés, durant les années de son adolescence pauvre et obscure, ressemblait peu à celui qui était assis, à cette minute, sur les coussins du coupé de Claude Larcher, célèbre, car tout Paris avait applaudi sa piécette, — riche, car le *Sigisbée*, joué en septembre, lui avait déjà rapporté en février la somme, énorme pour lui, de vingt-cinq mille francs!... Et cette source de revenus ne tarirait pas de sitôt. Le *Sigisbée* faisait spectacle avec une comédie en trois actes d'un auteur à la mode, *Le Jumeau*, qui tiendrait l'affiche bien longtemps. La vente de la brochure s'annonçait, elle aussi, comme devant être très fructueuse, et très fructueux les droits de représentation de province et de traduction à l'étranger. Ce n'était là qu'un début, et René tenait en réserve bien d'autres œuvres : un volume de poèmes philosophiques intitulé *les Cimes*, un drame en vers sur la Renaissance, intitulé *Savonarole*, et un roman de passion, à demi ébauché, dont il cherchait le titre. La voiture roulait, et à l'ivresse profonde des succès assurés, des projets démesurés, une autre griserie se mélangeait, toute nerveuse : celle d'aller dans le monde comme il y allait. Une jeune fille n'est pas plus émue à son premier bal que ne l'était ce grand enfant. Une espèce de fièvre le gagnait, qui abolissait presque en lui la personnalité. C'est le malheur et la félicité des poètes que ce pouvoir d'amplifier, jusqu'au fantastique, des impressions, par elles-mêmes médiocres jusqu'à la mesquinerie. De là dérivent ces passages subits, presque foudroyants, de l'espérance excessive aux excessifs dégoûts, et de l'engouement au désespoir, qui donnent à leur imagination, par suite à leur caractère et à leur sensibilité, une sorte de continuel va-et-vient, une absolue incertitude, terrible pour ceux et surtout pour celles qui s'attachent à ces âmes insaisissables. Il en est cependant, parmi ces âmes, chez qui cette dangereuse mobilité ne détruit pas la tendresse. C'était le cas pour René. L'involontaire comparaison entre son présent et son passé, soudain évoquée en lui par l'aspect familier des rues, ramena sa pensée vers l'ami plus âgé qui avait été la cause de cette volte-face de destinée. Il eut un de ces naïfs mouvements qui font le charme unique des natures très jeunes, parce que l'on y sent cette chose adorable et si rare dans la vie civilisée : la spontanéité, la liaison invincible entre l'être intérieur et l'être extérieur. Il prit la main de son compagnon qui se taisait aussi, et il la lui serra en disant :

— « Que vous avez été bon pour moi!... Oui, » insista-t-il en voyant un étonnement dans les yeux de Claude, « si vous n'aviez pas été aussi indulgent à mes premiers essais, je ne vous aurais point porté le *Sigisbée;* si vous ne l'aviez pas présenté à Mlle Rigaud, il dormirait à cette heure-ci dans l'armoire aux manuscrits de quelque théâtre. Si vous n'aviez pas parlé de moi à la comtesse Komof, on ne jouerait pas ma pièce chez elle et je n'irais pas dans cette soirée... Je suis heureux, très heureux!... Ah! mon ami, vous me trouverez nigaud comme un collégien... si vous saviez comme j'ai rêvé, dans ma jeunesse, de ce monde où vous me conduisez maintenant, où la toilette seule des femmes est une poésie, où les choses font un cadre exquis à la joie et à la douleur!... »

— « Si ces femmes avaient seulement une âme de la même étoffe que leur robe !.. » interrompit Claude en ricanant... « Mais je vous admire, » continua-t-il ; « est-ce que vous croyez par hasard que vous allez être du monde parce que vous serez reçu chez Mme Komof, une étrangère dont l'hôtel est un passage, ou chez une des cinq ou six curieuses que vous rencontrerez là, et qui vous diront qu'elles sont à la maison tous les jours avant le dîner ? Vous irez dans le monde, mon cher, vous irez beaucoup, si ce sport vous amuse ; vous n'en serez jamais, non plus que moi, non plus qu'aucun artiste, eût-il du génie, parce que vous n'y êtes pas né, tout simplement, et que votre famille n'en est pas. On vous recevra, on vous fera fête. Mais essayez donc de vous y marier, et vous verrez... Et c'est la grâce que je vous souhaite... Ces femmes que vous rêvez si délicates, si fines, si aristocratiques, bon Dieu ! si vous les connaissiez ! Des vanités habillées par Worth ou Laferrière... Mais il n'y en a pas dix qui soient capables d'une émotion vraie. Les plus honnêtes sont celles qui prennent un amant parce qu'elles y trouvent du plaisir. Si vous les disséquiez, vous trouveriez à la place du cœur la note de la couturière, une demi-douzaine de préjugés qui leur tiennent lieu de principes, la rage d'éclipser celle-ci ou celle-là...

Sommes-nous assez bêtes tout de même d'être ici, dans cette voiture, deux hommes à peu près intelligents, qui avons du travail chez nous, et vous avec un frémissement dans le cœur, à l'idée d'aller vous mêler à de grandes dames ou soi-disant telles, et moi!... »

— « Que vous a fait Colette aujourd'hui? » interrogea doucement René, que l'âpreté de la parole de son ami avait froissé comme il arrivait souvent; mais comment lui en aurait-il voulu de cette sorte d'hostilité contre ses illusions que Claude lui montrait ainsi? Presque toujours ces furieuses déclamations avaient pour cause, il le savait, une coquetterie de cette actrice dont le malheureux était follement épris, et qui se jouait de lui, tout en l'aimant elle-même, à sa manière. C'était une de ces passions à base de haine et de sensualité, qui dépravent le cœur en le torturant, et transforment celui qui les éprouve en une bête féroce. Un des traits particuliers à ces sortes d'amours, c'est qu'ils procèdent par crises aiguës et violentes, comme les images physiques dont ils se repaissent. Claude venait sans doute de voir tout d'un coup, dans un éclair, la physionomie de sa maîtresse, et une rage soudaine contre elle avait succédé en lui à la bonne humeur de sa visite chez les Fresneau, — rage qu'il aurait satisfaite en ce moment par n'importe quelle outrance de paradoxe. Il se rua aussitôt sur le chemin que son ami venait de lui indiquer, et, lui serrant le bras de toute sa force :

— « Ce qu'elle m'a fait?... » dit-il en riant d'un rire de malade. « Voulez-vous apprécier cet analyste aigu du cœur de la femme, ce psychologue subtil, comme on m'appelle dans les articles, ce Jobard de la grande espèce, comme je m'appelle moi-même? Hélas! Mon intelligence ne m'a jamais servi qu'à éclairer mes bêtises!... Vous ai-je raconté, » ajouta-t-il d'une voix plus basse, « que j'ai la honte d'être jaloux de Salvaney?... Mais vous ne connaissez pas Salvaney, un élégant de la nouvelle école qui s'amuse, son carnet de chèques à la main, — à cinq louis près, et commun!... Avec un nez comme un cornet, un front dénudé, de gros yeux à fleur de tête, le teint d'un bouvier!.. Mais voilà : il est anglomane, anglomane à faire paraître Français le prince de Galles... Il a passé l'année dernière trois mois à Florence, et je l'ai entendu lui-même se vanter de n'avoir pas mis, durant ces trois mois, une chemise qui n'eût été blanchie à Londres. Je vous prie de croire que dans ce monde qui vous fascine tant, un trait pareil fait plus d'honneur à un homme que d'avoir écrit le *Nabab* ou l'*Assommoir*, ces deux chefs-d'œuvres... Hé bien! ce personnage plaît à Colette.

Il est dans sa loge autant que moi. Il la regarde avec ses yeux de buveur de wisky. C'est lui qui a inventé d'aller, après l'Opéra, en compagnie, boire de cet ignoble alcool dans un bar infect de la rue Lafayette; je vous y mènerai, vous jugerez le pèlerin... Et Colette s'y laisse conduire, et Colette va en coupé avec lui... — Ah çà! me dit-elle, vous n'allez pas en être jaloux, de celui-là? D'abord il sent le gin... — Elles vous disent cela, ces femelles, elles vous salissent jusque dans sa vie physique celui avec qui elles ont couché hier... Bref, ce matin, j'étais chez elle. Que voulez-vous? Je savais tout cela et je n'y croyais pas. Un Salvaney! Si vous le voyiez, vous comprendriez que ce n'est, en effet, pas croyable, et elle, vous la connaissez, avec ses beaux yeux tendres, sa beauté si fine, sa bouche à la Botticelli... Ah! quelle pitié!... Oui, j'étais chez elle... On apporte une lettre. Le domestique, un nouveau venu et très mal stylé, dit stupidement : — C'est de M. Salvaney, on attend la réponse... — Elle venait de me jurer, entre deux baisers, qu'il ne s'était rien passé entre eux, rien, pas même une ombre d'ombre de cour. Elle tenait la lettre à la main. Je me dis, oui, j'eus la niaiserie de me dire : Elle va me tendre la lettre et j'y trouverai la preuve écrite qu'elle ne m'a pas menti, une preuve certaine, puisque Salvaney ne pouvait pas savoir que je verrais cette lettre. Elle tenait la lettre et elle me regardait. — C'est bien, fit-elle, je vais répondre. Vous permettez? ajouta-t-elle, et elle passa dans l'autre chambre... avec sa lettre! Vous croyez sans doute que j'ai pris mon chapeau et ma canne, et que je suis parti pour ne plus revenir, en me disant : Voilà une grande coquine!... Je suis resté, mon cher ami; elle est revenue, elle a sonné, rendu la réponse au domestique, puis elle s'est avancée vers moi : Vous êtes fâché? m'a-t-elle dit. — Un silence. — Vous avez eu envie de lire cette lettre? — Un silence encore. — Non, continua-t-elle en fronçant ses jolis sourcils, vous ne la lirez pas, je l'ai brulée. Elle ne contenait rien que la demande d'un échantillon d'étoffe pour un déguisement de bal, mais je veux que vous me croyiez sur parole... — Et ce fut dit, ce fut joué!... Elle n'a jamais eu plus de talent. Ce que je lui ai répondu, ne me le demandez pas. Je l'ai traitée comme la dernière des dernières. Tout ce que j'ai dans le cœur pour elle de rancunes, de dégoûts et de mépris, je le lui ai craché à la figure, et puis, comme elle pleurait, je l'ai prise dans mes bras et je l'ai possédée, là, sur le canapé de ce fumoir où elle venait de me mentir ainsi et moi de l'insulter comme une fille... Suis-je assez bas?... »

— « Mais vos soupçons étaient-ils justes? » demanda René.

— « S'ils étaient justes!... » répondit Claude, avec cet accent de cruel triomphe que prennent les jaloux, lorsque leur affreuse frénésie de tout savoir les a conduits à reconnaître le bien fondé de leurs pires hypothèses. « Savez-vous ce que le billet de Salvaney demandait? Un rendez-vous... Et celui de Colette? Il fixait le rendez-vous... Je le sais, je l'ai fait suivre, oui, j'ai commis cette vilenie. Au sortir de la répétition, elle est allée chez lui, et elle y était encore à huit heures. »

— « Et vous ne rompez pas avec elle? » dit Vincy.

— « C'est fait, » répliqua Claude, « et pour toujours, je vous en donne ma parole. Seulement, je veux lui dire ce que je pense d'elle, une dernière fois. Ah! la gueuse! mais vous verrez comment je la traiterai ce soir... »

La lamentation de Claude trahissait une telle souffrance que l'allégresse de René en fut du coup toute diminuée. Le sentiment de pitié pour cet homme auquel il était profondément attaché, par ce lien de la reconnaissance si doux à un jeune cœur, se mélangeait à l'impression de dégoût que lui causait la honteuse duplicité de Colette. A ce moment, un obscur remords lui vint aussi, à se rappeler par contraste, le visage pur et l'âme fidèle de Rosalie. Mais ce ne fut qu'un frisson, vite dissipé par le spectacle de la volte-face à laquelle se livra aussitôt son compagnon. Ce diable d'homme, qui vivait uniquement sur ses nerfs, possédait le pouvoir de changer d'idées et de sentiments avec une rapidité déconcertante. Il venait de parler, avec un râle dans la voix, avec un désespoir dans le cœur que son ami savait sincère. Il fit claquer ses doigts, par un geste qui lui était familier quand il voulait reprendre courage; il dit simplement : « Allons, allons... » et il posa une question de littérature à l'autre stupéfié, si bien que les deux écrivains causaient du dernier roman d'un de leurs confrères, lorsqu'un arrêt de la voiture, obligée de prendre la file derrière d'autres, puis le glissement des roues sur du gravier, les avertit qu'ils étaient arrivés. René sentit son cœur battre de nouveau comme tout à l'heure, à petits coups secs et vibrants. La voiture s'arrêta devant un perron que protégeait une marquise, et ce fut, pour le jeune homme, une sensation de songe que de se trouver dans l'antichambre qu'il avait traversée une fois, mais de jour. Plusieurs domestiques en livrée se tenaient dans cette pièce, remplie de fleurs et chauffée par les invisibles bouches du calorifère. Les pardessus et les manteaux rangés sur une table et sur un des fauteuils témoignaient que la réunion devait être au complet dans les salons dont la rumeur arrivait jusque-là. Une jeune femme était dans cette antichambre, qu'un valet de pied débarrassait de sa fourrure, d'où elle sortit, les épaules nues, sa fine taille prise dans une robe toute rouge. Elle avait un profil délicat, un nez légèrement busqué, une bouche spirituelle. Des diamants brillaient dans ses cheveux d'un blond très doux. René la vit qui saluait Claude d'un signe de tête, et il se sentit pâlir, à rencontrer deux yeux qui se posaient sur lui indifféremment, des yeux d'un bleu tout clair, dans ce teint des blondes qu'il faut bien appeler, malgré la banalité de la métaphore, un teint de rose, car il en a la fine fraîcheur et la délicatesse.

— « C'est Mme Moraines, la fille de Victor Bois-Dauffin, l'ancien ministre de l'Empire. »

Cette phrase de Claude, jetée comme en réponse à une interrogation muette, devait souvent revenir à René. Il devait souvent se demander quel étrange hasard l'avait fait se rencontrer, à la première minute de son entrée à l'hôtel Komof, précisément avec celle des femmes réunies dans ces salons qui exercerait sur lui la plus profonde influence? Mais, sur la minute même, il n'éprouva aucun de ces pressentiments qui nous étreignent quelquefois, à nous trouver en face d'une créature qui nous sera très bienfaisante ou très funeste. La vision de cette belle jeune femme de trente ans, déjà disparue, tandis que Claude et lui attendaient les numéros de leurs pardessus, se confondit dans l'impression totale que lui donnait la la nouveauté de toutes les choses autour de lui. Sans qu'il s'en rendît compte, la mollesse des tapis sous ses pieds, la magnificence de la décoration du vestibule, la hauteur des plafonds, la tenue des gens, les reflets des lumières, entraient pour beaucoup dans cette impression, étrangement mélangée de timidité torturante et de sensualité délicieuse. Lors de sa première visite chez la comtesse, il s'était déjà senti enveloppé par les mille atomes impondérables qui flottent dans l'atmosphère du grand luxe. Les personnes nées dans l'opulence ne perçoivent pas plus ces infiniment petits de sensation, que nous ne percevons le poids de l'air qui nous entoure. On ne sent rien de ce que l'on a senti toujours. Et les parvenus ne les racontent guère. Ils ont un instinct qui leur fait engloutir ces impressions-là dans le fond de leur cœur, comme plébéiennes et bourgeoises. René n'eut pas le temps d'ailleurs de réfléchir sur le plus ou moins de distinction du sentiment qui l'envahissait. Les portes s'étaient ouvertes de nouveau, et il entrait dans le premier salon, meublé avec cette somptuosité composite, propre aux grandes installations modernes, à Paris. Qui en a vu une en a vu cinq cents. Aux yeux du jeune homme, les moindres détails de cet ameublement devaient apparaître comme des signes de l'aristocratie la plus rare, depuis les vieilles étoffes des fauteuils jusqu'à la tapisserie à énormes personnages représentant un triomphe de Bacchus qui se déployait au-dessus de la cheminée. Ce premier salon, de dimension moyenne, communiquait, par une baie largement ouverte, avec un autre salon, beaucoup plus grand, celui-là, et où devaient s'être ramassés déjà tous les invités, à en juger par le brouhaha des conversations. René aperçut cet ensemble d'un regard, avec la surexcitation de facultés que certaines timidités affolantes donnent aux très jeunes gens; il vit la robe rouge de madame Moraines s'éloigner par la grande baie, au bras d'un habit noir, et devant la cheminée du petit salon, au pied de la tapisserie, la comtesse Komof qui causait au milieu d'un groupe, avec des jeux violents de physionomie et des gestes excessifs. C'était une femme d'un aspect presque tragique, grande, avec des épaules trop minces pour le reste de son corps, des cheveux blancs, un visage aux traits un peu forts et des prunelles grises d'un éclat insoutenable. Elle était vêtue d'une toilette sombre qui faisait encore mieux ressortir la magnificence des bijoux dont elle était couverte, et ses mains, qu'elle agitait tout en parlant, montraient des bagues de barbare, tant les saphirs, les émeraudes et les diamants des chatons étaient énormes. Elle répondit d'un sourire au salut que Claude et René vinrent lui adresser. Elle était en train de terminer le récit d'une séance de spiritisme, son occupation favorite.

— « La table montait, montait, montait, » disait-elle, « à peine si nos doigts pouvaient la suivre; alors, un souffle a passé sur les bougies, et dans l'obscurité j'ai vu une main qui allait et venait... énorme... la main de Pierre le Grand! »

Ses traits se décomposaient en parlant, ses yeux se fixaient dans une vision d'épouvante. L'être instinctif, presque sauvage, et comme au bord de la folie, qui se cache souvent chez les Russes même les plus raffinés, apparut quelques secondes sur ce visage. Puis la grande dame se souvint brusquement qu'elle avait à faire les honneurs de chez elle. Le sourire revint sur sa bouche, l'éclat de ses yeux s'atténua. Une de ces divinations propres aux femmes âgées, et qui en font, lorsqu'elles sont bonnes, des créatures délicieuses à fréquenter pour les hommes à irritabilité souffrante, lui révéla-t-elle que René se sentait déjà enveloppé de solitude, à deux pas de ce grand salon où il ne connaissait personne? Toujours est-il qu'elle eut la grâce de s'adresser à lui, avec un sourire, aussitôt son histoire contée :

— « Croyez-vous aux esprits, monsieur Vincy? Oui, car vous êtes poète... Mais nous en reparlerons un autre jour... Il faut que vous veniez avec moi, quoique je ne sois ni jeune ni jolie, et que je vous présente à quelques amies qui sont déjà vos admiratrices passionnées... »

Elle prit le bras du jeune homme. Bien qu'il fût grand lui-même, elle le dépassait de la moitié de la tête. Son masque tragique ne mentait pas. Elle avait eu vraiment la destinée que le caractère de ses yeux étranges et de sa physionomie violente laissait supposer. Son mari avait été tué presque devant elle, qui avait elle-même tué l'assassin. René savait cette histoire par Claude, et il voyait la scène : le comte Komof, haut personnage politique, poignardé par un conspirateur nihiliste, à son bureau; la comtesse entrant par hasard et abattant le meurtrier d'une balle de revolver. Elle avait pris le pistolet de cette même main longue, qui s'appuyait surchargée de tant de bagues sur la manche noire de l'habit de René, et elle commençait de lui raconter une nouvelle histoire, avec cette espèce d'énergie animale qui se mélange, dans ces organisations slaves, à la plus fine élégance des manières.

— « J'arrive donc à Paris, il y a huit ans, après la guerre... Tenez, je n'y étais pas venue depuis la première Exposition, en 1855. Ah! cher monsieur, ce Paris d'alors, ravissant, charmant... et votre empereur... idéal... » — elle appuyait sur les dernières syllabes des mots quand elle voulait marquer son enthousiasme. — « Enfin, ma fille, la princesse Roudine — vous ne la connaissez pas, elle habite Florence toute l'année, — était avec moi. Elle tombe malade, elle a été sauvée par le docteur Louvet, vous savez, ce mince avec un air de mignon de Henri III. Je l'appelle toujours Louvetsky, parce qu'il ne soigne que des Russes. Je ne pouvais pas songer à la transporter loin de Paris... Cet hôtel était à vendre tout meublé, je l'ai acheté... Mais j'ai tout bouleversé. Voyez... C'était le jardin ici... »

Elle montrait à René le grand salon, maintenant, où ils étaient entrés. Il formait une espèce de vaste hall dont les murs disparaissaient sous les toiles de toute grandeur et de toute école, ramassées par la comtesse au cours de ses vagabondages Européens. Si la première impression de luxe matériel avait été si forte sur René, l'impression de cette autre sorte de luxe, spirituel, si l'on peut dire, que représente le cosmopolitisme, venait s'y adjoindre, plus forte encore. La manière dont la comtesse avait prononcé le nom de Florence, comme si c'eût été un faubourg de Paris, la facilité d'existence que représentait cette installation improvisée dans ce palais, la manière dont cette grande dame russe parlait le français, comment un jeune homme, habitué à l'horizon précis et tout étroit d'une modeste famille de petite bourgeoisie parisienne, n'eût-il pas été frappé d'une sorte d'admiration enfantine, au contact de ces détails si nouveaux pour lui? Et il ouvrait les yeux pour absorber tout le charme du tableau que cette pièce formait à cette minute. Au fond, à gauche, des rideaux, d'un rouge sombre et maintenant baissés, masquaient la scène, établie pour la circonstance dans la grande salle à manger qui, d'ordinaire, ouvrait sur le hall, comme l'attestaient les trois marches aperçues au bas de ces rideaux. Au milieu, une colonne de marbre se dressait, surmontée d'un buste de bronze représentant le fameux Nicolas Komof, l'ami du tzar Pierre, et, autour de cet ancêtre, quatre énormes arbustes verdoyaient, plantés dans des vases en cuivre d'un travail persan. Entre cette espèce de monument familial et les rideaux baissés de la scène, des lignes de chaises étaient rangées. En ce moment, presque toute la portion féminine de l'assistance y avait pris place, et c'était, sous le feu des lustres, comme un parterre vivant d'épaules nues, les unes maigriotes et les autres du plus admirable modelé, de chevelures blondes ou noires, de visages éclairés par des yeux bruns ou bleus, de bras robustes ou fins. Les éventails battaient, les bijoux brillaient, les paroles et les rires se confondaient en une espèce de grande rumeur indistincte. Le chatoiement des étoffes des robes faisait de cette moitié du salon, où se tenaient les femmes, un éclatant contraste à la masse sombre des habits noirs pressés dans l'autre moitié. Quelques femmes cependant étaient debout parmi les hommes, et quelques hommes apparaissaient, comme perdus entre les chaises où causaient les femmes. Toute cette société, quoique très mélangée, se composait de personnes habituées à se retrouver sans cesse, et depuis des années, dans les lieux de rendez-vous qui servent de terrain commun aux divers mondes. Il y avait là des duchesses du plus pur faubourg Saint-Germain, de celles que les goûts de sport et de charité conduisent un peu partout; il y avait aussi des femmes de grands financiers et des femmes de diplomates, toute une série de représentantes de l'élégance cosmopolite, et même de simples femmes d'artistes, en train de poursuivre la fortune de leurs maris à travers les dîners en ville et les réceptions. Mais, pour un nouveau venu comme René Vincy, aucune des particularités sociales qui distribuaient ce salon en une série de petits groupes très distincts n'était perceptible. Il regardait ce spectacle, qui dépassait, comme première impression de luxe étalé, toutes ses chimères de jeune homme. Au milieu du brouhaha des voix, il se laissait présenter à quelques-uns des hommes qui se rencontraient sur le passage, et à quelques-unes des femmes du dernier rang des chaises. Il s'inclinait, balbutiait quelques mots en réponse aux compliments que les plus aimables lui formulaient. Madame Komof qui voyait son trouble, eut la charité de ne pas le quitter, d'autant plus que Claude, en proie sans doute à une nouvelle crise de sa passion, avait disparu. — Il devait être entré dans les coulisses, — et quand les trois coups résonnèrent, le poète se trouva tout naturellement assis auprès de la comtesse, dans l'ombre d'un des arbustes qui entouraient la colonne de l'ancêtre. Quel bonheur qu'il eût ainsi une place d'où il pouvait échapper aux regards!

IV

« LE SIGISBÉE »

Deux domestiques en livrée étaient venus relever les rideaux; et la scène apparut, minuscule. L'indication de la brochure portant simplement ces mots : « Dans un jardin, à Venise, » le décor avait pu être réduit à une toile qui fermait le fond, et à un fouillis de plantes empruntées aux célèbres serres de la comtesse. Avec leurs formes un peu raides et la nuance lustrée de leurs feuillages, ces arbustes exotiques faisaient un cadre bien différent de celui que la fantaisie de M. Perrin avait aménagé à la Comédie-Française. Il s'était, lui, le directeur artiste, s'il en fut jamais, complu à restituer une de ces terrasses sur la lagune, qui descendent vers l'eau glauque par un escalier de marbre blanc, avec des façades de palais à colonnettes rouges sur l'horizon bleuâtre, avec des suites de noires gondoles au tournant des canaux. Cette nouveauté de décor, la petitesse de la scène, le cercle restreint du public et son caractère d'élite, tout contribuait à augmenter le trouble de René. Il retrouva l'espèce de battement affolé du cœur qu'il avait connu derrière un des portants du théâtre, le soir de la première représentation. Des applaudissements éclatèrent, qui saluaient l'entrée en scène de Colette Rigaud. L'actrice s'inclina en souriant, dans son costume à la Watteau, et, même sous cette robe copiée d'une des fêtes galantes du grand peintre, avec ses cheveux poudrés, une mouche au coin du sourire et du rouge sur ses joues trop pâles, elle gardait ce je ne sais quoi d'attendrissant qui venait de ses yeux et de sa bouche, tout pareils, en effet, aux yeux tristement songeurs et à la bouche, mélancolique dans la sensualité, que Botticelli donne à ses madones et à ses anges. Que de fois René avait entendu Claude gémir : « Lorsqu'elle m'a menti, et qu'elle me regarde avec ces yeux-là, je me mets à la plaindre de ses infamies au lieu de lui en vouloir.. » Colette commença de réciter les premiers vers de son rôle avec ses lèvres à la fois un peu renflées et fines, et l'angoisse de René fut portée à son comble, tandis qu'il écoutait autour de lui les chuchotements presque à voix haute que les gens du monde se permettent volontiers lorsqu'une artiste joue dans un salon. « Elle est bien jolie... — Croyez-vous que ce soit le même costume qu'au théâtre ?... — Ma foi, elle est trop maigre pour mon goût... — Quelle voix sympathique !... — Non, elle imite trop Sarah Bernhardt... — J'adore cette pièce, et vous ?... — Les vers, moi, ça me fait dormir... » L'oreille aiguë du poète surprenait ces exclamations et d'autres encore. Elles furent réprimées par une bordée de « chut » ! qui partirent d'un groupe de jeunes gens, tout près de René, parmi lesquels se distinguait un personnage chauve, au nez un peu fort, à la face congestionnée. La comtesse lui envoya de la main un geste de remerciement et, se retournant vers son voisin :

— « C'est M. Salvaney, » fit-elle, « il est amoureux fou de Colette. »

Le silence s'était rétabli, un silence troublé à peine par le bruit des respirations, le froissement des étoffes et la palpitation des éventails. René, maintenant, écoutait chanter la musique de ses propres vers avec une griserie délicieuse, car, à ce silence et aux murmures approbatifs qui s'élevèrent bientôt, il comprenait, il sentait que son œuvre s'imposait à ce public de mondaines et de mondains réunis dans ce salon, comme elle s'était imposée à la salle de « première » au Théâtre-Français, toute remplie d'écrivains fatigués, de courriéristes blasés, de boulevardiers viveurs et de femmes galantes. Une hallucination intérieure ramenait malgré lui le jeune homme vers l'époque où il avait imaginé, puis écrit, cette saynète qui lui valait, ce soir, un nouveau et délicieux frémissement d'amour-propre, après avoir si profondément bouleversé sa vie. Il se revoyait au printemps dernier, se promenant dans les allées du jardin du Luxembourg, vers le crépuscule; et le mystère de la nuit commençante, l'arome des fleurs, l'azur assombri du ciel apparu à travers la feuillée encore rare, le marbre des statues des reines, tout de ce paysage l'avait enivré, d'autant plus que Rosalie marchait auprès de lui, silencieuse. Elle avait une si candide façon de le regarder avec ses yeux noirs, où il pouvait lire une tendresse inconsciente et passionnée! C'était ce soir-là qu'il lui avait parlé d'amour, ainsi, dans le parfum des premiers lilas, tandis que la voix de madame Offarel causant avec Émilie leur arrivait, indistincte. Il était revenu rue Coëtlogon en proie à cette fièvre d'espérance qui vous met les larmes au bord des yeux, le cœur au bord des lèvres, qui vous remue jusqu'à la racine la plus intime de votre être. Il lui avait été impossible de dormir, et là, seul dans sa chambre, il s'était, par comparaison avec Rosalie, rappelé sa première et unique maîtresse, une fille du quartier Latin, nommée Élise. Il l'avait rencontrée dans une brasserie où il s'était laissé entraîner par les deux seuls confrères qu'il connût. Élise était jolie, quoique fanée, avec du noir sous les yeux, de la poudre sur tout le visage, du carmin aux lèvres. Elle avait eu un caprice pour lui, et, bien qu'elle le choquât de toute manière, par ses gestes et par ses pensées, par sa voix et par ses sensations, il était devenu son amant; — triste intrigue qui avait duré six mois, et qui lui demeurait comme un souvenir amer. Il s'était attaché, malgré lui, à cette fille, étant de ceux que la volupté mène à la tendresse, et il avait cruellement souffert de ses coquetteries, de ses grossièretés de cœur, du fond d'infamie morale sur lequel la pauvre créature vivait. Assis à sa table de travail et songeant avec extase à la pureté de Rosalie, il avait conçu l'idée d'un poème où il mettrait en contraste une coquette d'une part, de l'autre une jeune fille vraie et tendre. Puis, comme il était un fervent lecteur des comédies de Shakespeare et de

Musset, sa vulgaire aventure de brasserie avait, par une métamorphose étrange et cependant sincère, pris la forme d'une fantaisie italienne. Il avait, cette nuit même, jeté sur le papier le plan du *Sigisbée* et composé cinquante vers. C'était la simple histoire d'un jeune seigneur vénitien, Lorenzo, qui s'éprenait d'une froide et cruelle coquette : la princesse Cœlia. Il perdait, le malheureux, son cœur et ses larmes à courtiser cette implacable beauté, puis, sur le conseil d'un jeune marquis de Sénécé, roué français de passage à Venise, il affectait, pour piquer au jeu Cœlia, de s'intéresser à la jolie et douce comtesse Béatrice. Il découvrait alors que cette dernière l'aimait depuis longtemps ; et quand Cœlia, prise au piège, essayait de l'attirer de nouveau, Lorenzo, éclairé par cette expérience, disait non à la perfide dont il avait été le triste Sigisbée, pour s'abandonner tout entier au charme de celle qui savait aimer, — simplement.

Colette parlait, jouant Cœlia. Lorenzo se lamentait. Le roué se moquait. Béatrice rêvait... Ce petit monde venu du pays de Benedict et de Perdican, de la Rosalinde d'*As you like it* et du Fortunio du *Chandelier*, allait et venait dans un rayon de poésie, caressant et atténué comme un rayon de lune. Des voix s'élevaient par instants du groupe des femmes, qui jetaient un : « Charmant!...» ou un : « Exquis!... » et René se souvenait des nuits de travail, une trentaine, consacrées à prendre et à reprendre tel ou tel de ces morceaux, cette élégie par exemple, écrite par Lorenzo sur un billet, — billet qu'à un moment Cœlia montrait à Béatrice. Comme la voix de Colette se faisait tendre et moqueuse pour réciter ces vers :

> *Si les roses pouvaient nous rendre le baiser*
> *Que notre bouche vient sur leur bouche poser;*
> *Si les lilas pouvaient, et les grands lis, comprendre*
> *La tristesse dont nous remplit leur parfum tendre;*
> *Si l'immobile ciel et la mouvante mer*
> *Pouvaient sentir combien leur charme nous est cher;*
> *Si tout ce que l'on aime, en cette vie étrange,*
> *Pouvait donner une âme à notre âme en échange!...*
> *Mais le ciel, mais la mer, mais les frêles lilas,*
> *Mais les roses, et toi, chère, vous n'aimez pas...*

Et l'hallucination rétrospective redoublait encore, rappelant à René sa chambre paisible, et comme il ressentait une joie intime à se lever chaque matin, pour reprendre la besogne interrompue. Sur le conseil de Claude, et poussé d'ailleurs par l'enfantine imitation des procédés des grands hommes, — trait risible et délicieux des vraies jeunesses littéraires, — il avait adopté la méthode pratiquée autrefois par Balzac. Couché avant huit heures du soir, il se levait avant quatre heures du matin. Il allumait lui-même son feu et sa lampe, préparés de la veille par les soins de sa sœur, qui avait aussi tout disposé pour qu'il se fît du café sans presque se déranger, à l'aide d'une machine à esprit-de-vin. Le feu crépitait, la lampe grésillait, l'arome de la liqueur inspiratrice emplissait la chambre close. Il regardait pieusement une photographie de Rosalie et il commençait de travailler. Petit à petit le bruit de Paris grandissait, l'éveil de la vie se faisait comme perceptible. Il posait sa plume pour contempler quelques-unes des eaux-fortes qui tapissaient les murs ou pour feuilleter un livre. Vers six heures, Emilie entrait. A travers les soucis de son ménage, cette sœur fidèle trouvait le loisir de recopier jour par jour les vers que son frère avait composés. Pour rien au monde elle n'aurait souffert qu'un manuscrit de René passât entre les mains des protes et des correcteurs. Pauvre Émilie! Qu'elle eût été heureuse d'entendre les applaudissements couvrir la voix de Colette, et que le plaisir de René eût été entier si la sensation du changement d'âme qui s'était accompli en lui à l'endroit de Rosalie ne fût venu l'attrister vaguement, même à cette minute où la pièce finissait dans un enthousiasme de tout le salon !

— « Vous avez un succès fou, » dit la comtesse au jeune homme. « Toutes ces petites vont se disputer à qui vous aura chez elle. » — Et comme pour appuyer ce qui n'aurait pu être que la flatterie d'une gracieuse maîtresse de maison, le jeune homme put entendre, durant le tumulte dont s'accompagna la fin de la pièce, toutes sortes de phrases passer à travers le brouhaha des robes, le bruit des chaises poussées, des saluts échangés : « C'est l'auteur... — Qui?... — Ce jeune homme... — Si jeune!... — Est-ce que vous le connaissez?... — Il est bien joli garçon... — Pourquoi porte-t-il les cheveux si longs?... — Moi, j'aime ces têtes d'artistes... — On peut avoir du talent et se coiffer comme tout le monde... — Mais sa comédie est ravissante... — Ravissante... — Ravissante... — Savez-vous qui l'a présenté à la comtesse?... — Mais c'est Claude Larcher... — Pauvre Larcher! Regardez comme il tourne autour de Colette... — Salvaney et lui vont se bûcher un de ces jours... — Tant mieux, ça leur rafraîchira le sang... — Est-ce que vous restez pour souper?... » C'étaient là vingt propos, parmi cent autres, que René distinguait, avec cette finesse d'ouïe propre aux auteurs, et tandis qu'il s'inclinait, le rouge au front, sous les coups de massue des compliments d'une femme qui venait de l'enlever presque de force à madame Komof. C'était une personne longue et sèche d'environ cinquante ans, veuve d'un M. de Sermoises, lequel était devenu depuis sa mort « mon pauvre Sermoises, » après avoir été, de son vivant, la fable des clubs à cause de la conduite de sa compagne. Cette dernière avait passé, en vieillissant, de la galanterie à la littérature, mais à une littérature bien pensante, et teintée de dévotion. Elle avait su vaguement par la comtesse que l'auteur du *Sigisbée* était le neveu d'un prêtre, et d'ailleurs, le caractère romanesque, comme répandu sur la petite comédie, lui permettait de croire que le jeune écrivain n'aurait jamais rien de commun avec la littérature actuelle, dont elle maudissait vertueusement les tendances, et elle disait à René, avec la solennité de précieuse doctrinaire qu'elle apportait à l'énoncé de ses idées, — un juge rendant son arrêt n'a pas plus de morgue implacable :

— « Ah ! Monsieur ! quelle poésie ! quelle grâce divine ! C'est du Watteau à la plume. Et quel sentiment !... Cette pièce datera, Monsieur, oui, elle datera. Vous nous vengez, nous autres femmes, de ces prétendus analystes qui semblent écrire leurs livres avec un scalpel, sur une table de mauvais lieu... »

— « Madame... » balbutiait le jeune homme, assassiné par cette étonnante phraséologie.

— « Je vous verrai chez moi, n'est-ce pas, » continua-t-elle, « je reçois les mercredis de cinq à sept. J'ose croire que vous préférerez la société de mon salon à celle de cette excellente comtesse, qui est une étrangère, vous savez. J'ai quelques-uns de ces messieurs de l'Institut qui me font le grand honneur de me consulter sur leurs travaux. J'ai moi-même écrit quelques poésies. Oh! sans prétention, quelques vers à la mémoire de ce pauvre M. de Sermoises... une plaquette, que j'ai intitulée simplement : *Lis de la tombe*. Vous me direz votre avis, mais en toute franchise... Madame Hurault, monsieur Vincy, » continua-t-elle en présentant l'écrivain à une femme de quarante ans, élégante encore de tournure et de physionomie; « exquis, n'est-il pas vrai? Un Watteau à la plume. »

— « Vous devez beaucoup aimer Alfred de Musset, Monsieur, » dit la nouvelle venue. Elle était la femme d'un homme du monde, auteur, sous le pseudonyme de Florac, de quelques pièces, tombées à plat, malgré la prodigieuse intrigue de madame Hurault, laquelle n'avait pas, depuis seize ans, donné un dîner auquel n'assistât quelque critique ou un personnage lié avec quelque critique, un directeur de théâtre ou quelque parent de directeur.

— « Qui ne l'aime à mon âge? » répondit le jeune homme.

— « Je me le disais en écoutant vos jolis

vers, » reprit madame Hurault, « cela me faisait l'effet d'une musique déjà entendue. » Puis, son épigramme une fois lancée, elle se souvint que dans beaucoup de jeunes poètes dort un feuilletoniste futur, et elle corrigea la phrase où venait d'éclater sa cruelle envie de femme de confrère par une invitation : — « J'espère vous voir chez moi, Monsieur ; mon mari, qui n'est pas là, fera votre connaissance avec un grand plaisir, je suis toujours à la maison le jeudi, de cinq à sept. »

— « Mme Éthorel, M. Vincy, » disait madame de Sermoises en présentant de nouveau René, mais cette fois à une très jeune et très jolie femme, toute brune avec une douce pâleur ambrée sur son visage, de grands yeux de velours et une délicatesse presque fragile qui contrastait avec sa voix, presque grave.

— « Ah ! Monsieur, » commença-t-elle, « que vous savez parler au cœur ! J'aime surtout ce sonnet que Lorenzo récite à un moment... voyons... Le fantôme de l'ancienne année... »

— « Le spectre d'une ancienne année... » fit René, rectifiant, malgré lui, le vers que la jolie bouche citait à faux, et, avec un pédantisme inconscient, il dissimula un sourire, car c'était, ce morceau, deux strophes de six vers chacune et qui n'offraient ni de loin ni de près aucun rapport avec un sonnet.

— « C'est cela, » reprit madame Éthorel, « adorable, Monsieur, c'est adorable! Je reçois le samedi de cinq à sept. Oh! un tout petit cercle, si vous voulez me faire le plaisir d'y venir. »

René n'eut pas le temps de remercier, et déjà madame de Sermoises, en proie à cet étrange délire de la vanité du reflet, qui donne, à certains hommes aussi bien qu'à certaines femmes, le besoin irrésistible et presque naïf de s'instituer le cornac de tout personnage en vue, l'entraînait à une nouvelle présentation. Il dut saluer ainsi madame Abel Mosé, la beauté la plus éclatante du monde israélite, tout en blanc; puis madame de Sauve tout en rose, et madame Bernard tout en bleu. Puis ce fut un retour vers lui de madame Komof qui vint le prendre pour l'entraîner auprès de la comtesse de Candale, la descendante aux yeux si fiers du terrible maréchal du XVe siècle, et de sa sœur la duchesse d'Arcole. A ces deux noms bien français succédèrent les noms, impossibles à retenir du premier coup, de quelques parentes de la comtesse, et ce furent encore des poignées de main échangées avec les hommes qui se trouvaient auprès de ces dames. René fit ainsi la connaissance du marquis de Hère, le plus rangé des élégants, qui vit avec vingt mille francs de rente comme s'il en avait cinquante; du vicomte de Brèves, en train de se ruiner pour la troisième fois; de Crucé le collectionneur; de San Giobbe le célèbre tireur italien, et de trois ou quatre Russes. Parmi les noms de ces femmes à la mode et de ces hommes de club, la plupart étaient familiers au poète, pour les avoir lus, enfantinement et avec une folle avidité, dans ces comptes rendus de soirées que les journaux du boulevard rédigent, à la plus grande édification des jeunes bourgeois en train de rêver de haute vie. Il s'était façonné, par avance, de cette société plutôt riche qu'aristocratique et plutôt européenne que française, qui tient le haut du pavé dans le Paris des fêtes et du plaisir, une idée si prestigieuse et si parfaitement fausse, qu'il demeurait tout à la fois ravi et déconcerté de cette réalisation d'un de ses plus anciens songes. Il y avait un extrême atteint dans le décor qui l'enchantait, en même temps que son succès enivrait sa vanité d'auteur. Il rencontrait des sourires sur des bouches si tentantes, des regards flatteurs dans des yeux si beaux! Et cela, en lui caressant l'âme, l'affolait aussi de timidité, en même temps que le tourbillonnement des visages lui infligeait une impression d'ahurissement, et la banalité des éloges une involontaire désillusion. Ce qui rend le monde, et quel que soit ce monde, intolérable jusqu'à la nausée à beaucoup d'artistes, c'est qu'ils y viennent, eux, par accès, pour y être en parade et qu'ils en attendent quelque chose d'extraordinaire, tandis que les personnes qui appartiennent vraiment à une société se meuvent dans l'atmosphère d'un salon avec le naturel et la simplicité d'une habitude quotidienne. Cette indéfinissable déception, cet étourdissement des présentations multiples, cette griserie d'orgueil et cette angoisse de gaucherie poussaient René à chercher son ami Claude, mais il ne le trouvait point. Ses yeux ne rencontrèrent que Colette, qui, descendue de la scène avec son costume aux nuances vives, aux formes anciennes, et ses blonds cheveux tout poudrés, faisait un contraste piquant de couleur avec les habits noirs dont elle était entourée. Elle aussi éprouvait une visible gêne, — qui se manifestait par un peu d'énervement dans le sourire, un peu de défiance dans le fond du regard, et par une rapide manière d'ouvrir sans cesse et de refermer son éventail, — cette gêne de l'actrice subitement transportée hors de son milieu, à la fois fière et troublée de l'attention qu'elle inspire. Elle eut pour René un sourire qui trahissait un plaisir réel de retrouver quelqu'un de son bord. Elle était en train de causer avec ce personnage au teint de brique dont René savait par la comtesse que c'était Salvaney, le rival de Claude.

— « Ah ! voilà mon auteur, » dit-elle en terdant la main au poète. « Hé bien ! vous devez être content, ce soir... Comme tout a porté !... Allons, Salvaney, complimentez monsieur Vincy, quoique vous n'y entendiez rien ; et votre ami Larcher, » continua-t-elle, « il a disparu ?... Vous lui direz de ma part qu'il a failli me faire mourir de rire en scène. Il avait sa mèche, là, qui lui barrait le front, son air de saule pleureur. Pour qui jouait-il son Antony ?... »

Il y avait une cruauté en ce moment dans les yeux brouillés de vert de la jeune femme, dans le retroussis de ses lèvres, et une espèce de haine, qui venait de ce que le malheureux Claude était parti sans même la saluer. Elle l'aimait, à sa manière, en le trompant et en le torturant, mais surtout en l'asservissant. Elle éprouvait une impression de rancune satisfaite à se moquer ainsi de lui devant Salvaney, et à se dire que le naïf René répéterait ces phrases à son ami.

— « Pourquoi parlez-vous ainsi ? » répondit le jeune homme à voix basse, en profitant de ce que le compagnon de l'actrice échangeait un bonjour avec un de ses camarades, « vous savez bien qu'il vous aime... »

— « C'est vrai, » dit Colette très haut en riant de son mauvais rire. « Vous le gobez... je connais la légende... C'est moi son mauvais génie, sa femme fatale, sa Dalila... J'ai tout un paquet des lettres où il me raconte ces histoires... Ce qui ne l'empêche pas de s'enivrer comme un Templier, sous prétexte de me fuir... C'est moi qui l'ai fait jouer, peut-être, et boire, n'est-ce pas, et se piquer avec de la morphine?... Allons donc!... » et elle haussa ses jolies épaules, puis gaiement : « La comtesse nous fait signe, il ne reste que les intimes et nous... Salvaney, votre bras, et allons souper. »

Le temps avait en effet passé à travers ces présentations successives, et René, que cette phrase de Colette réveilla soudain de son ébahissement, put voir que le nombre des personnes demeurées dans les salons était très diminué. La comtesse n'avait guère convié plus d'une trentaine de ses hôtes au souper qui devait terminer la soirée. Elle donna elle-même le signal de monter jusqu'à l'étage supérieur où ce souper était préparé, en prenant le bras du plus important de ces invités, un ambassadeur alors très à la mode dans ce Paris élégant et qui s'amuse. Les couples se formèrent et leur défilé s'engagea derrière elle, dans un escalier tout étroit, que décoraient des bronzes et de merveilleuses sculptures sur bois rapportées d'Italie. On arriva ainsi dans une espèce de galerie qui tenait à la fois du boudoir, par le détail fantaisiste de son ameublement, et du salon par son ampleur. Dans le centre était dressée une longue table, garnie de fleurs, chargée de fruits, étincelante de cristaux et d'argenterie. Auprès de chaque assiette, rayonnait une espèce de globe rose encadré de verdure, à l'intérieur duquel brûlait une invisible bougie, — nouveauté anglaise qui fut saluée de légères et gaies acclamations par les convives, lesquels se placèrent ensuite au hasard de leurs convenances réciproques. René, qui, par timidité, s'était trouvé monter seul et parmi les derniers, s'assit de la sorte à une chaise vide entre le vicomte de Brèves et la jeune femme blonde en robe rouge, rencontrée dans l'antichambre, celle dont Claude Larcher lui avait dit qu'elle s'appelait madame Moraines et qu'elle était la fille du célèbre Bois-Dauffin, l'un des ministres les plus impopulaires de Napoléon III. Ainsi perdu dans ce coin de table, tandis que les conversations commençaient entre madame Moraines d'une part et son voisin de droite, entre le vicomte de Brèves de l'autre et sa voisine, René put enfin se ressaisir pendant quelques minutes et considérer les convives, derrière lesquels allaient et venaient les domestiques, portant les plats, versant les vins... Son regard passait de Colette, qui flirtait en riant avec Salvaney, à madame Komof, sans doute en train de raconter quelque nouvelle histoire d'expérience spirite; car ses yeux avaient repris leur éclat presque insoutenable, ses traits se décomposaient et sa grande main remuait, faisant scintiller les pierres des bagues, sans qu'elle s'occupât des personnes assises à sa table, elle si courtoise à l'ordinaire, si soucieuse de plaire à chacun de ses hôtes... L'impression de solitude s'établit chez le jeune homme, plus forte encore que tout à l'heure, et au point d'en devenir douloureuse, soit que l'intensité des sensations eût épuisé ses nerfs, soit que le subit passage de son succès à son abandon momentané lui fût un symbole du peu de valeur qu'offrent les engouements du monde. Parmi les femmes qui l'avaient accablé de flatteries, les unes étaient parties ; les autres avaient tout naturellement pris place auprès de leurs amis habituels. A l'extrémité opposée de la table, il pouvait comme retrouver sa propre image dans l'acteur qui avait joué Lorenzo, le seul qui fût resté à souper avec Colette, et qui, tout raide et droit dans son costume de seigneur, mangeait et buvait de grand appétit sans échanger un mot avec qui que ce fût. Dans cette disposition d'esprit, René se prit à regarder sa voisine dont la grâce l'avait beaucoup frappé durant la rapide rencontre du vestibule. Il ne s'était pas trompé en la jugeant, dès le premier coup d'œil, comme une créature d'une apparence d'aristocratie accomplie.

Tout en elle donnait la sensation de quelque chose de distingué, presque de trop joli, depuis la délicatesse de ses traits jusqu'à la finesse de sa taille et la minceur de ses poignets. Ses mains semblaient fragiles, tant les doigts en étaient fuselés et comme transparents. Le défaut de ces sortes de beautés réside dans ce qui fait leur charme même. Excessive, la délicatesse se change en morbidesse et la grâce trop fine en maniérisme. Chez madame Moraines, une étude plus attentive découvrait que l'être de grâce enveloppait un être de force, et que cette exquise sveltesse cachait une femme bien vivante, dont la santé se révélait à toutes sortes de signes. Cette jolie tête reposait sur une nuque énergique, où l'or pâle des cheveux se bouclait en mèches drues et serrées. Aucune maigreur ne déshonorait ses épaules pleines. Quand elle souriait, elle montrait des dents aiguës et blanches, et la manière dont elle faisait honneur au souper, témoignait que son estomac avait résisté sans peine aux innombrables causes de fatigue qui pèsent sur les femmes à la mode, depuis la pression du corset jusqu'aux épuisantes veillées, sans parler des quotidiens dîners en ville. Les yeux de madame Moraines, d'un bleu pâle et doux, devaient rappeler à un songeur le souvenir d'Ophélie et de Desdémone; mais ils nageaient dans cette espèce d'humide radical où les naïfs observateurs d'autrefois voyaient le signe de la vie profonde, et la fraîcheur des paupières attestait les sommeils heureux où le tempérament se répare tout entier, comme l'éclat du teint démontrait un sang riche et rebelle à toute anémie. Pour un médecin philosophe, le contraste entre le charme presque idéal de cette physionomie et l'évident matérialisme de cette physiologie, devait fournir prétexte à des réflexions de défiance. Mais le jeune homme qui considérait à la dérobée la jeune femme, tout en déchiquetant du bout de sa fourchette un morceau de chaufroid posé devant lui, était un poète, c'est-à-dire le contraire d'un médecin et d'un philosophe. Au lieu d'analyser, il se mit à jouir avec délice de ce voisinage. Sans qu'il s'en doutât, il avait, durant cette soirée, subi un ensorcellement de sensualité qui se résumait, pour ainsi dire, dans cette femme de tous points désirable, autour de laquelle flottait un subtil et pénétrant arome. En fidèle disciple des maîtres de Parnasse, il avait eu, pendant une époque de son adolescence, l'enfantine manie des parfums, et il aspira longuement cette fine, cette tiède odeur; il reconnut l'héliotrope blanc, et il se souvint d'avoir un jour, en proie à la nostalgie des tendresses raffinées, écrit une fantaisie rimée où se trouvaient ces deux vers:

*L'opoponax alors chanta dans l'ombre douce
L'histoire des baisers que nous n'aurons pas eus...*

Invinciblement, le naïf désir qu'il avait exprimé à Claude Larcher, tandis que la voiture les emportait, celui d'être aimé d'une femme pareille à celle dont il entendait à cet instant le joli rire, le mordit au cœur de nouveau. Ah ! Mirage ! Mirage ! Cette heure allait passer, sans qu'il échangeât même un mot avec cette créature de rêve, plus éloignée de lui que s'il en eût été séparé par mille lieues. Savait-elle seulement qu'il existât ? Et, à la minute même où il se formulait cette triste certitude, il sentit son cœur battre plus vite. Madame Komof, revenue à elle après son exaltation du début du souper, avait sans doute aperçu la détresse peinte sur le visage du jeune homme ; d'un bout de la table à l'autre, elle jeta cette phrase au vicomte de Brèves : « Voulez-vous me rendre le service de présenter M. Vincy à sa voisine ? » René vit les beaux yeux bleus se tourner vers lui, la tête blonde s'incliner et un sourire de sympathie se dessiner sur cette bouche qu'il venait de comparer en pensée à une fleur, tant elle était fraîche, pure et rouge. Il attendait de madame Moraines le compliment banal dont il avait été comme écrasé toute la soirée, et il eut la surprise que la jeune femme, au lieu de l'entretenir aussitôt de sa pièce, lui dit simplement, prolongeant avec lui la conversation qu'elle venait d'avoir avec son voisin :

— « Nous causions avec M. Crucé du talent que M. Perrin déploie dans la mise en scène. Vous souvenez-vous, monsieur, du décor du *Sphinx?*... »

Elle parlait avec une voix douce, légèrement voilée et qui ressemblait à sa nuance de beauté, indéfinissable attrait qui achève de rendre le charme d'une femme irrésistible pour ceux qui le subissent. René se sentit enveloppé par cette voix, comme par le parfum qu'il respirait davantage encore, maintenant qu'elle s'était tournée vers lui. Il lui fallut un effort pour répondre, tant cette sensation l'envahissait. Madame Moraines vit-elle son trouble? En fut-elle flattée comme toute femme est flattée de recevoir cet hommage d'une timidité qui ne peut pas se dissimuler? Toujours est-il qu'elle sut l'art de franchir ces premières étapes de la conversation, si difficiles entre une femme du monde et un admirateur effarouché, avec tant de grâce qu'après dix minutes René lui parlait presque en confiance, exposant, avec une certaine éloquence naturelle, ses idées à lui sur le théâtre. Il se confondait en éloges passionnés des représentations organisées par Richard Wagner à Bayreuth, telles que ses amis les lui avaient décrites. Madame Moraines l'écoutait, en le regardant, de la manière dont ces grandes comédiennes de salon savent regarder l'homme connu qu'elles ont entrepris de séduire... Si on avait dit à René que cette idéale personne se souciait de Wagner et de la musique comme de sa première robe longue, vu qu'elle ne se plaisait vraiment qu'aux petits théâtres d'opérette, — il en serait demeuré aussi stupide que si le joyeux tumulte dont s'égayait en ce moment la table se fût changé en une clameur d'épouvante. Colette, qui avait bu sans doute deux doigts de champagne de plus qu'il n'aurait fallu, riait, à deux pas de lui, d'un rire un peu trop haut. Les appellations familières s'échangeaient entre les convives, et, dans ce bruit, il écoutait la voix de la jeune femme lui dire :

— « Que cela fait du bien de rencontrer un poète qui sente véritablement en poète !... Je pensais que l'espèce en était perdue... Voulez-vous me croire ? » ajouta-t-elle avec un sourire qui, renversant les rôles, la métamorphosait, elle, la grande mondaine, en une personne intimidée devant une supériorité indiscutable ; « tout à l'heure, dans le salon, j'allais demander de faire votre connaissance. J'avais tant aimé le *Sigisbée !*... Et puis : à quoi bon ? me suis-je dit... Et voyez, le hasard nous a mis l'un à côté de l'autre...

Vous n'aviez pas l'air de vous amuser beaucoup, » continua-t-elle finement, « pour un triomphateur... »

— « Ah! Madame, » fit-il, « si vous saviez, » — et, obéissant à l'invincible attrait qui déjà émanait pour lui de cette femme, — « vous allez me trouver bien ingrat... Toutes ces dames ont été charmantes d'indulgence... Mais je ne peux pas vous expliquer pourquoi leurs compliments me glaçaient. »

— « Aussi ne vous en ai-je pas fait, » dit-elle; et comme négligemment : « Vous n'allez pas beaucoup dans le monde? »

— « Vous ne vous moquerez pas trop de moi, » dit le jeune homme avec cette grâce dans le naturel qui faisait le charme de son être, — « c'est ma première sortie ; oui, avant cette fête, » ajouta-t-il en lisant une curiosité dans le regard de celle à qui il parlait, « je ne connaissais le monde que par les romans que j'ai pu lire... Je suis un vrai sauvage, vous voyez... »

— « Mais, » dit-elle, « comment passez-vous vos soirées?... »

— « J'ai tant travaillé jusqu'à ces derniers temps, » répondit-il, « je vis avec ma sœur, et je ne connais presque personne. »

— « Et qui vous a présenté à la comtesse? » reprit madame Moraines.

— « Un de mes amis que vous devez connaître, Claude Larcher. »

— « Un homme charmant, » fit-elle, « et qui n'a qu'un défaut, celui de penser beaucoup de mal des femmes. Ne le croyez pas trop, » ajouta-t-elle avec ce même sourire un peu timide, « vous vous gâteriez... Ce pauvre garçon a toujours eu la spécialité d'aimer des coquettes et des coquines, et la faiblesse de croire que toutes leur ressemblent. »

En prononçant cette phrase, ses yeux exprimaient la plus délicate tristesse. Il y avait de tout sur son joli visage, depuis la fierté d'une personne qui a dû souffrir, comme femme, des cruautés d'un écrivain misogyne, jusqu'à de la pitié pour Claude, et aussi une espèce de crainte discrète que René ne fût induit à mal juger les choses du cœur, qui impliquait une muette estime de sa nature. Un silence suivit, pendant lequel le jeune homme se surprit à se réjouir que son ami fût absent. Il aurait souffert s'il lui avait fallu, après ce souper, entendre des paradoxes outrageants comme ceux que l'amant jaloux de Colette avait débités dans la voiture durant le trajet de la rue Coëtlogon à la rue du Bel-Respiro. Ah! qu'il avait eu raison de protester en lui-même contre les flétrissantes théories de Claude, même avant de connaître une seule de ces femmes de la haute société vers lesquelles l'attirait une invincible espérance de rencontrer celle qu'il aimerait sans retour! Et il écoutait madame Moraines parler des mélancolies que cache si souvent la vie mondaine, des vertus secrètes qui s'y dissimulent sous la frivolité apparente, des œuvres de charité, par exemple, auxquelles prenaient part telle et telle de ses amies... Elle disait cela, simplement, doucement, sans qu'une seule intonation trahît autre chose qu'un profond amour du Bien et du Beau, et puis, avec une espèce de divine pudeur d'avoir ainsi étalé ses sentiments, et comme on se préparait à se lever de table :

— « Voilà une conversation bien étrange pour un souper, » fit-elle, « on a dû vous dire tant de cinq à sept que je n'ose pas vous prier de venir chez moi... Quand vous passerez par-là, les jours d'Opéra, avant le dîner, j'y suis toujours. Vous verrez mon mari qui n'était pas ici ce soir... Il était souffrant... Il a voulu que je vienne, à cause de la comtesse qui nous avait tant priés... Ce qui prouve, » ajouta-t-elle en serrant la main du jeune homme, « qu'on est quelquefois récompensée de remplir ses devoirs, même ceux du monde. »

V

L'AUBE DE L'AMOUR

L'ASSAUT des sensations nouvelles avait été si violent et si multiple pour René Vincy, durant toute cette soirée, qu'il lui fut impossible de discerner exactement leur détail, dans le temps qu'il mit à franchir de pied la distance entre la rue du Bel-Respiro et la rue Coëtlogon. Si Claude n'avait pas brusquement quitté l'hôtel Komof, en proie aux affres de l'amour trompé, les deux amis seraient revenus ensemble. Ils auraient eu, le long des avenues désertes et sous les froides étoiles, une de ces conversations de trois heures du matin où les jeunes gens qui sortent d'une fête se disent tout ce qu'ils en emportent dans le cœur. Peut-être alors, et rien qu'à prononcer le nom de madame Moraines, René aurait compris quelle place avait prise subitement dans sa pensée cette beauté fine et rare, en qui s'étaient comme incarnées et rendues palpables toutes ses chimères d'aristocratie. Peut-être aurait-il acquis par Claude quelques notions justes sur ce caractère et sur la différence qu'il y a entre une femme à la mode comme l'était madame Moraines et une vraie grande dame, et il se serait épargné la dangereuse fièvre d'imagination qui le fit se complaire, tout le long de sa route, dans le souvenir du visage et des moindres gestes de Suzanne. Il avait entendu la comtesse l'appeler de ce joli prénom, en l'embrassant à la minute de l'adieu, et il la revoyait dans son manteau doublé de fourrure blanche, si épais qu'il faisait paraître la gracieuse tête blonde presque trop petite. Il revoyait le mouvement que cette tête avait eu, la légère inclinaison de son côté avant de monter en voiture. Il la revoyait aussi à la table du souper, et le regard de ses beaux yeux attentifs, et la façon dont elle remuait ses lèvres pour lui dire de ces mots bien simples, mais dont chacun lui avait prouvé que celle-là du moins avait l'âme de sa beauté, de même qu'elle avait une beauté digne du cadre où elle lui était apparue. A peine s'il s'aperçut du long chemin qu'il avait à parcourir, le tiers de Paris. Il contemplait le ciel sur sa tête, l'eau de la Seine qui coulait, mouvante et sombre, les longues files des becs de gaz qui semblaient approfondir encore la profondeur indéterminée des rues. Cette nuit lui apparaissait si vaste, — vaste comme son impression présente de sa propre vie. La forme d'esprit, particulière aux poètes qui ne sont que poètes, fait d'eux les victimes d'une sorte d'état mal défini, que l'on pourrait nommer l'état lyrique : c'est comme l'enivrement anticipé de l'espérance ou du désespoir, suivant que cette qualité d'amplifier prodigieusement la sensation présente s'applique à la joie ou à la tristesse. Cette entrée dans le monde, qui, à cette minute, revêtait pour cette tête d'enfant un aspect de renouvellement de sa destinée, qu'était-ce en somme ? A peine un coup d'œil jeté par l'entre-bâillement d'une porte, et qui supposait, pour devenir profitable, une série de menues actions auxquelles eût pensé un ambitieux. L'ambitieux se fut demandé quelle impression il avait produite, quels caractères il avait rencontrés, quels, parmi les salons où on l'avait prié, valaient une seule visite, et quels une fréquentation assidue. Au lieu de cela, le poète se sentait marcher dans une atmosphère de félicité.

La douceur de la dernière portion de la soirée se reflétait pour lui sur tout le reste. Il oubliait même les quarts d'heure de détresse qu'il avait dû traverser. Ce fut dans ce sentiment qu'il se retrouva devant la grille de sa maison. L'antithèse entre le monde d'où il venait et le monde où il rentrait lui fut douce à constater, tandis qu'il poussait le lourd battant, puis qu'il se glissait à petits pas jusqu'à sa chambre. Cette antithèse ne donnait-elle pas à sa joie actuelle tout le piquant de la fantaisie?... Puis, comme il était à cet âge où la réparation des fatigues nerveuses s'accomplit avec une régularité parfaite à travers les mouvements les plus désordonnés de la pensée et des sensations, il ne fut pas plutôt couché dans son lit qu'il dormait déjà d'un sommeil profond. S'il rêva des magnificences entrevues, des applaudissements dans le vaste salon, du profil un peu mignard de madame Moraines, si délicat sous ses cheveux blonds, il n'aurait pu le dire, quand il se réveilla au lendemain matin, vers les dix heures.

Un rais de soleil entrait par la fente des volets clos et des rideaux baissés. Aucun bruit n'arrivait de la petite rue, et aucun bruit de l'intérieur de l'appartement, qui trahît le branle-bas d'un petit ménage le matin, les allées et les venues de la servante, le rangement hâtif des meubles, la préparation du déjeuner. Le jeune homme fut surpris de ce silence. Il consulta sa montre pour savoir combien de temps il avait dormi; et il éprouva de nouveau cette sensation, sur laquelle il ne s'était jamais blasé : celle d'être aimé par sa sœur avec cette espèce d'idolâtrie minutieuse qui va des grands événements de l'existence aux plus petits. En même temps le souvenir le ressaisit de sa soirée de la veille. Vingt images affluèrent dans son cerveau, qui se confondirent toutes dans les traits fins, la bouche spirituelle et les yeux bleus de madame Moraines. Il la revit d'une manière plus distincte que la veille, à l'instant même où il venait de la quitter; mais la netteté de cette vision et l'infinie complaisance avec laquelle il s'y attarda ne l'éclairèrent pas encore sur le sentiment qui naissait en lui. C'était une impression d'artiste, et rien de plus, — comme si les plus gracieux des fantômes de femmes adorées durant sa jeunesse, à travers les phrases des romanciers et des poètes, avaient pris corps sous ses yeux. Couché dans la tiède paresse de son lit, il jouissait du charme de ce souvenir, comme il jouissait de l'intime aspect de sa chambre, de son familier, de son calme asile. Ses regards erraient voluptueusement sur tous les objets visibles dans le demi-jour, sur sa table dont les mains d'Émilie avaient réparé le désordre, sur ses gravures que faisait mieux ressortir la sombre tonalité du papier rouge, sur les reliures de ses chers livres, sur la cheminée dont le marbre supportait quelques photographies dans des cadres de cuir. Le portrait de sa mère était là, — pauvre mère, morte avant d'avoir assisté à la réalisation de sa plus ardente espérance, elle, autrefois si orgueilleuse des morceaux, plus ou moins bien venus, qu'elle rencontrait parmi les papiers de son fils, en rangeant la chambre! La photographie du père était là aussi, mélancolique visage rongé par l'alcool. Bien souvent René avait songé qu'une espèce d'impuissance secrète de sa propre volonté lui avait été transmise par cet homme malheureux. Mais, par ce lendemain de fête, il n'était pas d'humeur à réfléchir sur les coins tristes de sa vie, et ce fut avec une joie d'enfant qu'il frappa deux ou trois coups dans la ruelle de son lit. Il appelait ainsi Françoise, le matin, pour que la brave fille vînt ouvrir les rideaux et les volets. A la place de la bonne, Émilie entra, et, les persiennes une fois rabattues, ce fut le visage aimant et le sourire de sa sœur que le jeune homme aperçut, un sourire tout empreint de la plus confiante curiosité.

— « Un triomphe... » répondit-il joyeusement à la muette interrogation d'Émilie.

La jeune femme battit des mains comme une petite fille; elle vint s'asseoir au pied du lit de son frère sur une chaise basse, et câlinement : « Tu te lèveras plus tard... Françoise va t'apporter ton café. J'avais bien calculé que tu te réveillerais vers les dix heures... J'achevais de le moudre juste quand tu as cogné. Tu l'auras tout frais... » Comme l'Auvergnate entrait, tenant entre ses grosses mains rougeaudes le petit plateau de porcelaine : « Je vais te servir, » continua Émilie ; Fresneau s'est chargé de prendre Constant à la pension... Nous avons tout le temps, dis-moi tout... » Et René dut reprendre le récit de ses sensations de la veille, sans en rien omettre. — « Que disait Claude Larcher ? » demandait sa sœur. « Comment était la cour de l'hôtel ? Comment l'antichambre ? Comment la robe de la comtesse ?... » Et elle riait des métaphores fantastiques de madame de Sermoises. Elle s'écriait : « Quelle chipie !... » en écoutant l'épigramme de la femme du confrère ; elle se moquait de l'ignorance de la jolie madame Ethorel ; elle s'indignait contre la cruauté de Colette ; et quand le poète se mit à lui décrire le gracieux profil de madame Moraines et à lui rapporter leur causerie à la table du souper, elle aurait voulu pouvoir dire merci à la femme exquise, qui, du premier coup d'œil, avait su distinguer ainsi son René. L'habitude qu'elle avait prise, depuis des années, de vivre uniquement par la sensibilité de son frère, la rendait pour le poète la plus dangereuse des confidentes. Elle possédait la même nature d'imagination que lui, cette imagination de l'artiste amoureux de ce qui brille, et elle s'y livrait sans le moindre scrupule, — puisque c'était pour le compte d'un autre. Il y a une espèce d'immoralité impersonnelle, particulière aux femmes, et qui est celle des mères, des sœurs et des amantes. Elle consiste à ne plus percevoir les lois de la conscience, aussitôt qu'il s'agit du bonheur de l'homme aimé. Émilie, qui n'était, quand elle pensait à elle-même, qu'abnégation et que simplicité, ne caressait pour son frère que désirs de luxe, qu'ambitions de vanité, et, naïvement, elle s'écria, donnant une forme à des pensées que René osait à peine admettre en lui :

— « Ah ! je le savais bien, que tu réussirais... Ces dames Offarel ont beau dire, ta place n'est pas dans notre pauvre monde... Ce qu'il vous faut, à vous autres écrivains, c'est tout ce décor, cette vie magnifique... Mon Dieu, que je te voudrais riche !... Mais tu le seras... Une de ces grandes dames s'intéressera à toi et te mariera, et, même dans un palais, tu ne cesseras pas d'être mon frère qui m'aime... Voyons ! était-ce possible que tu vécusses ainsi toujours ?... Te vois-tu, dans un petit appartement au quatrième, avec des enfants qui piaillent, une femme qui ait des mains de servante comme les miennes, » — et elle montrait ses doigts où se voyaient les traces des piqûres de l'aiguille — « et la nécessité de travailler à l'heure comme les cochers de fiacre, pour gagner de l'argent... Ici tu n'as pas eu le luxe, c'est vrai, mais je t'ai donné le loisir... »

— « Bonne et chère sœur!... » dit René, touché aux larmes par la profondeur d'affection que révélait cette sortie, et davantage encore par la complicité que ses secrètes convoitises rencontraient dans cette affection. Quoique le nom de Rosalie n'eût jamais été prononcé entre eux d'une certaine manière, et qu'Émilie n'eût jamais reçu les confidences de son frère, ce dernier se rendait bien compte que sa sœur avait deviné longtemps son innocent secret. Il savait qu'avec ses visées ambitieuses, elle n'aurait jamais approuvé ce mariage. Mais eût-elle parlé comme elle venait de faire si elle avait connu les détails complets de son roman? Lui aurait-elle conseillé une trahison, — car c'en était une, et de celles qui pèsent le plus au cœur né pour la noblesse : la trahison sentimentale d'un homme qui change d'amour, et qui prévoit, qui éprouve déjà le contre-coup des douleurs que sa perfidie irrésistible infligera?... Aussitôt Émilie partie, et tout en s'habillant, René se laissa entraîner par les idées que la dernière phrase de sa sœur lui avait suggérées, et, pour la première fois, il eut le courage d'envisager bien en face la situation. Il se souvint du petit jardin de la rue de Bagneux, et du soir où il avait mis un premier baiser sur la joue rougissante de la jeune fille. Certes, il n'avait jamais été son amant, mais ces baisers, mais ces fiançailles clandestines ?... Une vérité lui apparut indiscutable : que l'on n'a pas le droit de prendre le cœur d'une vierge, si l'on n'a pas en soi la force de l'aimer pour toujours. Mais il sentit du même coup que sa sœur avait prononcé tout haut la parole qu'il se disait tout bas depuis que le succès de sa pièce lui avait ouvert des horizons d'espérances. « Cette vie magnifique... » avait murmuré Emilie, et de nouveau les images du décor traversé la veille se déployèrent, et de nouveau, sur ce fond d'opulence, le visage de madame Moraines se détacha et son sourire... La loyauté du jeune homme essaya pourtant de chasser cette apparition séductrice. Il dit tout haut : « Pauvre Rosalie, qu'elle est douce et qu'elle m'aime!... » et il trouva une sorte d'égoïste attendrissement à se ressouvenir de la profondeur de cet amour inspiré par lui, attendrissement qui le poursuivit jusqu'à la table du déjeuner. Qu'elle était simple, cette table, et comme elle ressemblait peu à l'étincelant souper de cette nuit! C'était, sur la toile cirée à fleurs coloriées, un tout modeste service en porcelaine blanche, avec des verres un peu gros, parce que les maladresses combinées de Fresneau, de Constant et de Françoise auraient rendu l'usage du cristal trop coûteux pour le budget de la famille. Le bon Fresneau, avec sa longue barbe, son regard distrait, mangeait vite, s'accoudant sur la table, portant son couteau à sa bouche, aussi commun de manières qu'il était distingué de cœur ; et, comme pour faire mieux ressortir par le contraste l'impression de cosmopolitisme oisif éprouvée par René, il racontait en riant sa demi-journée. A sept heures du matin, il avait donné une répétition à l'école Saint-André. De huit à dix heures, il avait fait une classe dans cette même école aux petits garçons encore trop faibles pour suivre le lycée. Il n'avait eu que le temps ensuite de grimper sur l'impériale de l'omnibus du Panthéon qui l'avait conduit à une troisième leçon, rue d'Astorg, tout près de Saint-Augustin.

— « J'ai acheté un journal en route, » ajoutait le brave homme, « pour y voir le récit de la soirée d'hier... Tiens, » ajouta-t-il en fouillant dans les poches d'une serviette de cuir blanchie par l'usage, bourrée de livres, et ficelée par une courroie, « je l'aurai égaré... »

— « Tu es si distrait, » fit Émilie presque avec aigreur.

— « Bah ! le père Offarel nous renseignera, » dit gaiement René; « tu sais bien qu'il est mon indicateur vivant. Il aura lu, ce soir, toutes les feuilles de Paris et de la province !... »

Précisément parce qu'il était trop certain que les moindres comptes rendus de la représentation à l'hôtel Komof seraient collectionnés par le sous-chef de bureau et commentés par la mère, René crut devoir à Rosalie de lui donner lui-même tous les détails. Il y a ainsi un instinct qui pousse l'homme, — est-ce hypocrisie, est-ce pitié ? — à ces délicatesses de procédés à l'égard d'une femme qu'il va cesser d'aimer. Aussitôt après le déjeuner, il se dirigea donc du côté de la rue de Bagneux en prenant la rue de Vaugirard. C'était son habitude autrefois d'aller chez son amie à cette heure-là ; il lui arrivait de composer pour elle, et de tête, durant cette courte promenade, une ou deux strophes, dans la manière de Heine, qu'il lui disait quand ils étaient seuls. Il y avait longtemps que ce pouvoir de marcher ainsi en plein rêve lui était refusé, mais rarement la vulgarité de ce coin de Paris l'avait frappé à ce degré. Tout y révélait la médiocre existence des petits bourgeois, depuis la multiplicité des humbles boutiques jusqu'à l'étalage, poussé presque au milieu du trottoir, de toutes sortes d'objets à bon marché. Derrière les devantures des restaurants étaient collées de petites affiches à la main qui mentionnaient des menus à prix fixe d'une extraordinaire simplicité. Les ustensiles en vente dans les bazars prenaient comme une physionomie pauvre. Ces signes et vingt autres rappelaient au jeune homme la dépense calculée des petites bourses, une existence réduite à cette décente économie, qui n'a pas l'horrible et attirant pittoresque de la vraie misère. Quand on commence d'aimer, on trouve à toutes les choses qui environnent la personne aimée des raisons de s'attendrir, et, quand on cesse d'aimer, ces mêmes choses fournissent au cœur des raisons de se refermer davantage. Pourquoi René se prit-il à en vouloir à Rosalie de l'impression de mesquinerie dont le pénétrait ce tableau de son quartier? Pourquoi l'aspect de la rue de Bagneux l'indisposa-t-il contre la jeune fille comme eût pu le faire un grief personnel? Elle avait, cette rue, une physionomie si pauvre, si abandonnée, avec le mur du jardin de couvent qui la termine et la file de ses vieilles maisons. Une charrette surchargée de paille la barrait à moitié, avec trois chevaux attelés de cordes, qui mangeaient, le mufle engagé dans la musette, tandis que le conducteur achevait de déjeuner dans un petit restaurant à la devanture lie de vin. Une sœur marchait sur le trottoir de gauche;

un gros parapluie bombait sous son bras; le vent agitait les ailes de sa coiffe blanche, et la croix de son chapelet battait sa robe de bure bleue. Pourquoi René, après avoir reporté sur Rosalie toute la déplaisance de ses sensations bourgeoises, reporta-t-il involontairement sur l'image de madame Moraines le mouvement de rêverie religieuse que ce costume de la sœur de charité produisit en lui? Les phrases que la belle mondaine lui avait débitées à table, la veille, sur les œuvres pieuses auxquelles prennent part tant de grandes dames jugées frivoles, lui revint à la mémoire. C'était la troisième fois depuis le matin que le visage de cette femme lui apparaissait, et chaque fois plus précis. Mon Dieu! Si son bon génie voulait qu'il la rencontrât ainsi, dans une rue écartée de Paris, en train de rendre visite à ses pauvres?... Et au lieu de cela, il s'engageait dans un couloir au bout duquel était une cour, et au fond de cette cour se trouvait la porte du rez-de-chaussée occupé par les Offarel. Poussés par l'exemple des Fresneau, ils avaient, eux aussi, réalisé le rêve secret de toute famille de la petite bourgeoisie parisienne, et déniché dans ce quartier isolé un appartement, avec un jardinet grand comme un mouchoir de poche.

— «Ah! monsieur René!...» fit Rosalie qui vint, au coup de sonnette du jeune homme, ouvrir elle-même. Les Offarel n'avaient à leur service qu'une femme de ménage, la mère Forot, sur le compte de laquelle la vieille dame ne tarissait pas en anecdotes, et qui partait à midi. A la vue de celui qu'elle aimait, le visage de la pauvre enfant, pâlot d'habitude, s'était rosé de plaisir et elle n'avait pu retenir un petit cri. « Que c'est gentil à vous d'être venu nous raconter tout de suite comment votre comédie a réussi!... » Elle introduisait le jeune homme dans la salle à manger, pièce mal éclairée par une fenêtre au nord, et qui n'était même pas chauffée. La scrupuleuse avarice de madame Offarel lui faisait, quand les journées d'hiver n'étaient pas trop froides, remplacer la dépense du feu, pour elle et ses filles, par des espèces de pèlerines ouatées et des mitaines.

— « Vous voyez, » dit-elle à René en lui faisant signe de s'asseoir, « nous comptons le linge. »

Sur la table, en effet, tout le blanchissage de la quinzaine était étalé, depuis les chemises du père jusqu'à celles des filles. L'éclat bleuâtre des calicots et des cotonnades était rendu plus clair par le fond obscur de toute la pièce. C'était le pauvre linge du ménage gêné : il y avait des bas dont le talon se hérissait de reprises, des serviettes effilochées, des manchettes élimées et qui montraient le grain de la trame, — enfin tout un appareil intime dont la jeune fille sentit aussitôt qu'il n'était guère fait pour plaire au poète, car elle empêcha qu'il ne prît le siège que lui indiquait madame Offarel en disant :

— « Monsieur René sera mieux au salon, il fait trop sombre ici... »

Avant que sa mère n'eût pu lui répondre, elle avait déjà poussé le visiteur dans la pièce décorée de ce nom pompeux de salon, et qui, en réalité, servait surtout de cabinet de travail à Angélique. Celle-ci augmentait un peu les ressources de la famille par le produit de quelques traductions de romans anglais. Elle était, en ce moment, assise auprès de la fenêtre, en train d'écrire sur un guéridon. Un dictionnaire traînait à ses pieds, chaussés de pantoufles, dont elle avait, pour plus de commodité, écrasé les quartiers. Elle n'eut pas plutôt vu René qu'elle ramassa ses papiers et ses livres. Elle s'échappa, en laissant voir ses cheveux mal peignés, sa robe de chambre au corsage de laquelle manquaient des boutons.

— « Excusez-moi, monsieur René, » disait-elle en riant, « je suis faite comme une horreur et je ne peux pas me montrer. »

Le jeune homme s'était assis et il regardait la pièce, de lui bien connue, dont la grande élégance consistait dans une série d'aquarelles lavées par l'employé durant les loisirs de son bureau. Il y en avait une douzaine, et qui représentaient, les unes des paysages étudiés dans les promenades du dimanche, les autres des copies de quelques toiles chères à la rêverie du père Offarel, et c'étaient précisément, comme les *Illusions perdues* de Gleyre, les tableaux que le goût moderne de René détestait le plus. Un tapis de feutre aux couleurs fanées, six chaises et un canapé revêtus de housse, achevaient le mobilier de cette chambre, autrefois aimée par le poète comme un symbole de simplicité presque idyllique, mais qui devait lui paraître deux fois odieuse à cause des dispositions d'esprit où il arrivait, et de l'aigreur avec laquelle madame Offarel lui dit, se croyant très fine :

— « Hé bien ! c'était-il gai, hier soir, dans votre beau monde ? » — Elle prononçait *ti* et *vote*. — Et, sans attendre la réponse : — « Votre M. Larcher ne fréquente donc plus que des gens qui ont hôtel, équipage et tout ?... On ne l'entend plus parler que de comtesses, de baronnes, de princesses... Hé ! Il n'est pas déjà si relevé, lui qui courait le cachet il y a dix ans. »

— « Maman... » interrompit Rosalie d'une voix suppliante.

— « Mais pourquoi a-t-il toujours ses yeux

insolents, » continua la vieille dame; « oui, il vous regarde en ayant l'air de nous dire : Pauvres diables !... »

— « Comme vous vous trompez sur son caractère, » répliqua René; « il a un peu la manie de la société élégante, c'est vrai, mais c'est si naturel à un artiste !... Tenez, moi-même, » continua-t-il en souriant, « mais j'ai été ravi d'aller dans cette soirée hier, de voir cette espèce de palais, ces fleurs, ces toilettes, cette magnificence... Est-ce que vous croyez que cela m'empêcherait d'aimer mon modeste chez moi et mes vieux amis?... Nous autres, gens de lettres, voyez-vous, nous avons tous cette rage du décor brillant; mais Balzac l'a eue. Musset l'a eue... C'est un enfantillage qui n'a pas d'importance... »

Tandis que le jeune homme parlait, Rosalie lança du côté de sa mère un regard où se lisait plus de bonheur que ses pauvres yeux n'en avaient exprimé depuis des mois. En avouant ainsi et raillant lui-même ses plus intimes sensations, René obéissait à un mouvement du cœur trop compliqué pour que la simple enfant en comprît le rouage. Il avait vu, à l'angoisse des prunelles de la jeune fille, quand madame Offarel avait prononcé cette phrase : « votre beau monde, » que le secret de l'attraction exercée sur lui par le mirage de l'élégance n'avait pas échappé à la double vue de celle qui l'aimait. Il avait un peu honte, d'autre part, d'être si plébéien dans cette griserie de luxe. Il avait donc parlé de ses impressions, comme s'il n'en eût pas été dupe, en partie afin de rassurer Rosalie et de lui épargner une peine inutile, en partie afin de se permettre cette petitesse, sans trop se la reprocher. Pour certaines natures, — et l'habitude du dédoublement moral les rend fréquentes parmi les écrivains, — raconter ses fautes, c'est se les pardonner. Celui-là se complut, tout en défendant Claude Larcher, à reprendre le détail de ses propres enivrements, avec une nuance d'ironie qui aurait trompé des observateurs plus fins qu'une enfant amoureuse. Tout en se moquant à demi de ce qu'il appela lui-même son Snobisme, et il expliqua ce mot d'origine anglaise aux deux femmes, il continuait de se livrer à la misère des petites remarques qui se multipliaient en lui depuis la veille. Il ne pouvait se retenir de mesurer en pensée l'abîme qui séparait les créatures entrevues chez madame Komof, — roses vivantes poussées dans la serre chaude de l'aristocratie européenne, — et la petite provinciale de Paris au teint plombé, aux doigts fatigués par le travail, aux cheveux simplement noués, à la tournure si modeste qu'elle en était gauche. Petit à petit, cette comparaison devint presque douloureuse, et le jeune homme subit un de ces accès de sécheresse intérieure qui déconcertaient son amie. Elle les apercevait toujours, sans jamais en comprendre la cause. Elle connaissait si bien René!... Elle savait d'instinct que deux êtres existaient en lui, côte à côte, l'un doux, bon et tendre, facile à l'émotion, incapable de supporter sa peine, enfin le René qu'elle aimait, — et un autre, atone, étranger à elle, irrité contre elle... Mais le lien qui unissait ces deux êtres, elle ne le saisissait pas. Ce qu'elle comprenait, c'est qu'avant le succès triomphal du *Sigisbée*, elle ne voyait presque jamais que le premier de ces deux René, et, depuis, que le second. Elle n'osait pas dire: « le malheureux succès... » Elle en avait été si fière! Pourtant elle aurait tant souhaité en revenir à l'époque où son ami était inconnu, et pauvre, et si à elle!... Que sa voix pouvait se faire aisément dure, si dure que même les phrases adressées à une autre, lui semblaient, par leur seule intonation, dirigées contre son cœur! En ce moment, c'était avec sa mère qu'il causait, et rien que l'accent avec lequel il prononçait des paroles bien innocentes, faisait mal à Rosalie. Cependant madame Offarel qui paraissait depuis quelques secondes toute préoccupée, se leva brusquement.

— « J'entends Cendrette qui gratte, » dit-elle; « la mignonne veut sortir. »

Elle passa de nouveau dans la salle à manger, pour ouvrir la porte de la cour à sa chatte préférée, et ravie sans doute de laisser les deux jeunes gens ensemble; car, Cendrette une fois partie, elle s'attarda longuement à flatter Raton, un de ses autres pensionnaires, en lui disant à très haute voix : « Que tu as d'esprit, mon Raton ! Que je t'aime, démonet !... » C'était un des innombrables termes d'amitié qu'elle avait imaginés pour ses chats, et tandis qu'elle discourait ainsi, elle se disait à elle-même : « S'il est venu tout de suite, c'est qu'il lui reste fidèle; mais quand se déclarera-t-il ? Pauvre fillette !... Ce n'est pas dans ces salons dorés qu'il trouvera une perle comme celle-là. C'est doux, c'est honnête, et joli, et vrai !... » Puis tout haut : « N'est-ce pas, mon Raton ? Tu me comprends, mon fils ?... » Le matou faisait le gros dos, il frottait sa tête contre la jupe de sa maîtresse, il ronronnait voluptueusement, et le monologue intérieur de la mère continuait : « Avec cela qu'il est devenu un beau parti. On peut bien y penser puisqu'on voulait bien de lui avant. Elle n'aura pas à trimer, comme moi avec Offarel. Si ça ne fait pas pitié qu'elle use ses gentilles mirettes à ravauder ce linge... » et elle empilait, par une vieille habitude de ménagère active, les mouchoirs déjà passés en revue, et elle songeait

encore : « Sa petite dot ! Quelle surprise !... »
A force d'âpre économie, elle avait gratté, sur le
traitement modeste de son mari, une quinzaine
de mille francs qu'elle plaçait à l'insu du sous-
chef de bureau. Elle se souriait à elle-même et
tendait l'oreille avec une certaine inquiétude :
« Que se disent-ils ? » Elle savait que sa fille
aimait René, mais elle ignorait les secrètes accor-
dailles qui unissaient les deux jeunes gens. De
quel étonnement n'eût-elle pas été remplie si
elle s'était doutée que Rosalie avait échangé
déjà souvent avec son ami de furtifs, de timides
baisers, et qu'à peine sa mère passée dans l'autre
chambre, elle venait de lui prendre la main et
de lui dire, mettant tout son cœur dans ce gracieux reproche :

— « Et vous avez pu partir hier au soir sans
me dire adieu ?... »

— « Mais j'ai été bousculé par Claude, » fit
René en rougissant, et serrant les doigts de la
jeune fille qui ne fut la dupe ni de cette excuse
ni de cette feinte caresse, car elle se déroba à
cette pression. Elle secoua la tête avec mélancolie, et, comme ouvrant la bouche avec effort :

— « Non, » dit-elle, « vous n'êtes plus gentil
comme autrefois... Depuis combien de temps
ne m'avez-vous plus fait de vers ? »

— « Vous êtes donc comme les bourgeois qui

pensent que les vers s'écrivent à volonté ? » répliqua le jeune homme presque durement. Il éprouvait cette irritabilité qui est le signe le plus indiscutable d'un déclin d'amour. L'obligation sentimentale, la pire de toutes, lui apparaissait sous une de ses mille formes. Par un instinct qui les conduit, d'une part à regarder jusqu'au fond de leur malheur, de l'autre à poursuivre avec acharnement leur bonheur passé, les femmes qui se sentent moins aimées formulent ainsi de ces exigences toutes petites, tout humbles, qui produisent sur le cœur de l'homme l'effet que produit sur la bouche trop sensible d'un cheval un maladroit coup de caveçon. L'amant qui était venu avec la ferme volonté d'être doux et tendre se cabre soudain. Rosalie avait déplu ; elle le sentait comme elle avait senti la sécheresse de René tout à l'heure, et une étrange détresse s'empara d'elle. Depuis le départ de son ami, la veille, elle était jalouse, à vide, et sans vouloir admettre ce mauvais sentiment, mais jalouse tout de même : « Qui rencontrera-t-il dans cette fête ?... » s'était-elle demandé avant et pendant, au lieu de dormir : « Avec qui cause-t-il ?... » et maintenant : « Ah ! il m'est déjà infidèle, sans quoi il ne me parlerait pas sur ce ton... » Le silence qui suivit la dure réponse lui fut si pénible qu'elle dit timidement :

— « Est-ce que les acteurs ont bien joué hier?... »

Pourquoi fut-elle froissée de voir avec quel plaisir René s'emparait de cette question, afin d'empêcher que la causerie ne continuât dans un autre chemin que celui des banalités? C'est que le cœur de la femme qui aime vraiment — et elle aimait — trouve des susceptibilités nouvelles au service des moindres impressions, et, toute navrée, elle écoutait René répondre : « Ils ont joué divinement. » Puis il s'engagea dans une dissertation sur la différence qu'il y a entre le jeu éloigné de la scène et le jeu tout rapproché d'un salon.

— « Pauvre petite! » se disait madame Offarel en rentrant, « elle est si naïve, elle n'a pas su le faire parler d'autre chose que de cette maudite pièce! » Et à voix haute, afin de se venger sur quelqu'un de ce qu'elle n'entrevoyait pas l'instant où René se déclarerait : — « Dites donc, » fit-elle, « est-ce que votre ami M. Larcher n'est pas un peu jaloux de votre succès?... »

VI

LA LOGIQUE D'UN OBSERVATEUR

RENÉ Vincy était entré chez les Offarel sous une impression pénible, il en sortit sous une impression plus pénible encore. Tout à l'heure il était mécontent des choses, maintenant il était mécontent de lui-même. Il était venu chez Rosalie, dans le but de lui procurer une douceur et de lui épargner le petit ennui d'apprendre son succès de la veille par une bouche autre que la sienne; — et cette visite avait causé une souffrance nouvelle à la jeune fille. Quoique le poète n'eût jamais eu pour cette enfant aux beaux yeux noirs qu'un amour d'imagination, cet amour avait été trop sincère pour qu'il n'en conservât point ces deux sentiments, les derniers à mourir dans l'agonie d'une passion : un pouvoir extraordinaire de suivre les moindres mouvements de ce cœur de vierge, et une pitié, inefficace autant que douloureuse, pour toutes les souffrances qu'il infligeait à ce cœur. Une fois de plus il se posa cette question : « N'est-il pas de mon devoir de lui dire que je ne l'aime plus?... » question insoluble, car elle ne comporte que deux réponses : la brutalité égoïste et cruelle, si l'on est simple; et, si l'on est compliqué, la lâcheté d'Adolphe, avec son affreux mélange de compassion et de trahison!... Le jeune homme secoua la tête pour chasser l'importune pensée, il se dit l'éternel : « Nous verrons, plus tard... » avec lequel tant de bourreaux de cette espèce ont prolongé tant d'agonies, puis il se força de regarder autour de lui. Ses pas l'avaient porté, sans qu'il y prît garde, dans la portion du faubourg Saint-Germain où, plus jeune, il aimait à se promener, quand, enivré par la lecture des romans de Balzac, cette *Iliade* dangereuse des plébéiens pauvres, il évoquait derrière les hautes fenêtres le profil d'une duchesse de Langeais ou de Maufrigneuse. Il se trouvait dans cette large et taciturne rue Barbet-de-Jouy qui semble en effet un cadre tout préparé à quelque grande dame d'une aristocratie un peu artificielle, par l'absence totale de boutiques au rez-de-chaussée de ses maisons, par l'opulence de quelques-uns de ses hôtels et le caractère à demi provincial de ses jardins entourés de murs. Une inévitable association d'idées ramena le souvenir de René vers l'hôtel Komof, et, presque aussitôt, la pensée de la seigneuriale demeure de la comtesse réveilla en lui, pour la quatrième fois de la journée, l'image, de plus en plus nette, de madame Moraines. Cette fois son âme, fatiguée des émotions chagrinantes qu'elle venait de traverser, s'absorba tout entière dans cette image au lieu de la chasser. Songer à madame Moraines, c'était oublier Rosalie et c'était surtout se détendre dans une sensation uniquement douce. Après quelques minutes de cette contemplation intime, le dévidement naturel de sa rêverie conduisit le jeune homme à se demander : « Quand la reverrai-je? » Il se rappela la voix et le sourire qu'elle avait eus pour prononcer ces mots : « Les jours d'Opéra, avant le dîner... » Les jours d'Opéra? Cet apprenti élégant ne les connaissait même point. Il éprouva un plaisir enfantin, et hors de proportion avec sa cause apparente, celui d'un homme qui agit dans le sens de ses plus inconscients désirs, à gagner précipitamment le boulevard des Invalides où il chercha une affiche des spectacles du soir. On était au vendredi et cette affiche annonçait les *Huguenots*. Le cœur du jeune homme se mit à battre plus vite. Il avait oublié et Rosalie, et ses remords de tout à l'heure, et la question qu'il s'était posée. La voix intérieure, celle qui chuchote à l'oreille de notre âme des conseils dont, à la réflexion, nous demeurons nous-même stupéfiés, venait de lui murmurer : « Madame Moraines sera chez elle aujourd'hui... Si j'y allais?... »

« Si j'y allais?... » se répéta-t-il tout haut, et la seule idée de cette visite lui infligea un serrement de gorge et comme un tremblement intérieur. C'est la facilité avec laquelle naissent et renaissent ces émotions extrêmes, et à propos des moindres circonstances, qui fait de la vie passionnelle des jeunes gens un si étrange va-et-vient de volontés tour à tour effrénées et misérables. Celui-ci n'eut pas plutôt formulé cette tentation dont il était assailli, qu'il haussa les épaules et se dit : « C'est insensé... » Puis cet arrêt une fois porté, il se mit, sous prétexte d'accumuler les objections, à plaider la cause de son propre désir : « Comment me recevrait-elle?... » Le souvenir des beaux yeux et du beau sourire lui faisait se répondre tout bas : « Mais elle a été si aimable, si indulgente... » Il reprenait : « Que lui dirais-je pour justifier cette visite, moins de vingt-quatre heures après l'avoir quittée?... » — « Bah! répliquait la voix tentatrice, l'occasion inspire. » — « Mais je ne suis pas seulement habillé... » Il n'avait qu'à passer rue Coëtlogon. « Mais je ne sais pas même son adresse... » — « Claude la sait. Je n'ai qu'à la lui demander. » Quand l'idée d'une visite à son ami lui eut traversé l'esprit, il sentit qu'en tous cas il lui serait impossible de ne pas mettre du moins cette part de son projet à exécution. Aller chez Claude, c'était faire le premier pas du côté de madame Moraines; mais, au lieu de se l'avouer, René eut la petite hypocrisie de se donner d'autres raisons : ne devait-il pas à son ami de prendre de ses nouvelles? Il l'avait quitté si malheureux la veille, si évidemment crispé. Peut-être pleurait-il comme un enfant? Peut-être se préparait-il à chercher querelle à Salvaney? Le poète justifiait ainsi la hâte avec laquelle il se dirigeait maintenant vers la rue de Varenne. Ce n'était pas seulement l'adresse de Suzanne qu'il espérait obtenir, c'était encore des renseignements sur elle, — et il s'ingéniait à se démontrer qu'il remplissait simplement un devoir d'amitié.

Il aperçut le tournant de la rue de Bellechasse, puis la porte cochère de l'étrange maison où Larcher avait élu domicile. Elle était en travers, cette porte, et, une fois poussée, on se trouvait dans une immense cour où tout trahissait l'abandon, depuis l'herbe grandie entre les pavés jusqu'aux toiles d'araignées dont s'encombrait le vitrage des écuries désertes, à gauche. Au fond de cette cour solitaire, se dressait un vaste hôtel, construction du temps de Louis XIV, sur le fronton duquel on lisait encore la fière devise des Saint-Euverte, dont ç'avait été la demeure familiale : « *Fortiter*. » Les pierres de cette bâtisse, rongées par les intempéries, ses hautes fenêtres fermées de volets, son silence, s'harmonisaient avec la solitude de la cour. Cet antique faubourg Saint-Germain renferme de ces maisons, singulières comme la destinée de leurs maîtres, et dont les artistes curieux du pittoresque psychologique, — si l'on peut unir ces deux mots pour définir une presque indéfinissable nuance, — raffoleront toujours. René connaissait, par son ami, l'histoire de l'hôtel, et comment le vieux marquis de Saint-Euverte s'était retiré avec ses petits-fils dans ses terres du Poitou depuis six ans, désespéré par la mort presque simultanée de ses trois filles, de ses gendres et de sa femme. Une épidémie de fièvre typhoïde, contractée dans une petite ville d'eaux où toute la famille était réunie, avait fait de ce vieillard heureux l'aïeul d'une tribu d'orphelins. Du vivant de la marquise, administratrice excellente de la fortune commune, deux petits appartements étaient loués dans l'hôtel à des personnes d'occupations tranquilles. Ces deux appartements avaient aussi leur histoire : le grand-père du marquis actuel les avait aménagés dans la vieille demeure pour deux cousins, chevaliers de Saint-Louis et anciens émigrés, qui avaient achevé là une existence errante et pauvre. M. de Saint-Euverte avait laissé les choses dans l'état où sa femme les avait mises. Claude se trouvait ainsi installé dans une des ailes du morne et silencieux bâtiment, et il s'y trouvait installé seul. L'autre locataire avait donné congé par dégoût de la tristesse de cette vaste maison, et aucun nouvel amateur ne s'était présenté pour s'enterrer dans cet énorme tombeau dressé entre une cour abandonnée et un jardin plus abandonné encore. Mais tout plaisait à l'écrivain de ce qui, précisément, déplaisait aux autres. L'étrangeté du lieu ravissait en lui à la fois le faiseur de paradoxes et le rêveur. Le caractère extravagant de son existence d'artiste viveur et mondain encadrée dans cette solennelle solitude lui plaisait, non moins que le calme dont il pouvait entourer ses agonies intimes. Le romantisme analytique dont il se savait atteint et qu'il développait complaisamment en lui, comme un médecin qui cultiverait sa maladie par amour d'un beau « cas », se délectait dans cette retraite. Il avait en outre l'avantage d'y jouir d'une absolue indépendance. Le concierge, conquis par des billets de théâtre et fasciné par la réputation de son locataire, l'aurait laissé renouveler dans le vestibule de l'hôtel Saint-Euverte les saturnales de l'hôtel Pimodan, si l'envie avait pris Larcher de fonder à nouveau un club de Haschischins, ou de reproduire quelque scène d'orgie littéraire, par goût archaïque du genre 1830. Ce concierge était d'ailleurs absent de sa loge, comme cela lui arrivait la moitié de la journée, lorsque René voulut demander si son ami était là, en sorte que le jeune homme gagna tout droit le perron. Il entra dans le grand vestibule dont la grande lanterne attestait la magnificence des réceptions d'autrefois. Il s'engagea sur un escalier de pierre qu'une grille en fer forgé accompagnait jusqu'en haut. Au second étage, il tourna dans un couloir, à l'extrémité duquel une double portière en étoffe orientale annonçait les curiosités d'une installation moderne, au fond de cet hôtel où les ombres des grands seigneurs à perruques semblaient devoir errer durant la nuit. Le domestique qui vint ouvrir au coup de sonnette offrait cette physionomie particulière à presque tous les gardiens des antiques bâtisses, et qui traduit une des mille influences secrètes des endroits sur la personnalité humaine, car elle se retrouve également chez ceux qui montrent les châteaux en ruine ou les portions réservées des cathédrales. Ce sont des visages qui sentent l'humidité, croirait-on, des nuances de teints verdâtres, une sauvagerie d'oiseau de nuit dans l'œil et dans la bouche. Ferdinand, — c'était le nom du personnage, — présentait cette différence avec ses confrères qu'il était vêtu avec une recherche toute contemporaine, portant comme il faisait la défroque de son maître. Il avait été valet de chambre au service du feu comte de Saint-Euverte, et cumulait ses actuelles fonctions de domestique auprès de Claude avec celles de surveillant de l'hôtel, dont il ne sortait pas beaucoup plus d'une fois par mois. C'était le concierge qui se chargeait de toutes les courses de l'écrivain, et la femme de ce concierge cuisinait pour lui. Tout ce petit monde vivait sous la fascination de Claude, qui possédait, à un rare degré, le don de s'attacher les inférieurs, par une entente curieuse des caractères et aussi par son enfantine bonté. Quand Ferdinand aperçut le visiteur, il ne put retenir une expression de vive inquiétude.

— « On a laissé monter Monsieur, » dit-il, « je vais être grondé... »

— « Claude travaille? » demanda René en souriant de la naïve frayeur du bonhomme. Ferdinand se trouvait au dépourvu devant une visite à laquelle son maître n'avait évidemment pas songé.

— « Non, » répondit le domestique presque à voix basse, « mais Mme Colette est là. »

— « Demandez-lui s'il veut me recevoir une minute, » fit le poète curieux de savoir quelle attitude les deux amants observaient vis-à-vis l'un de l'autre, après la scène de la veille, et il ajouta : « Je prends tout sur moi » pour achever de vaincre l'hésitation du valet de chambre.

— « Monsieur peut monter, » revint dire ce dernier, et il précéda le jeune homme à travers l'antichambre, puis le long du petit escalier intérieur qui conduisait aux trois pièces où Claude se tenait d'ordinaire et qu'il appelait suivant le cas son « pensoir » ou son « souffroir. » L'aspect de cet escalier et des deux premières de ces trois pièces étonnait par l'abus des étoffes et des tapis. Un jour artificiel, tamisé par des carreaux de couleur, éclairait à peine, durant cette après-midi de février, les chaises de maroquin du fumoir et le vaste salon dont les murs disparaissaient sous les livres. Le séjour favori de l'écrivain était un réduit, au fond, tendu d'une étoffe sombre sur laquelle se détachaient des toiles et des aquarelles des peintres les plus modernes de cette époque, ceux que préférait la fantaisie volontiers outrancière du maître du logis. C'était deux loges de théâtre par Forain, une danseuse de Degas, une banlieue de Raffaelli, une marine de Monet, quatre eaux-fortes de Félicien Rops, et, sur un socle drapé, un buste de Claude Larcher lui-même par Rodin, buste d'une intelligence extraordinaire où le grand sculpteur avait reproduit merveilleusement la psychologie entière de son modèle : l'inquiétude morale et le libertinage, la réflexion hardie et la volonté faible, un idéalisme natif et une corruption presque systématiquement acquise. Une bibliothèque basse, un bureau dans un coin, trois fauteuils dans le style vénitien avec des nègres pour supporter leurs bras, et un large divan de cuir vert achevaient l'ameublement de cet asile, que remplissait en ce moment la fumée de la cigarette russe de Colette. La jeune femme était couchée sur le divan, ses cheveux blonds à demi décoiffés, dans un costume légèrement masculin, avec un col droit et un veston ouvert. Sous la jupe en étoffe anglaise s'apercevaient ses fines chevilles, avec ses pieds un peu longs chaussés de bas de soie noire et de souliers vernis. Une pâleur était sur sa joue creusée, cette pâleur nacrée que l'abus du maquillage, les longues veillées, les fatigues d'une vie exorbitante donnent à beaucoup de femmes de théâtre. Claude était à ses pieds, sur ce même divan, tout pâle lui-même, et son visage altéré, comme le désordre des coussins, comme la tenue de Colette, indiquaient assez qu'il avait dû y avoir entre les deux amants une de ces scènes de réconciliation animale où sombre, avec toute la rancune de l'homme, toute sa dignité :

— « Ah ! mon petit Vincy, » dit Colette en tendant la main au visiteur, « vous arrivez juste à temps pour m'empêcher d'être battue. Si vous saviez comme Claude est mauvais pour moi ! Allons, Claudinet », ajouta-t-elle en menaçant du doigt son amant, « dites le contraire, si vous l'osez, si tu l'oses, m'amour... » — Et, par un de ces gestes gracieux où se révélait toute la souplesse de son buste, — elle racontait, elle-même, qu'elle ne portait presque jamais de corset, — la charmante fille se releva, posa sa tête blonde sur l'épaule de Claude, et lui mit aux lèvres la cigarette qu'elle était en train de fumer. Le malheureux homme regarda son jeune ami avec une supplication et une honte dans les yeux, puis il tourna ses regards vers Colette, et des larmes tremblèrent au bord de ses cils. Cette dernière se fit plus coquette encore, elle appuya tout à fait sa gorge contre son amant, et elle épia dans ses prunelles ce passage de désir qu'elle savait si bien exploiter après l'avoir provoqué. Il y eut un silence. Le feu crépita doucement, et un rayon de soleil, perçant les vitraux, fit trembler une barre rouge sur le visage de l'actrice. René avait trop souvent assisté à des scènes de ce genre pour s'étonner de l'impudeur de son ami et de sa maîtresse. Il connaissait par expérience l'étrange cynisme de leurs mœurs, mais il se rappelait aussi la sortie terrible de Claude, la veille, et les cruautés de langage de Colette. Ce lui était une stupeur de constater une fois de plus les faiblesses avilissantes de l'écrivain et les inconséquences de cette fille qui, en ce moment, rougissait d'un visible désir. Il éprouvait en outre, dans l'atmosphère chaude de cette pièce où flottait le parfum employé par l'actrice, et devant ce groupe à demi impudique, une impression de sensualité qui lui était trop familière. Bien souvent déjà, les allées et venues de cette femme dépravée, mais d'une dépravation de grande courtisane, lui avaient donné la notion d'un amour physique, très différent de celui qu'il avait connu. Dans sa loge surtout, lorsqu'elle était devant sa glace, en train de faire son visage avec la patte de lièvre frottée de rouge, ses épaules nues et ses seins libres dans la chemisette de transparente batiste aux épaulettes ajourées, ou qu'elle glissait devant lui ses jambes fines dans des bas de soie rose, elle lui était apparue comme une créature tentatrice, capable de donner des baisers d'une saveur unique, et

René enviait Claude alors autant qu'il le plaignait. Puis ces passages cédaient la place, au dégoût d'une part qu'inspirait au poète la bassesse morale de l'actrice, et d'autre part aux fervents scrupules d'amitié que professent et pratiquent les âmes jeunes. Cela eût fait horreur à René de désirer, même une minute, la maîtresse de son protecteur. Peut-être l'intuition de cette délicatesse n'était-elle pas étrangère aux attitudes de Colette. Elle s'amusait, par simple jeu de perversité, à lui promener sa beauté devant les sens, comme une fleur dont il faut bien que les narines respirent le parfum, même quand les mains ne s'étendront pas pour la saisir. Il en fut de la grâce avec laquelle la curieuse enlaça Claude, comme des autres caresses qu'elle lui avait prodiguées devant René : ce dernier ne put empêcher qu'il ne tressaillît en lui quelque chose d'obscurément physique, comme un appétit inconscient de baisers semblables, et, par une de ces associations de désirs, plus troublantes que les associations d'idées, parce que nous n'en apercevons pas la marche secrète, l'image de madame Moraines ressuscita en lui, parée de toute la séduction qu'elle avait secouée autour d'elle, la veille, dans le parfum de sa toilette. Il sentit cette fois deux choses : l'une qu'il lui serait impossible de ne pas aller chez cette femme aujourd'hui même, la seconde qu'il n'aurait jamais la force de prononcer son nom et de demander son adresse devant l'actrice aux yeux lascifs qui maintenant embrassait Claude à pleines lèvres.

— « Va-t'en, » disait ce dernier en la repoussant, « je t'aime et tu le sais. Pourquoi me fais-tu souffrir?... Demande à René dans quel état il m'a vu hier... Dites-le-lui, Vincy, et qu'elle ne devrait pas jouer avec mon cœur... Bah! » continua-t-il en se passant la main sur les yeux. « Qu'importe? Tu sortirais d'une maison publique, et tu m'arriverais salie par la luxure d'un régiment que je me mettrais à tes genoux et que je t'adorerais... »

— « Et voilà les madrigaux qu'il trouve toute la journée, » s'écria Colette en riant comme une enfant, et se renversant sur les coussins. « Eh bien! René, parlez-lui aussi de moi. Dites-lui dans quelle colère j'étais contre lui hier au soir parce qu'il était parti sans me dire adieu... Et il ne m'a pas écrit, et je suis revenue. Oui, c'est moi qui suis revenue la première. Ah! si je ne t'aimais pas, est-ce que je ne te laisserais pas t'en aller, espèce de sauvage?... » — et elle prit l'écrivain par les cheveux. Les coins de sa bouche se rabaissèrent, ses dents se serrèrent, son visage exprima ce qu'elle éprouvait réellement pour Claude, une sensualité cruelle, cette sensualité qui pousse une femme à martyriser l'homme dont elle ne peut pas fuir les caresses. Il y a eu, dans l'histoire, des reines qui ont aimé ainsi, et fait couper la tête aux amants qui exerçaient sur elle ce pouvoir étrange de parler à la fois à leur désir et à leur haine. René répondit doucement :

— « C'est vrai que j'étais inquiet de lui hier au soir, et que vous avez été bien dure... »

— « La belle histoire ! » fit Colette en riant de son plus mauvais rire, « je vous ai déjà dit que vous le gobiez... Moi, j'en suis revenue, depuis le jour où il m'a menacée de se tuer, et je suis arrivée ici comme j'étais, en robe de théâtre, sans même ôter mon rouge... Et je l'ai trouvé qui corrigeait des épreuves !... »

— « Mais c'est le métier, » répliqua Claude, « tu joues bien un rôle gai avec un chagrin dans le cœur !... »

— « Qu'est-ce que cela prouve ? » dit-elle aigrement, « que nous sommes deux cabotins ; seulement je t'accepte comme tu es, et toi non... »

Tandis qu'elle continuait, taquinant Claude avec cette espèce de lucidité féroce qu'une maîtresse rancunière possède à son service, contre l'homme avec qui elle a dormi cœur à cœur, René avait avisé sur le bureau de son ami un de ces annuaires de la société qui, sous le titre de *High-life,* contiennent l'adresse de toutes les personnes attachées de près ou de loin à la vie élégante. Il l'avait pris et il le feuilletait en disant, avec l'embarras de son petit mensonge dans le regard et dans la voix:

— « Tiens! votre nom n'est pas là, Claude? »

— « Par exemple, » fit Colette, « je le lui défends bien. Il ne fréquente que trop tous ces gens de cercle... »

— « Je croyais que vous aimiez assez la conversation de ces messieurs, » dit Claude.

— « Fine allusion! » répliqua-t-elle en haussant ses jolies épaules; « mais c'est leur affaire à eux d'être chics. Ils savent s'habiller, jouer au tennis, monter à cheval et parler sport, et toi, tu ne seras jamais qu'un gommeux avec une tête de savant... Ah! si je pouvais te revoir comme il y a huit ans, lorsque je sortais du Conservatoire et que tu m'as été présenté... C'était dans un restaurant au coin de la rue des Saints-Pères; j'étais venue déjeuner avec ma mère et Farguet, mon professeur... Tu étais si gentil, dans ton coin, avec ton air de sortir d'une cellule et d'ouvrir tes grands yeux sur la vie!... Tiens, quand nous nous sommes mis ensemble, ç'a été à cause de cela... Vous verra-t-on au théâtre, ce soir? » ajouta-t-elle comme René se levait, reposant le livre; il venait d'y trouver ce qu'il cherchait, l'adresse de madame Moraines, laquelle demeurait rue Murillo, près du parc Monceau. — « Non ? Demain alors, et surtout tâchez de ne pas devenir comme lui un coureur de soirées... Avec cela qu'elles sont propres, tes femmes du monde!... Il y en avait trois qui me faisaient les yeux doux hier au soir... Tenez, voyez sa figure... Vous ne serez pas plutôt parti qu'il se fâchera... Tu ne vas pas te mettre à être jaloux aussi des femmes ? » ajouta-t-elle en allumant une nouvelle cigarette. « Adieu, René. »

— « Elle est comme cela devant vous, » disait Claude en reconduisant son ami, quelques minutes plus tard, jusque dans l'antichambre d'en bas, « mais si vous saviez comme elle peut se montrer gentille, bonne et tendre quand nous sommes seuls ! »

— « Et Salvaney ? » interrogea étourdiment le jeune homme.

— « Hé bien ! » dit Claude en pâlissant, « elle était allée chez lui voir des gravures pour son prochain rôle ; elle m'a juré qu'il ne s'était rien passé entre eux... Avec les femmes, tout est possible, même le bien, » ajouta-t-il en serrant les doigts de René d'une main qui tremblait un peu... « Que voulez-vous ? je la croirai toujours quand elle me parlera avec une certaine voix. »

VII

PROFIL DE MADONE

« Se peut-il qu'un homme d'esprit et de cœur en descende là? » se disait René après avoir quitté son malheureux camarade ; et encore, songeant au délicat visage de Colette : « Elle est bien jolie... Mon Dieu ! si l'on pouvait fondre la beauté d'âme d'une enfant comme Rosalie avec cette grâce de geste, cette élégance et ce je ne sais quoi !... » Mais cette fusion des deux beautés : celle de l'âme sans laquelle la femme est plus amère que la mort au cœur demeuré chrétien, — celle des yeux, et, pour tout dire, du décor, sans laquelle le brillant du désir et son charme païen s'évanouissent, — cette harmonie complète et suprême ne se rencontre-t-elle pas dans des créatures à qui les hasards de la naissance et de la fortune ont fait un milieu de naturelle aristocratie, et qui ont assez de finesse en elles pour valoir autant que ce milieu? Madame Moraines n'était-elle pas ainsi? Telle l'avait devinée du moins le poète par son impression première, et il se complut à raviver cette impression par le raisonnement. Oui, cette femme délicieuse, dont le fantôme passait sur son souvenir comme une caresse, possédait ce double charme : une grâce des gestes et de la toilette supérieure à celle de l'actrice, une grâce du cœur égale à celle de Rosalie. Ses fines manières, sa voix douce, l'idéalité de sa conversation, le révélaient du premier coup. René marchait parmi ces pensées, en proie à une sorte de mirage qui le rendait étranger aux sensations environnantes. Il se réveilla de ce somnambulisme sentimental au sortir du pont des Invalides et dans le milieu de l'avenue d'Antin. Ses pieds l'avaient mené, automatiquement, sur le chemin du quartier où vivait cette Suzanne, dont l'image s'évoquait, depuis le matin, au terme de toutes ses rêveries. Il sourit à l'idée qu'il avait fait autrefois de véritables pèlerinages vers cette rue Murillo, lorsque Gustave Flaubert y habitait. René admirait si profondément l'auteur de la *Tentation* que de contempler la maison du fort et rare écrivain avait été une des émotions de sa jeunesse littéraire. Qu'il était loin maintenant de cette époque, et quel ravissement, si on lui avait prédit, alors, que cette même rue le verrait passer, allant rendre visite à une femme si pareille à ses plus intimes chimères!... Irait-il dès aujourd'hui? La question se posa de nouveau devant lui avec une précision d'autant plus nette que le temps avançait. Encore un tour de l'aiguille sur tout le cadran, et il serait cinq heures, et il pourrait la voir... Il pourrait!... La réalité de ce possible s'imposa si vivement à sa pensée que toutes les objections de la timidité surgirent à la fois. « Non, se répéta-t-il, je n'irai pas; elle serait étonnée de me voir si vite. Elle m'a dit de venir parce qu'elle savait que les autres m'avaient invité. Elle ne voulait point paraître moins gracieuse... » Ce qui lui avait semblé, chez ces autres, une banalité, devenait une délicatesse quand il s'agissait de la femme qu'il se prenait à aimer, — sans le savoir lui-même. En découvrant ainsi un motif de plus pour la distinguer parmi toutes celles qu'il avait rencontrées la veille, il se trouva plus faible contre son désir de se rapprocher d'elle. Presque instinctivement il héla un fiacre, et rentra rue Coëtlogon où il commença de s'habiller. Sa sœur était sortie,

Françoise occupée à son dîner. Il vaqua aux soins minutieux que les jeunes gens prennent d'eux-mêmes, dans ces moments-là, par une puérilité de coquetterie pire que celle des femmes, sans avoir encore le courage de se dire nettement : « J'irai rue Murillo, » et maintenant ce n'était plus à sa timidité qu'il demandait de la force contre le désir qui grandissait, grandissait en lui. Les objets de sa chambre venaient de lui rappeler Rosalie. Avec la probité sentimentale, naturelle au cœur tout jeune, il s'appliqua longuement à se représenter ses devoirs envers la pauvre enfant. « Si elle recevait à mon insu un homme qui lui plairait comme me plaît madame Moraines, qu'en penserais-je?... » — « Mais, reprenait la voix tentatrice, tu es un artiste, tu as besoin de sensations nouvelles, d'une expérience du monde. Est-ce que tu vas chez madame Moraines pour lui faire la cour?... » En ce moment il déboucha, afin d'en jeter deux gouttes sur son mouchoir, un flacon de *white rose* qu'il avait sur sa table de toilette. Le pénétrant arome fit courir dans ses veines cette espèce de frisson, cette chaude ondée de désir, ivresse et tourment de la passion naissante chez les natures, comme la sienne, ardentes et contenues. Depuis qu'il aimait Rosalie, il était redevenu entièrement chaste, par un scrupule de fiancé secret. Toute sa réserve de jeunesse fut remuée à la fois par ce parfum, à travers lequel il revit ce qu'il y avait de moins idéal dans la femme à propos de laquelle il essayait de se donner à lui-même des motifs intellectuels d'admiration : sa nuque dorée, sa bouche rouge aux dents blanches, sa gorge, ses épaules et la nudité de son bras sur laquelle blondissait comme un duvet d'or. — Que pouvait l'idée de la loyauté à l'égard de Rosalie, contre ces visions? Il était cinq heures. René sortit, remonta dans le fiacre et dit : « Rue Murillo. » Tout le long de la route il ferma les yeux, tant était douloureuse l'acuïté de sa sensation d'attente. Il s'y mêlait de la honte pour sa propre faiblesse, une appréhension de l'inconnu, une joie profonde à la pensée qu'il allait revoir ce visage aux traits menus, — enfin un peu de cette folle espérance, d'autant plus grisante qu'elle est plus indéterminée, qui pousse cet âge sur des routes nouvelles, simplement parce qu'elles sont nouvelles. L'impression de la durée, si nécessaire à l'homme fait qui a jugé la vie et la sait trop courte, est odieuse aux très jeunes gens. Ils sont changeants et par suite perfides, comme ils ont vingt-cinq ans, par le plus naïf des instincts de leur être. Celui-ci, qui valait mieux que beaucoup d'autres, avait déjà irréparablement trahi en pensée la jeune fille dont il se savait aimé, quand sa voiture le déposa devant la porte de cette Suzanne, entrevue la veille une heure. Il aurait marché sur le cœur de Rosalie plutôt que de ne pas franchir cette porte, maintenant. Si d'ailleurs ce souvenir lui revint une dernière fois, il dut se dire le : « Elle ne le saura pas, » de toutes les trahisons de cet ordre, et il passa outre.

La maison où habitait madame Moraines offrait cet aspect compliqué, grâce auquel les architectes modernes des quartiers élégants savent donner une demi-physionomie d'hôtel privé à de simples constructions de rapport, distribuées en appartements. Elle était haute, avec une profusion de fenêtres de style, et séparée de la rue par une cour que fermait une grille. La loge du concierge consistait en une sorte de pavillon gothique, situé précisément au centre de cette grille ; et quand René demanda si madame Moraines était à la maison, il put voir, à l'intérieur de cette loge, une pièce plus lustrée, plus cirée et mieux meublée que le salon des Offarel dans les soirs de grande réception. L'ancien soldat, décoré de la médaille militaire, à qui ce pavillon servait d'Invalides, aurait répondu négativement à la question du jeune homme que ce dernier lui aurait presque dit merci, tant son émotion était soudain devenue pénible, à force d'être intense. Il entendit ces mots : « Au fond de la cour, la porte en face, et au second. » Il gravit les marches d'un perron, puis s'engagea dans la cage d'un escalier de bois que garnissait un tapis à nuances douces. L'atmosphère de cet escalier était tiède, comme celle d'une chambre. Des plantes vertes, de-ci de-là, tordaient leur feuillage qu'éclairait le gaz allumé déjà. Des chaises étaient placées à chaque tournant de palier, sur lesquelles le jeune homme s'assit à deux reprises. Ses jambes tremblaient. S'il avait pu se faire illusion jusque-là sur le genre d'intérêt qui l'entraînait du côté de madame Moraines, il devait comprendre, à constater le trouble nerveux où le jetait l'approche de cette femme, que cet intérêt n'avait rien de commun avec la simple curiosité. Il agissait cependant, comme en un songe. C'est ainsi qu'il pressa sur le timbre de la porte, qu'il écouta le domestique approcher, qu'il lui parla, et, avant qu'il eût pu reprendre ses esprits, il entrait, conduit par cet homme, dans le petit salon où se tenait la dangereuse personne dont il subissait à ce point le charme ensorceleur, sans rien connaître d'elle que sa beauté. — Hélas! Cette beauté n'est si souvent qu'un mensonge, pire que les autres, quand on veut apercevoir en elle autre chose qu'une ligne, un contour, une apparence!... — René aurait, dans sa fantaisie, dessiné un cadre à cette rare et noble beauté, qu'il n'en aurait pas rêvé un autre que celui où la jeune femme lui apparaissait pour la seconde fois. Elle était assise et en train d'écrire, à la lueur d'une lampe que voilait un abat-jour de dentelle. Autour du bureau verdoyait un lierre planté dans une jardinière basse, et qui enlaçait son feuillage à un treillis doré. Il y avait dans ce petit salon la profusion de bibelots et d'étoffes nécessaire à toute installation moderne. L'inévitable chaise longue, garnie de ses coussins, la mignonne vitrine encombrée de ses japonaiseries, les photographies dans leurs cadres filigranés d'argent, les trois ou quatre tableaux de genre, les boîtes de laque et les saxes sur la petite table garnie de son tapis de soie ancienne, les fleurs éparses de-ci de-là, — qui ne connaît ce décor, d'un raffinement si habituel dans le Paris contemporain, qu'il en est devenu banal? Mais René n'avait jamais vu le monde qu'à travers les romans d'écrivains d'il y a cinquante ans, comme Balzac, ou d'auteurs plus modernes qui ne sont jamais allés dans un salon, et l'ensemble de cette pièce, tout entière harmonisée dans la demi-teinte, était, pour lui, comme la révélation d'une délicatesse personnelle à la femme qui avait présidé à cet arrangement. Le charme de cette minute fut d'autant plus irrésistible que la madone de ce sanctuaire parfumé de fleurs, éclairé doucement, attiédi par un feu paisible, le reçut avec un sourire et des yeux qui détruisirent du coup les angoisses puériles de sa première timidité. Les hommes à qui la nature a départi cet inexplicable pouvoir de plaire aux femmes, indépendant des qualités d'esprit et de cœur, même des qualités physiques, ont à l'âme comme des antennes morales pour les avertir, dès l'abord, des impressions qu'ils produisent. Le poète, malgré son ignorance absolue et du caractère de Suzanne et des usages de son monde, comprit qu'il avait bien fait de venir. Cette évidence détendit ses nerfs malades, et il put s'abandonner entièrement à la douceur qui émanait pour lui de cette créature, la première de cette race qu'il lui eût été permis d'approcher. Il trouva, rien qu'à la regarder, qu'elle n'était pas la même femme que la veille. Elle venait de rentrer; sans doute quelque occupation inévitable, peut-être la nécessité d'écrire aussitôt, lui avait seulement permis d'enlever son chapeau et de remplacer ses bottines par de petits souliers vernis, car elle gardait encore sa robe de ville, toute sombre, avec un col droit comme celui de Colette; ses cheveux étaient de la même nuance que ceux de Colette, et tout simplement tordus sur sa tête. Elle sembla au jeune homme, sous cet aspect, plus voisine de lui, moins surhumaine, moins environnée de cette impénétrable atmosphère que développent autour d'une femme à la mode le grand apparat des toilettes et la cérémonie des réceptions. Les quelques caractères d'analogie avec l'actrice lui furent un charme de plus. Ils lui permettaient de mesurer la distance qui séparait les deux êtres, et il écoutait Suzanne dire, de cette voix qui avait été la veille sa plus irrésistible séduction :

— « Ah ! monsieur Vincy, comme vous êtes aimable d'être venu !... »

Ce n'était rien, cette formule banale. Madame de Sermoises aurait prononcé la même parole, et madame Ethorel, et même la sèche madame Hurault. Sur les lèvres de madame Moraines, elle devint, pour celui à qui elle s'adressait, l'expression d'une sympathie vraie et profonde, d'une bonté absolue et d'une divine indulgence. C'est qu'un geste d'une grâce infinie accompagnait cette phrase, qu'un léger éclat de surprise avait passé dans ces clairs yeux bleus et que le sourire s'était fait plus séduisant encore. Quand René ne serait pas arrivé rue Murillo, tout préparé à recueillir pieusement les moindres motifs d'admirer Suzanne davantage, cette dernière se serait emparée de lui par la seule flatterie que cette manière de le recevoir comportait pour la vanité de l'auteur. Les plus célèbres écrivains et les plus blasés sur la fausse idolâtrie des salons ne se laissent-ils pas prendre à des amabilités de cet ordre? L'auteur du *Sigisbée* n'y vit d'ailleurs pas si loin. Il était venu, le cœur endolori par la crainte de déplaire, et il plaisait. Il avait éprouvé, depuis le matin, un désir passionné de revoir Suzanne, et il la revoyait, et elle était heureuse de le revoir. Elle laissa tomber de ses mêmes lèvres qui remuaient si joliment à chaque parole, cette seconde phrase, en clignant un peu ses yeux :

— « Si vous avez répondu à toutes les invitations que vous a values votre beau succès d'hier, vous avez dû avoir une rude journée? »

— « Mais je ne suis venu que chez vous, madame, » répliqua-t-il instinctivement. Il eut à peine prononcé ces paroles qu'il se sentit rougir. La signification de cette phrase était si limpide, le sentiment qu'elle traduisait si sincère, qu'il en demeura décontenancé, comme un enfant que la spontanéité de sa nature a entraîné à dire ce qu'il voulait tenir caché. N'y avait-il pas là une familiarité dont serait choqué cet être exquis, cette femme si délicate qu'aucune nuance ne devait lui échapper, si sensible que les moindres fautes de tact la faisaient certainement souffrir? Avec son teint de rose blonde et la soie claire de ses cheveux, avec ses prunelles d'un bleu pur, et la grâce de sa taille, elle lui apparut, dans les quelques secondes qui suivirent son exclamation, comme une Titania auprès de laquelle il était, lui, une sorte d'obscur, de pesant Bottom. Il se vit aussi gauche d'esprit, à côté d'elle, qu'il aurait été gauche de corps s'il avait voulu reproduire la grâce d'un de ses gestes, de celui par lequel, en ce moment même, elle fermait son buvard de vieille étoffe, et, de ses belles mains, mettait en ordre tous les menus objets dont s'encombrait le bureau. Un imperceptible sourire effleura sa bouche, tandis que le jeune homme jetait sa naïve exclamation. Mais comment eût-il vu ce sourire, puisqu'il baissait lui-même les yeux à cette minute? Comment eût-il deviné que sa réponse ne pouvait déplaire, puisque c'était justement celle que son interlocutrice attendait, qu'elle avait provoquée? René fit seulement cette constatation, à savoir que madame Moraines était aussi bonne et douce qu'elle était jolie; au lieu de se froisser, de se replier sur elle-même, elle alla comme au-devant du nouvel accès de timidité qu'il appréhendait, en répondant à sa sotte phrase :

— « Hé bien, Monsieur, je mérite un peu cette préférence, qui me ferait bien des jalouses, si elle était sue, car personne n'admire votre beau talent autant que moi... Il y a dans vos vers une sensibilité si vraie et si fine... Voyez-vous, nous autres femmes, nous ne jugeons guère par l'esprit, c'est notre cœur qui critique pour nous... Et il est si rare que les auteurs d'aujourd'hui ne nous froissent pas en quelque point... Que voulez-vous ? Nous restons fidèles au vieil Idéal... Ah ! je sais, ce n'est plus guère la mode aujourd'hui. C'est presque un ridicule. Mais nous bravons ce ridicule... Et puis je tiens ces goûts de mon pauvre père. Ce fut toujours son vœu le plus cher de travailler au relèvement de la littérature dans notre malheureux pays. Je pensais à lui en écoutant vos vers. Il les eût tant aimés !... »

Elle s'arrêta, comme pour écarter de trop mélancoliques souvenirs. A l'accent dont elle avait prononcé le nom de son père, il eût fallu être un monstre de défiance pour ne pas croire qu'une plaie inguérissable saignait en elle, chaque fois qu'elle pensait au célèbre ministre. Ce qu'elle venait d'en dire étonna bien un peu René. — Il se rappelait le cruel article de Sainte-Beuve vieillissant contre un projet de loi sur la librairie élaboré par Bois-Dauffin, et le souvenir de cet homme d'État lui représentait un des ennemis jurés de la littérature, comme la politique en compte par milliers. Il professait en outre une horreur profonde pour l'idéalisme conventionnel auquel venait de faire allusion madame Moraines. Ses deux auteurs préférés étaient, en poésie, Théophile Gautier pour la forme carrée de sa strophe et la précision de ses métaphores, le dur Flaubert, en prose, pour la netteté métallique du style et l'impersonnalité volontaire de l'œuvre. Mais que Suzanne vît dans son père un protecteur éclairé des lettres, cela lui plaisait en lui prouvant la droiture de son cœur de fille. Cela lui plaisait aussi qu'elle caressât dans sa pensée la chimère d'un art tout en délicatesses presque mièvres. Une telle façon de comprendre la beauté suppose, quand elle est sincère, une réelle pureté intérieure. — Quand elle est sincère?... René se fût méprisé de se poser seulement une telle question en présence de cet ange qui semblait à peine peser sur son fauteuil, et dont les yeux se noyaient de songe. Il balbutia, plutôt qu'il ne répondit, une phrase aussi vague que celle dont madame Moraines avait habillé sa pensée, parlant du sentiment exquis des femmes en littérature, lui, l'admirateur forcené non seulement de Gautier, mais de Baudelaire! Fut-elle assez fine pour comprendre à son accent qu'elle ferait fausse route si elle insistait? Ou la profonde ignorance dans laquelle, comme tant de mondaines, elle se laissait vivre, ne lisant jamais que le journal et quelques mauvais romans en chemin de fer, la rendait-elle incapable de soutenir une conversation de cet ordre, avec des noms à l'appui de ses idées? Toujours est-il qu'elle ne s'attarda point sur ce sujet périlleux, et qu'elle passa vite de cette question de l'Idéal dans l'art à cet autre problème, plus féminin, de l'Idéal dans l'amour. Elle sut prendre, en prononçant ce mot : « l'Amour, » dans lequel se résument tant de choses contradictoires, une physionomie si discrète que René eut comme la délicieuse émotion d'une confidence échangée. C'était là une matière réservée et sur laquelle cette femme, évidemment supérieure à toute galanterie, devait se taire quand elle n'était pas en plein courant de sympathie.

— « Ce qui me plaît encore tellement dans le *Sigisbée*, » disait-elle, avec sa voix d'une musique fine, « c'est la foi dans l'amour qui s'y révèle, et l'horreur des coquetteries, des mensonges, de toutes les vilenies qui déshonorent le plus divin des sentiments de l'âme humaine... Ah! croyez-moi, » ajouta-t-elle en appuyant son front sur sa main, par un geste de réflexion profonde et enveloppant le jeune homme d'un regard si sérieux qu'elle semblait y mettre toute sa pensée; « croyez-moi, le jour où vous douterez de l'amour, vous cesserez d'être poëte... Mais il y a un Dieu pour veiller sur le génie, » continua-t-elle avec une espèce d'exaltation contenue. « Ce Dieu ne permettra pas que les magnifiques dons qu'il vous a prodigués soient stérilisés par le scepticisme... Car vous êtes religieux, j'en suis sûre, et bon catholique? »

— « Je l'ai été, » répondit-il.

— « Et maintenant? » fit-elle avec une expression presque souffrante de son visage.

— « J'ai bien des journées de doute, » répliqua-t-il avec simplicité. Elle se tut, et lui se mit à regarder, sans parler et avec une admiration quasi stupide, cette femme qui trouvait en elle, parmi le tourbillon de la vie élégante, de quoi respirer dans une atmosphère de si hautes, de si nobles idées. Il ne se dit pas qu'il y a quelque chose d'avilissant, et comme un cabotinage sentimental de l'ordre le plus bas, à étaler ainsi, devant un inconnu, — et qu'était-il pour elle? — les plus intimes, les plus vivantes d'entre les convictions du cœur. Lui qui connaissait pourtant dans son oncle, l'abbé Taconet, un exemplaire accompli de l'âme vraiment chrétienne, il ne fut pas étonné que madame Moraines eut mêlé ensemble, dans une même phrase, deux choses aussi complètement étrangères l'une à l'autre : la croyance en Dieu et le don d'écrire des pièces de théâtre en vers. Il ne savait rien, sinon que, pour entendre cette voix lui parler encore, pour surprendre dans ces yeux bleus cette expression de foi profonde, pour regarder ces lèvres sinueuses se mouvoir, pour sentir la présence de cette femme auprès de lui, longtemps, toujours, il aurait, dès cette minute, affronté les pires dangers. A travers ce silence, le bruit de la théière que le domestique avait apportée dans un coin du petit salon, aussitôt après avoir introduit René, se fit plus perceptible. Suzanne passa sur ses yeux sa main dont les ongles brillèrent; elle eut un sourire qui semblait demander pardon pour elle, pauvre ignorante, d'avoir osé aborder de si sérieux problèmes, devant lui, un si grand esprit; puis elle reprit, avec la grâce que les femmes savent mettre à ces enfantines volte-faces, quand elles vous offrent une sandwich après vous avoir parlé de l'immortalité de l'âme :

— « Mais vous n'êtes pas venu ici pour écouter un sermon, et moi j'oublie que je ne suis qu'une femme du monde... Voulez-vous une tasse de thé?... Allons, venez m'aider à le préparer... »

Elle se leva. Son pas était si léger, si souple, et René se trouvait dans un état de si complet ensorcellement, que cette démarche, à peine appuyée, lui parut quelque chose d'unique, comme si les moindres gestes de cette femme eussent continué la délicatesse de sa conversation. Il s'était levé aussi, et il dut se rasseoir près de la petite table sur laquelle chantait l'eau de la bouilloire. Il la regardait, en train de faire adroitement aller et venir ses mains fines, des mains soignées comme des objets, parmi toutes les fragiles porcelaines dont le plateau était surchargé. Et elle causait, mais, cette fois, de toutes sortes de menus détails de la vie, versant le thé très noir d'abord dans la tasse, et lui racontant d'où elle avait ce thé, — puis l'eau bouillante, et le questionnant sur la manière dont il préparait son café, quand il voulait travailler. Elle finit par s'asseoir elle-même à côté de lui, après avoir disposé pour tous deux les serviettes où mettre les tasses, les assiettes des rôties, les tranches de gâteaux, le pot de crème. C'était une vraie dînette de pensionnaire qu'elle avait improvisée de la sorte, avec cette intimité de gâterie où excellent les femmes. Elles savent si bien que les plus farouches ont des besoins enfantins d'être câlinés, enveloppés de petits soins, et qu'avec cette monnaie de la fausse affection elles leur prendront le cœur si vite! Suzanne interrogeait le poète maintenant; elle se faisait raconter les impressions qu'il avait éprouvées à la première représentation du *Sigisbée*. Elle achevait son œuvre de séduction en le contraignant de parler sur lui-même. Toute sauvagerie avait disparu de René, auquel il semblait qu'il connaissait cette femme depuis des jours et des jours, tant cette première visite la gravait plus avant dans son cœur à chaque minute. Ce fut donc la plus cruelle sensation du réveil d'un divin songe, lorsque la porte s'ouvrit pour livrer passage à un nouvel arrivant :

— « Ah ! Quel ennui !... » fit Suzanne presque à voix basse. Comme cette exclamation fut douce au poète, grâce au pli triste du sourire et au coquet haussement d'épaules qui l'accompagnait ! Et il se leva pour prendre congé, mais non sans que madame Moraines l'eût présenté au visiteur importun.

— « Monsieur le baron Desforges, » dit-elle, « Monsieur Vincy... »

L'écrivain eut le temps de dévisager un homme de taille moyenne, très bien pris dans le drap sombre d'une redingote ajustée. Cet homme pouvait avoir aussi bien cinquante-cinq ans que quarante-cinq, — en réalité il en avait cinquante-six, — tant sa face immobile se laissait peu déchiffrer. La moustache était demeurée blonde encore ; les cheveux devenus franchement gris, indiquaient par leur couleur que le baron ne mettait aucune vaine coquetterie à cacher son âge, et par leur épaisseur qu'il avait su éviter l'universelle calvitie parisienne. La face était seulement un peu plus sanguine que ne le comportait l'élégance générale du personnage. Ses yeux clairs sondèrent René avec ce regard d'une acuïté indifférente que les diplomates de profession recherchent volontiers, et qui semble dire à l'homme ainsi examiné : « S'il me plaisait de vous connaître, je vous connaîtrais... Je ne daigne pas. » Était-ce la sensation de ce regard? Était-ce simplement la contrariété de voir interrompue une heure exquise? Le poète éprouva une antipathie immédiate et profonde pour le baron, qui s'était, à son nom, incliné sans qu'un mot laissât deviner s'il savait ou s'il ignorait qui était l'écrivain. Mais qu'importait à ce dernier, puisque madame Moraines avait encore trouvé le moyen de lui dire, en lui envoyant un dernier salut du sourire et de la main :

— « Et merci de votre bonne visite. J'ai été si heureuse de me trouver chez moi... »

Heureuse! — Et quel terme emploierait-il, lui qui, dans une griserie indéterminée et toute voisine des larmes, venait de sentir, en descendant l'escalier de la maison où vivait cette femme délicieuse, qu'avant ce jour et avant cette heure, il n'avait jamais aimé!

VIII

L'AUTRE PROFIL DE LA MADONE

« Mais c'est le petit poète de Mme Komof... » dit Suzanne, aussitôt que la porte se fut refermée sur le jeune homme. La manière dont elle répondait, par avance, à une interrogation devinée sur le visage du nouveau visiteur, marquait la place occupée par ce dernier dans l'intimité de la maison. Et, avec ce sourire gai de petite fille qu'elle savait prendre, un de ces sourires auxquels les hommes les plus défiants croiront toujours, car ils ont vu leurs sœurs sourire ainsi, elle continua :

— « C'est vrai, vous avez boudé la comtesse

hier... J'étais jolie, jolie... Je vous aurais fait honneur. J'avais la coiffure que vous aimez. J'espérais vous voir quand même. On m'a présenté ce jeune homme qui est l'auteur de la pièce. Le pauvre garçon est venu me mettre des cartes. Il ne savait pas mes heures, et il est monté. Ah ! Vous lui avez rendu un fier service en le débarrassant de sa corvée. Il n'osait plus s'en aller... »

— « Vous voyez bien que j'avais raison de désapprouver cette soirée, » dit le baron, « et voilà un nouvel homme de lettres dans le monde ! Il est venu chez vous. Il ira chez telle ou telle de vos amies. Il reviendra. On l'invitera. On parlera devant lui, comme devant vous ou devant moi, sans réfléchir qu'au sortir de votre maison il s'en ira, par vanité, entretenir quelque bureau de rédaction, ou quelque café, des potins qu'il aura surpris ainsi... Et puis les femmes du monde s'étonneront de se trouver toutes vives imprimées dans quelque chronique à scandale ou dans un roman à clef !... Les écrivains dans les salons, c'est une des plus sottes manies de la soi-disant société d'aujourd'hui. Nous leur faisons du tort en leur prenant leur temps, ils nous font du mal en nous diffamant. On me racontait ce joli mot, l'autre jour, de la fille d'un des confrères de ce monsieur qui aide son papa dans ses livres : — Nous n'allons jamais dans le monde sans en rapporter deux pages de notes utiles. — Moi, j'en suis à comprendre ce goût de causer devant des phonographes, — et des phonographes bêtes ou qui mentent!... »

— « Ah! » dit Suzanne, en prenant la main du baron entre les siennes et le regardant avec des yeux où se lisait une admiration trop vive pour n'être pas sincère, « que je suis heureuse de vous avoir rencontré pour me diriger dans la vie! Quel coup d'œil vous avez, quelle finesse!... »

— « Un peu de jugeotte, » repartit Desforges en hochant la tête, « cela empêche de commettre les trois quarts des mauvaises actions qui ne sont que des bêtises. Toute ma science de la vie, c'est d'essayer de jouir de mon reste... Il est compté, ce reste... Savez-vous que j'aurai cinquante-six ans dans six jours, Suzanne? »

Elle secoua sa jolie tête blonde, et s'approcha encore de lui qui venait, tout en parlant, de faire quelques pas de long en large à travers la chambre. Par un geste dont on n'aurait pu dire s'il était lascif ou pur, car une grande fille aurait mendié ainsi un baiser à son père, elle mit sous les lèvres du baron un de ses yeux d'abord, puis le coin de sa fine bouche où se creusait une fossette.

— « Allons, » dit-elle, « voulez-vous du thé?

Quand vous vous vantez de votre âge, c'est mauvais signe. Vous vous êtes ennuyé à la Chambre ou dans un de vos conseils d'administration... »

En prononçant ces mots, elle avait marché vers la petite table, sur laquelle ses yeux purent rencontrer les deux tasses de son goûter avec René. Se souvint-elle alors du rôle de madone qu'elle avait joué à cette place, un quart d'heure auparavant, et du beau jeune homme à qui elle avait prodigué les grâces les plus délicates de ses attitudes? Si cette pensée traversa son front lisse et que ses cheveux blonds encadraient de leurs bandeaux clairs, éprouva-t-elle un peu de honte, — quelque regret du moins que le poète fût parti, ou bien une impression malicieuse, comme ces hardies comédiennes en ressentent dans leurs minutes d'intime hypocrisie? Elle prépara le thé avec le même soin qu'elle avait mis tout à l'heure à ce savant dosage. Le baron s'était tout naturellement abandonné dans le fauteuil où René avait pris place. Suzanne de son côté s'assit sur la chaise qu'elle occupait auprès du jeune homme, et elle écoutait Desforges causer. Cet homme aimable avait le défaut de dogmatiser par instants. Il savait la vie, c'était sa grande prétention, et justifiée. Il y mettait seulement un peu trop de prix.

— « C'est vrai que la séance au Palais-Bourbon a été cruelle, » disait-il. « J'y ai assisté pour entendre cet excellent de Sauve partir à fond contre le ministère. Il croit aux discours encore, aux triomphes oratoires dans le Parlement. Quant à moi, depuis que j'ai refusé d'être ministre au Seize Mai, c'est entendu, je suis un sceptique, un frondeur, un pessimiste... On veut bien de moi sur les listes électorales, parce que mon grand-père a été préfet sous le grand empereur, et moi, conseiller d'État sous l'autre... Le nom fait bien au bas d'une affiche... Quant à m'écouter, c'est une autre affaire. Et ils ont une peur de moi ! Au cercle, quand j'y passe vers les cinq heures, ils sont là une demi-douzaine de mes jeunes et de mes vieux amis qui restaurent la monarchie, en regardant passer les femmes, l'été, sur la terrasse, ou l'hiver, dans le fond du salon, entre deux parties de besigue... J'arrive... Si vous voyiez leur mine, et comme ils changent vite de conversation !... Toujours la jugeotte... Je serais allé leur dire quelques vérités, aujourd'hui, pour me soulager, mais j'ai mieux aimé passer rue de la Paix, et prendre vos boucles d'oreilles qui devaient être prêtes... »

Il sortit de sa poche un petit écrin, à l'intérieur duquel ne se trouvait aucune marque qui pût donner l'adresse du joaillier, et il le tendit, tout ouvert, à la jeune femme, en faisant jouer les feux des diamants, deux pierres de la plus rare beauté qu'elle regarda, elle aussi, avec un éclair dans ses prunelles. L'écrin passa des mains du baron dans les siennes, et, après une minute de cette contemplation, elle referma la mignonne boîte qu'elle glissa parmi d'autres objets, sur une encoignure, à côté d'elle. Rien que ce geste eût suffi à prouver combien elle était habituée à de semblables cadeaux. Puis elle tourna vers Desforges son joli visage rose de plaisir.

— « Que vous êtes bon! » dit-elle.

— « Ne me remerciez pas. C'est de l'égoïsme encore, » fit ce dernier, visiblement heureux du succès que les boucles d'oreilles avaient obtenu auprès de Suzanne. « C'est moi qui vous suis redevable de ce que vous voudrez bien porter ces pauvres pierres. J'aime tant à vous voir belle... Ah! » continua-t-il, « j'oubliais de vous dire, le fameux porto rouge dont je dois vous céder la moitié est arrivé; et, pour comble de chances, le joli Watteau dont vous avez envie?... Nous l'aurons pour un morceau de pain. »

— « Demain, rue du Mont-Thabor, vous ne m'empêcherez pas de vous remercier, » répondit-elle en lui lançant un regard, — « à quatre heures, n'est-ce pas? » — Et elle baissa les paupières. Si, doué du pouvoir de seconde vue, le pauvre René, qui revenait chez lui en ce moment même, enivré d'idolâtrie, l'avait aperçue à travers l'espace, sans rien entendre de la conversation, il aurait certes trouvé sur ce noble visage l'expression de la plus divine pudeur. Sans doute, pour le baron, ces paupières baissées et le regard d'auparavant représentaient des souvenirs d'un ordre moins pur; car ses yeux, à lui, s'allumèrent, le sang afflua sur ses joues dont la couperose révélait l'amour de la chère trop délicate, vice dangereux que Desforges manœuvrait comme il faisait tout dans la vie : « Je suis, » disait-il, « un équilibriste de la goutte et de l'ataxie... » Il flatta de la main sa moustache, et avec un ton de voix un peu plus sourd, où sa maîtresse put deviner, une fois de plus, combien elle était puissante sur les sens de ce viveur vieillissant, il reprit, changeant le tour de la causerie :

— « Qui avez-vous à l'Opéra ce soir? »

— « Mais, madame Ethorel, toute seule. »

— « Et comme fond de loge? »

— « Mon mari d'abord. Ethorel s'est excusé... Crucé, naturellement. »

— « Ce que cette liaison a dû lui rapporter, rien qu'en commissions ! » exclama Desforges. « Il vient encore de lui servir un cartel Louis XIV qu'elle a payé vingt mille francs... Je parierais qu'il en a touché dix mille... »

— « Quelle canaille ! » s'écria Suzanne.

— « Elle est si sotte, » dit le baron, « et puis Crucé s'y connaît, et ce pauvre Ethorel, s'il ne l'avait pas, payerait aussi cher des bibelots de quatre sous... Tout est pour le mieux dans le meilleur des demi-mondes... Et puis ? »

— « Le petit de Brèves et vous... Bon ! » fit-elle en interrompant son discours pour tendre l'oreille. « Quelqu'un entre, vous savez, je connais si bien ma maison. » Et, comme pour René tout à l'heure, elle ajouta, en regardant le baron avec une moue coquette : « Mon Dieu ! quel ennui !... » Puis tout haut, avec son rire d'enfant : « Hé ! ce n'est rien, c'est mon mari. Bonjour, Paul... »

— « Voilà un cri du cœur, » dit l'homme sur qui le domestique refermait la porte, un grand garçon à la fière tournure, aux beaux yeux francs, bien ouverts, dans un de ces visages d'une chaude pâleur bistrée qui révèlent l'énergie. Ses traits présentaient ce caractère de noble régularité qui ne se rencontre guère à Paris que dans la première jeunesse. Une physionomie de cette espèce, chez un homme de plus de trente-cinq ans, indique la paix d'une conscience irréprochable. Rien qu'à la manière dont Moraines regarda sa femme, il était facile de voir qu'il nourrissait pour elle un amour profond, comme, à la façon dont il serra la main de Desforges, la plus sincère sympathie se reconnaissait. Après avoir ri gaiement du mot de Suzanne, il ajouta, s'inclinant avec une gravité plaisante :

— « Suis-je de trop, Madame, et dois-je me retirer ? »

— « Voulez-vous du thé ? » répondit simplement Suzanne, « je vous avertis qu'il doit être froid. Merci oui, ou merci non ? »

— « Merci non, » fit Moraines en se laissant tomber sur un des fauteuils, et, comme un visiteur qui se prépare à produire un effet, il jeta cette parole : « Il y a vraiment des maris trop bêtes, et je rougis pour la corporation... Vous connaissez l'histoire de Hacqueville, qu'on m'a racontée au cercle ? » et, avec une visible joie : « Non ?... Eh bien ! Il ouvre par hasard, ce matin même, une lettre adressée à sa femme, et qui ne lui laisse aucun doute sur la vertu de la dame... »

— « Pauvre Mainterne, » s'écria Suzanne, « il aimait tant Lucie ! »

— « Voilà le beau, » reprit Moraines avec l'accent de triomphe du conteur qui va étonner son auditoire, « c'est que la lettre n'était pas de Mainterne, elle était de Laverdin !... Lucie attelait à deux... Et devinez à qui Hacqueville va porter la lettre et demander conseil ? »

— « A Mainterne, » dit le baron.

— « Ah ! Desforges, vous connaissiez le potin ? »

— « Non, » fit l'autre, « mais c'était trop indiqué... Et qu'a dit Mainterne ?... »

— « Vous pensez s'il est indigné. Enfin Lucie est chez sa mère. On parle d'un duel entre Hacqueville et Laverdin, dans lequel Hacqueville veut absolument que Mainterne l'assiste !... Ce mari-là est-il bête, — plus bête que nature !... Et il n'a pas un ami pour l'avertir... »

— « Il en trouvera, » dit le baron en se levant. « N'écrivez jamais, c'est la moralité de votre histoire... »

— « Vous ne dînez pas avec nous, Frédéric ? » demanda Moraines.

— « Je suis engagé, » fit Desforges, « mais nous nous reverrons au théâtre. Madame Moraines a eu la bonne idée de me garder une place... »

— « Dans votre loge... » reprit Paul qui ne croyait pas dire si juste. Le baron, demeuré veuf depuis dix ans environ, et qui avait gardé sa baignoire à l'Opéra, la sous-louait pour une semaine sur deux à ses excellents amis. Seulement la sous-location n'était jamais payée. Le mari ne se doutait pas plus de cette combinaison de sa femme qu'il ne se doutait de l'impossibilité où son ménage se fût trouvé d'aller comme il allait, avec les cinquante mille francs par an qu'ils avaient à dépenser. Les débris de la fortune de l'ancien ministre de l'Empire, qui n'avait quasi rien économisé dans quinze ans de grandes places, représentaient la moitié de ce budget annuel. Le reste était le produit d'une place de secrétaire général dans une compagnie d'assurances, procurée par Desforges. Malgré les observations de Suzanne, Paul n'avait pas perdu la déplorable habitude de s'extasier sur l'adresse de sa compagne à gouverner des revenus, très médiocres pour le monde où les Moraines se maintenaient. Il était demeuré, grâce à la naïveté de sa confiance, l'homme qui dit à ses amis, en train de gémir sur la cherté croissante de l'existence : « Si vous aviez une ménagère comme moi ! Elle a une femme de chambre... une fée, qui lui fait les robes des grandes couturières !... Et un art pour dénicher les bibelots !... » — « Tu me rends ridicule, » lui disait Suzanne, mais il l'aimait trop pour se priver de cet éloge, et encore à cette minute, aussitôt Desforges parti, son premier mouvement fut de venir à elle, de lui prendre les deux mains, et de lui dire :

— « Que c'est bon de t'avoir un peu à moi tout seul !... Embrasse-moi, Suzanne. »

Elle lui tendit, de même qu'à Desforges, son œil mi-clos et le coin de sa bouche.

— « Quand on me raconte des infamies comme celle-là, » continua-t-il, « ça me fait froid au cœur, et puis tout chaud, quand je pense que j'ai eu le bonheur d'épouser une femme comme toi. Tiens, ma Suzanne, je t'adore!... »

— « Et vous allez me gronder, » dit-elle, en échappant à l'étreinte par laquelle il essayait de l'attirer à lui. « Cette femme raisonnable, et dont vous êtes si fier, a fait des folies... Oui, » continua-t-elle, en avisant l'écrin apporté par Desforges, « ces diamants dont je t'avais parlé, je n'ai pu y tenir, je les ai achetés... »

— « Mais puisque c'était tes économies sur ta pension, » répliqua Paul. « Ah! les belles pierres!... Veux-tu que je ne te gronde pas?... Laisse-moi te les mettre... »

— « Tu ne sauras jamais, » répondit-elle en tendant à son mari une de ses mignonnes oreilles parée d'une simple perle rose qu'il dévissa très adroitement. Ce fut le tour ensuite de l'autre oreille et de l'autre perle. Il déploya la même dextérité à lui attacher les boutons de diamant. Il la touchait avec ces doigts robustes de l'homme, qui se font doux comme des doigts de jeune fille pour servir la bien-aimée. Elle prit, afin de se regarder, une petite glace ancienne à poignée d'argent ciselé, un présent de Desforges encore, qui traînait sur le bureau, et elle sourit. Elle était si jolie ainsi que Paul l'attira vers lui et l'embrassa longuement, cherchant sa bouche. D'ordinaire elle ne la refusait jamais. Trouvait-elle, dans les complications de sa nature, de quoi garder, par dessous tout le reste, une espèce de sympathie physique pour ce beau et honnête garçon, qu'elle trompait d'une manière cruelle? Quelle idée passa devant ses yeux, qui lui rendit soudain ce baiser insupportable? Elle repoussa son mari presque brusquement, en lui disant :

— « Allons, laisse-moi, » et, pour corriger ce que son accent avait eu de trop dur, elle ajouta : « Entre vieux époux, c'est ridicule; adieu, j'ai à peine le temps de m'habiller. »

Et elle passa dans sa chambre à coucher, puis dans son cabinet de toilette. De toutes les pièces de son intérieur, c'était celle-là où se révélait le plus complètement le profond matérialisme qui faisait le fond de cette nature. Sa femme de chambre, Céline, une grande fille brune aux yeux impénétrables, commença de la dévêtir, dans ce tiède gynécée, aussi capitonné, aussi opulent que celui d'une royale courtisane; et qui l'aurait vue à ce moment, aurait compris qu'elle était capable de tout pour conserver autour de sa personne cette atmosphère de suprême raffinement. A travers la chemise de batiste transparente, son corps se dessina, souple et robuste. Cette femme, si fine qu'elle en semblait fragile, était une de ces créatures à la taille mince et aux hanches pleines, aux chevilles graciles et aux jambes musclées, aux poignets menus et aux bras solides, aux traits enfantins et à la gorge ferme, à qui leur robe sert de spiritualité, si l'on peut dire. Elle jeta un coup d'œil dans la grande glace qui garnissait le milieu de l'armoire, où s'empilaient, parmi les sachets, les merveilles de sa lingerie intime; elle se vit jolie et se sourit de nouveau, avec un regard où passait la même idée qui, tout à l'heure, l'avait arrachée à la caresse de son mari. Sans doute cette idée n'était pas de celles qu'il lui plût d'admettre, car elle secoua sa tête, et, quelques minutes plus tard, ayant sur les épaules un peignoir de foulard bleu pâle, elle abandonnait cette tête aux mains de la femme de chambre qui lui défit ses longs cheveux. Elle sentait sous ses pieds nus la douceur du duvet de cygne dont ses mules étaient doublées. L'eau qu'elle avait passée sur son visage avait achevé de la rendre à elle-même. Dans le miroir devant lequel on la coiffait, elle voyait tous les détails de ce cabinet qu'elle s'était complu à parer comme la vraie chapelle de son unique religion : sa beauté. Tout s'y réflétait, depuis le tapis aux douces couleurs jusqu'à la baignoire de faïence anglaise, jusqu'à la large table de marbre, avec son lavabo d'argent et les mille outils compliqués des parures secrètes. Eut-elle à cette vue un ressouvenir des diverses conditions qui lui assuraient cette heureuse existence? Toujours est-il qu'elle pensa à son mari et qu'elle se dit : « Le brave cœur!... » Les pierres qu'elle avait gardées aux oreilles jetèrent des feux, et, se rappelant Desforges, elle se dit presque dans la même pensée : « Le bon ami!... » Ces deux impressions si contradictoires se conciliaient dans cette tête dont les cheveux fins ondulaient sous l'écaille blonde, comme les deux faits se conciliaient dans sa vie. Les femmes excellent à ces mosaïques morales, qui cessent de paraître monstrueuses, quand on en a suivi le tranquille et progressif travail. Cette Parisienne de trente ans était, certes, aussi parfaitement corrompue qu'il est possible de l'être, mais, pour être juste à son égard, il faut ajouter aussitôt qu'elle ne le savait pas, tant elle s'était bornée à subir les circonstances qui l'avaient menée, heure par heure, à ce degré singulier d'immoralité inconsciente.

Suzanne s'était laissé marier avec Paul Moraines, deux années avant la guerre de 1870, sans répulsion comme sans enthousiasme : cela s'arrangeait ainsi entre les familles; le vieux Moraines, sénateur depuis le début de l'Em-

pire, appartenait au même monde que le vieux
Bois-Dauffin ; Paul, auditeur au Conseil d'Etat,
beau danseur, charmant cavalier, paraissait fait
pour elle comme elle paraissait faite pour lui.
Bref, ils formèrent, pendant ces deux premières années, ce que l'on appelle en langue
de salon le plus « joli ménage » : ce fut un
tourbillon de bals, de soupers, de parties de
théâtre, de chasses d'automne et de fêtes d'été,
dans lequel l'un et l'autre se complurent follement. Paul définissait lui-même le genre de
relations qui l'unissaient à sa femme, à travers
ces plaisirs continuels : « Tu es jolie comme une
maîtresse, » lui disait-il en l'embrassant, dans le
coupé qui les ramenait, vers une heure du matin.
Le quatre septembre fit s'écrouler cette féerie.
Les deux familles avaient vécu d'après le même
principe, sur de gros traitements qui se trouvèrent du coup supprimés, sans que d'ailleurs cette
diminution subite changeât rien aux habitudes.
Jusqu'à sa mort, survenue en 1873, Bois-Dauffin
demeura convaincu de la toute prochaine restauration d'un régime qu'il avait vu si fort, si bien
muni d'hommes et si populaire. L'ancien sénateur, qui survécut peu à son ami, partageait les
mêmes utopies. Paul avait, bien entendu, démissionné du Conseil d'Etat. Il possédait plus encore
que son père et que son beau-père, cette foi

aveugle dans le succès de la cause, qui demeurera pour l'histoire le trait original du parti impérialiste. Suzanne, elle, qui n'avait de foi d'aucune sorte, eut en revanche, dès cette année 1873, la vision très nette de la ruine où ils marchaient, où ils couraient, elle et son mari, en vivant, comme ils faisaient, sur leur capital. C'était précisément l'époque où Frédéric Desforges commençait à s'occuper d'elle assidûment. Cet homme, qui n'avait pas cinquante ans alors, était demeuré le représentant le plus brillant de la génération entrée dans le monde vers 1850, et qui eut pour chef de file le profond et séduisant Morny. Aux yeux de Suzanne, il gardait le prestige de sa légende d'élégance et des aventures que lui avait prêtées la chronique des salons. Il eut bien vite cet autre prestige d'une supériorité indiscutable dans la connaissance et le maniement de la société parisienne. Resté veuf et sans enfants après un court mariage, presque oisif, car son mandat de député ne l'intéressait que pour la forme, riche de plus de quatre cent mille francs de rente, sans compter son hôtel du Cours-la-Reine, sa terre en Anjou, et son chalet à Deauville, l'ancien favori du célèbre Duc avait le courage, si rare, de vieillir, — comme son protecteur avait eu celui de mourir. Il pensait à s'organiser une dernière liaison qui le conduisît vers la soixantaine en lui procurant une maîtresse désirable et commode, un intérieur à son goût, et ce qu'il appelait son « emploi de soirée. » Il eut bientôt jugé la situation de madame Moraines, et calculé que c'était là exactement la femme qu'il rêvait: adorablement jolie, spirituelle, garantie de tout ennui probable de paternité par six années d'une union sans enfant, un mari avouable et qui ne deviendrait jamais un maître chanteur. Il mit en ligne tous ces avantages, le futé baron, et, petit à petit, en confessant Suzanne, en lui prouvant son attachement par la place obtenue pour Moraines, en lui faisant accepter des cadeaux après des cadeaux, en lui montrant ce tact exquis de l'homme mûr qui demande surtout à être toléré, il la conduisit au point où il désirait. Et cela se fit d'une manière si lente, si insensible; et, une fois établie, cette liaison devint quelque chose de si simple, de tellement mêlé au quotidien de l'existence, que la culpabilité de ses rapports avec Desforges échappait presque à Suzanne. Quel tort faisait-elle à Moraines, au demeurant? N'était-elle pas sa femme et véritablement attachée à lui? Quant au baron, c'est vrai qu'il suffisait à toute une portion de son luxe. Mais quoi? Est-il défendu de recevoir des cadeaux? S'il payait une note par-ci, une note par-là, y avait-il quelqu'un au monde à qui cette complaisance portât préjudice? Elle était sa maîtresse, mais ces amours avaient pris un air de régularité qui les rendait presque conjugales. Elle était si bien habituée à ce compromis de sa conscience qu'elle se considérait, sinon tout à fait comme une honnête femme, du moins comme une personne très supérieure en vertu à nombre de ses amies dont elle savait les multiples intrigues. Si cette conscience lui adressait quelque reproche, c'était d'avoir, deux ans après le commencement de sa liaison avec Desforges, trompé ce charmant homme avec un clubman très à la mode, qu'elle avait enlevé, à l'époque des courses de Deauville, à une des femmes de son intimité. Mais ce personnage avait failli la compromettre d'une telle manière, elle avait si vite reconnu le vaniteux égoïsme de l'homme à bonnes fortunes, qu'elle avait été trop heureuse de rompre tout de suite cette aventure. Elle s'était bien juré de s'en tenir aux douceurs de son ménage à trois, entre la gentilhommerie de Paul et le galant épicuréisme du baron. Et elle s'y était tenue depuis lors, avec une telle correction d'attitude, que sa bonne renommée était défendue — autant qu'elle pouvait l'être, dans la place enviée que lui faisait sa beauté. Elle avait des rivales trop habituées à chiffrer un budget pour ne pas savoir que les Moraines vivaient sur le pied de quatre-vingt mille francs de rente, « et nous les avons connus presque ruinés, » ajoutaient ces bonnes personnes. « Calomnie!... » répondait le chœur des amis du baron, et il savait s'en assurer dans tous les mondes. « Calomnie!... » reprenait le chœur des naïfs, de tous ceux que dégoûte la multiplicité des infâmes racontars répandus chaque soir dans les salons. « Calomnie!... » ajoutait le chœur des indifférents qui savent qu'à Paris, il n'y a, pour un sage, qu'un parti : avoir l'air de ne croire à rien de ce qui se dit, et prendre les gens pour ce qu'ils se donnent.

La pensée des mille services que lui avait ainsi rendus Desforges avait sans doute traversé l'esprit de Suzanne au moment où elle se disait, assise devant sa table à toilette : « Le bon ami !... » Pourquoi donc, tandis que sa femme de chambre lui passait aux jambes des bas d'une soie aussi fine que sa peau et garnis sur le cou-de-pied d'une dentelle ajourée, oui, pourquoi le visage du baron, intelligent et fatigué, céda-t-il soudain la place à un autre visage, tout jeune celui-là, encadré d'une barbe idéale, éclairé par des yeux d'un bleu sombre où se lisait toute l'ardeur d'une âme vierge et enthousiaste? Pourquoi, tandis que les mains agiles de Céline laçaient par derrière son corset de satin blanc, entendit-elle une voix intérieure lui murmurer, comme une musique, les quatre syllabes de ce nom : — René Vincy ? A quelle tentation secrète répondit-elle, tout en faisant courir la houppette de poudre sur ses seins et ses épaules : « N'y pensons pas ! » Elle avait vu le jeune homme deux fois. Une femme comme elle, l'amie, presque l'élève du Parisien Desforges, elle, la plus positive des mondaines et qui s'était vendue pour avoir toujours autour de sa beauté ce linge souple et parfumé, ces jupons de soie molle comme celui que la femme de chambre agrafait au bas du corset, et les innombrables délicatesses d'une grande vie de courtisane, oui, cette femme-là pouvait-elle se prendre aux yeux et aux paroles d'un poétereau de hasard, rencontré la veille, oublié aujourd'hui ? Elle s'était dit : « N'y pensons pas... » et elle y pensait de nouveau... Quelle étrange chose que, depuis la veille, elle ne pût pas secouer cette idée, qu'il serait bien doux d'être aimé de lui ? Si l'on avait prononcé devant elle cette formule démodée : « le coup de foudre... » elle aurait haussé avec un infini mépris ses blanches épaules sur lesquelles elle disposait maintenant, après avoir mis sa robe blanche des soirs d'Opéra, les rangs de perles de son collier ; et, cependant, de quel autre mot définir le rapide et brûlant passage d'émotion que la vue du jeune homme lui avait infligé, durant la soirée de la comtesse, émotion qui continuait plus forte?... C'est qu'entre son mari — le brave cœur, — et Desforges — l'excellent ami, — Suzanne s'ennuyait depuis quelques mois, sans s'en rendre compte. Cette vie du monde et de l'élégance, objet de tous ses sacrifices, lui devenait fade et comme insipide. Elle appelait cela : être trop heureuse. « Il me faudrait un petit chagrin, » disait-elle plaisamment. Le fait est qu'elle ressentait cette courbature intime que produit l'assouvissement continu, cette lassitude à la fois physique et morale qui s'observe surtout chez certaines femmes entretenues, que l'on voit tout à coup, avec stupeur, désorganiser une vie échafaudée jusque-là avec un art infini. Elles avaient besoin de sentir autrement, et, pour tout dire, d'aimer. Elles font des folies, du jour où elles ont rencontré l'homme qui peut remuer leur âme blasée de jouissances vaines, celui que l'énergique argot des filles appelle « leur type. » Pour madame Moraines, qui venait d'atteindre à ses trente ans, sursaturée, comme elle était, du plus raffiné bien-être, sans ambition aucune à réaliser et sans la moindre illusion sur les hommes qu'elle rencontrait dans son monde, l'apparition d'un être aussi nouveau que René, si peu pareil aux comparses habituels des salons, pouvait devenir et devint une espèce d'événement. La curiosité l'avait poussée, la veille, à s'asseoir à la table du souper auprès de lui. Un instinct de femme lui avait fait d'emblée prendre à ses yeux le rôle qu'elle pensait devoir le séduire le plus. Elle avait été ravie de cette causerie; puis, rentrée à la maison, elle s'était endormie sur le « c'est impossible, » qui sert de paratonnerre à tous les coups de foudre de ce genre, lorsqu'ils tombent sur des mondaines, plus étroitement garottées dans leurs corvées de plaisir que les bourgeoises dans leurs corvées de ménage. René était venu, et l'impression qu'il avait faite sur elle la veille s'était reproduite plus forte. Tout lui avait plu du jeune homme, et ce qu'elle en voyait, et ce qu'elle en devinait, sa jolie physionomie et sa jolie âme, ses gaucheries et ses timidités. Elle avait beau se répéter le « c'est impossible, » tout en achevant sa toilette, et piquant sur son corsage nombre de petites épingles d'or à tête de diamant, elle se prenait à capituler avec ce mot : impossible. Elle le discutait, et toutes sortes de plans se développaient dans sa tête de femme pratique, si elle voulait pousser cette aventure. « Le baron est bien fin, » songeait-elle, « il a déjà flairé quelque chose... » Elle se souvint de la violente sortie dirigée par Desforges contre les gens de lettres. Cette sortie l'avait égayée tout à l'heure. Elle l'irritait à présent, et lui donnait l'idée d'agir dans un sens exactement opposé à celui que désirait « l'excellent ami. » Elle s'abîma dans une distraction qui frappa sa femme de chambre, au point que cette fille dit au valet de pied, le soir : « Madame a quelque chose. Est-ce que Monsieur ouvrirait les yeux ? » et cette déraisonnable et irrésistible distraction la poursuivit pendant le dîner, puis dans la voiture qui l'emmenait au théâtre, et dans la loge encore, jusqu'à un moment où madame Ethorel l'interpella :

— « Regardez donc à l'orchestre, à droite, près de la porte du couloir... Est-ce que ce n'est pas M. Vincy qui nous lorgne ? »

— « Le poète de la comtesse ? » fit-elle avec indifférence. Elle avait parlé, durant la visite du jeune homme, de sa soirée à l'Opéra. Elle se le rappela maintenant, tandis qu'elle regardait ellemême avec sa lorgnette d'argent ciselé, — un autre présent du baron. Elle aperçut René, qui détourna les yeux, timidement. Elle eut de son côté un petit frisson. Desforges, debout au fond de la loge, n'avait-il pas surpris la réflexion de madame Ethorel ? Mais non, il causait très sérieusement avec Crucé.

— « Il parle cuisine, » se dit-elle en écoutant, « il n'a rien entendu. Qu'est-ce que j'éprouve ?... »

Pour la première fois depuis bien longtemps, la musique fit vibrer en elle une corde d'émotion. Elle passa cette soirée entre le bonheur involontaire que lui donnait la présence de René, et une angoisse à l'idée qu'il lui fît une visite dans sa loge. La honte d'avoir été remarqué paralysait sans doute le poète, car il n'osa même plus regarder du côté de la baignoire, et, quand Suzanne descendit l'escalier, elle ne surprit pas son visage ému dans la haie des spectateurs rangés sur le passage. Aucune contrariété positive ne l'empêcha donc de se livrer au caprice qui l'envahissait si fortement; et elle en était, quand elle posa sa tête blonde sur son oreiller garni de guipure, à se dire :

— « Pourvu qu'il ne demande pas de renseignements sur moi à son ami Larcher! »

IX

UNE COMÉDIENNE DE BONNE FOI

CHAQUE matin, un peu avant neuf heures, Paul Moraines entrait dans la chambre de sa femme. Elle avait déjà pris son bain, et vaquait à de menues occupations. Ses pieds blancs et veinés de bleu jouaient librement dans ses mules, sa taille mince ondulait dans une robe souple que nouait une cordelière, et la grosse natte d'or de ses cheveux flottait sur ses belles épaules. La chambre à coucher, dont un vaste lit de milieu remplissait la plus grande partie, était toute rafraîchie, toute parfumée, et c'était pour Paul le meilleur instant de sa journée que ces trois quarts d'heure qu'il passait ainsi à prendre le thé du matin avec Suzanne, sur une petite table mobile, au coin de la fenêtre. A dix heures il devait être à son bureau, et il ne lui restait même pas le loisir de rentrer pour le déjeuner. Il était l'homme qui s'assied vers midi et demi dans un restaurant élégant, demande en hâte le plat du jour, une demi-bouteille de vin, une tasse de café, et s'en va, ayant dépensé la plus petite somme qui se puisse dans un cabaret à la mode. Il lui était si doux de rivaliser ainsi d'économies avec sa femme! Mais le thé du matin, c'était la récompense anticipée de sa journée, des six ou sept heures de présence qu'il devait à sa Compagnie. « Il y a des jours, » lui disait-il avec sa bonhomie naïve, « où je ne saurais rien de toi, sans ce bienheureux thé... » et c'était lui qui la servait; il beurrait pour elle avec un soin d'amoureux la rôtie qui allait craquer sous ses fines dents; il s'inquiétait, lorsqu'il la trouvait, comme le lendemain du jour où elle avait aperçu René à l'Opéra, les yeux un peu battus, le teint lassé, n'ayant visiblement pas assez dormi. Toute la nuit elle avait été tourmentée par la pensée du jeune homme, et par le caprice qu'il avait fait naître dans ce qui lui restait de sensibilité. Comme son esprit était pardessus tout positif et précis, — un véritable esprit d'homme d'affaires au service des fantaisies d'une jolie femme, — elle avait supputé les moyens de satisfaire ce caprice passionné. La première condition était de revoir le jeune homme et de le revoir souvent; or, c'était impossible chez elle. Son mari lui en donna la preuve, dès ce matin même, en lui demandant, après les premiers mots de sollicitude sur sa santé :

— « Est-ce que tu as eu beaucoup de monde hier à tes cinq heures ? »

— « Mais personne, » répondit-elle, et, comme son procédé habituel était de ne jamais faire de mensonges inutiles, elle ajouta : « Seulement Desforges et ce petit jeune homme, l'auteur de la comédie que l'on jouait avant-hier chez la comtesse... »

— « René Vincy, » s'écria Moraines. « Ah ! comme je regrette de l'avoir manqué ! J'aime tant ses vers !... Comment est-il ?... Est-ce qu'on peut le recevoir ? »

— « Ni bien ni mal, » fit Suzanne, « insignifiant. »

— « Il s'est rencontré avec Desforges ? »

— « Oui, pourquoi ? »

— « J'en parlerai au baron. Il doit l'avoir jugé du premier coup d'œil... C'est qu'il s'y connaît en hommes !... »

— « Et le voilà bien, » se disait Suzanne

quand Moraines fut parti, après l'avoir mangée de baisers, « il a pris l'habitude de tout raconter au baron !... » Et elle entrevoyait que la première personne à instruire Desforges de la présence assidue de René rue Murillo, si elle y attirait le poète, serait Paul lui-même... « Il est vraiment trop bête... » pensa-t-elle encore, et elle lui en voulait de cette confiance absolue dans le baron, dont elle avait été la principale ouvrière. C'est qu'elle venait d'apercevoir nettement une première contrainte. Cette idée la poursuivit durant toute sa matinée qui fut remplie par des vérifications de comptes, et par la visite de sa manicure, madame Leroux, une personne d'âge mur, toute confite en dévotion, avec un air béat et discret, qui soignait les mains et les pieds les plus aristocratiques de Paris. D'ordinaire Suzanne, qui considérait avec raison les inférieurs comme la source principale de toutes les anecdotes mondaines, causait longuement avec madame Leroux, en partie pour la ménager, en partie pour savoir d'elle une infinie quantité de petits détails sur les maisons que la digne artiste honorait de ses services. Aussi madame Leroux ne tarissait-elle pas d'éloges sur cette charmante madame Moraines, « et si simple, et si bonne. En voilà une qui adore son mari... » Ce jour-là aucune des flatteries de la manicure ne put arracher une parole à sa belle cliente. Le désir dont la jeune femme avait été mordue s'enfonçait davantage en elle, en même temps que la vision des obstacles matériels se dressait, plus nette, plus inévitable. Pour se faire aimer, il faut et du temps et des endroits où se rencontrer. René n'allait pas dans le monde, et s'il y était allé, c'eût été pire. D'autres femmes le lui auraient disputé. Ici, dans cet appartement de la rue Murillo, elle saurait si bien achever de se graver dans ce cœur tout neuf — et la surveillance de Desforges le lui interdisait ! Pour la première fois depuis des années, elle se sentit prisonnière, et elle eut un mouvement de colère contre celui à qui elle devait tout. Elle déjeuna, travaillée par ces idées, toute seule, comme elle déjeunait d'habitude, et très sobrement. Même avec l'aide généreuse de son protecteur, elle n'atteignait l'équilibre parfait de son budget qu'avec des économies sur ce qui ne se voit pas, comme la table. Elle eut, dans cette solitude, un moment si mélancolique, une si totale perception de son impuissance, qu'elle laissa tomber, en se levant, un mot découragé qu'elle ne prononçait guère : « A quoi bon ? »

Oui, à quoi bon ? Sa vie la tenait. Non seulement elle ne pouvait pas avoir René chez elle comme elle voulait, mais cette après-midi même, malgré le sentiment nouveau qui commençait de lui remplir le cœur, n'avait-elle pas un rendez-vous avec Desforges? « A quoi bon? » se répétait-elle tandis qu'elle s'habillait en conséquence, mettant, au lieu de bottines, les petits souliers qui s'enlèvent plus vite; au lieu de corset, la brassière qui se déboucle par devant, la robe aisée à retirer, le chapeau sombre, et, dans sa poche, une double voilette. Elle avait commandé sa voiture à deux heures, le coupé de la Compagnie attelé de deux chevaux qu'elle louait au mois, pour l'après-midi et la soirée. Quand elle y monta, elle était si écrasée sous l'impression de son esclavage qu'elle aurait pleuré. Que devint-elle, lorsqu'au tournant de la rue Murillo, elle vit René planté là debout, et qui guettait évidemment son passage? Leurs yeux se croisèrent. Il la salua en rougissant, et elle dut rougir de son côté dans l'angle de sa voiture, tant fut vive, au sortir de son abattement, l'émotion de plaisir que lui donna cette rencontre, et surtout cette idée : « Mais lui aussi, il m'aime... » Elle tomba, elle, la créature de calcul et d'artifice, dans une de ces taciturnes rêveries où les femmes qui deviennent amoureuses escomptent à l'avance les innombrables voluptés du sentiment qu'elles éprouvent et de celui qu'elles inspirent. Dans ces minutes-là, elles se donnent en pensée tout entières à celui qu'elles ne connaissaient pas l'autre semaine. Si elles osaient, elles se donneraient en fait, là, tout de suite, ce qui ne les empêchera pas de persuader à l'homme qui a ainsi parlé dès le premier jour au plus intime de leur être, qu'elles ont hésité, qu'il a dû les conquérir peu à peu, moment par moment. Elles ont raison, car la sotte vanité du mâle trouve son compte aux difficultés de cette conquête, et peu d'hommes ont assez de bon sens pour comprendre la divine douceur de l'amour spontané, naturel, irrésistible. Tandis que le poète s'en allait, en se disant : « Je suis perdu, jamais elle ne me pardonnera mon indiscrétion... » Suzanne se sentait, avec délices, en proie à ce frémissement intérieur devant lequel ploient toutes les prudences, et elle entrevoyait, passant par-dessus ses craintes de la matinée, un plan d'intrigue, un de ces plans très simples comme l'esprit profondément réaliste des femmes leur en fait découvrir. Il s'agissait de tromper la défiance d'un homme très fin, très au fait de sa nature. Le plus habile était de se conduire exactement au rebours de ce que cet homme devait et pouvait prévoir. Brusquer les choses ; amener, en deux ou trois visites, René à lui faire une déclaration ; y répondre elle-même et devenir sa maîtresse avant qu'il n'eût eu le temps de la courtiser ; — jamais Desforges ne la soupçonnerait d'une aventure pareille, lui qui la savait si mesurée, si avisée, si adroite. Mais si René allait la mépriser de s'abandonner trop vite? Elle eut un hochement de sa jolie tête quand elle se formula cette objection. C'était, cela, une affaire de tact, une finesse de femme à déployer, et, sur ce terrain, elle était sûre d'elle!

La joie d'avoir ébauché ce projet dans sa pensée, et aussi la joie de tromper le subtil Desforges, se mélangeaient en elle si étrangement, qu'elle vit approcher, non seulement sans regrets, mais avec un plaisir malicieux, l'heure de son rendez-vous. Elle renvoya sa voiture, comme elle faisait toujours, sous prétexte de marcher, et elle s'engagea sous les arcades de la rue de Rivoli. La maison dans laquelle le baron avait loué l'appartement de leurs rencontres offrait cette particularité d'une double entrée, assez rare à Paris pour que ces bâtisses-là soient comptées et cotées dans le monde des adultères élégants. Frédéric était trop au fait des plus intimes dessous de la vie parisienne pour ne pas avoir évité avec le plus grand soin les endroits déjà connus. Celui qu'il avait découvert, un peu par hasard, avait dû échapper aux investigations des chercheurs de ce genre d'asile, par le caractère solennel et triste qu'offrait la façade de la maison sur la rue du Mont-Thabor. Il y avait meublé un entresol, composé d'une antichambre et de trois autres pièces, dont l'une servait de salon pour y goûter ou y dîner au besoin, l'autre de chambre à coucher, la dernière de cabinet de toilette. La plus savante entente de ce qu'il faut bien appeler le confortable du plaisir avait présidé à l'installation de cet appartement, où les tentures et les rideaux étouffaient les bruits, où les peaux de bête jetées sur les tapis appelaient les pieds nus, où les glaces de l'alcôve mettaient comme un coin de mauvais lieu, tandis que les fauteuils bas et les divans invitaient aux longues causeries abandonnées après les caresses. L'infini détail de cette installation aurait à lui seul dénoncé la minutie du sensualisme du baron. Il faisait tenir ce logis clandestin par son valet de chambre, un homme sûr, d'une fidélité garantie par de savantes combinaisons de gages. Suzanne était venue tant de fois, depuis des années, dans cette espèce de petite maison, elle avait tant de fois noué sa double voilette dans l'ombre de la porte de la rue de Rivoli, tant de fois croisé la loge du concierge, qu'elle accomplissait presque machinalement ces rites de l'adultère, d'une si cuisante saveur pour les chercheuses d'émotion. Cette fois, et tandis qu'elle s'engageait sur l'escalier, elle ne put se retenir d'une comparaison, elle se dit qu'elle serait, en effet, autrement émue, si elle devait rencontrer dans cette retraite isolée René Vincy au lieu du baron ! Elle savait si bien à l'avance comment tout allait se passer, et qu'elle trouverait Desforges ayant préparé les moindres choses pour la recevoir, depuis les fleurs des vases jusqu'aux petites tartines du goûter, et qu'à un moment elle passerait dans le cabinet de toilette, et qu'elle en reviendrait les cheveux défaits, ses pieds nus dans des mules pareilles à celles de sa matinée, enveloppée d'un peignoir de dentelle, prête au plaisir, — un plaisir qui n'était qu'à demi partagé, d'ordinaire. Mais le baron savait si bien se montrer reconnaissant de ce qu'elle lui donnait, il avait une si charmante manière de la remercier, il déployait une telle grâce d'esprit, et si affectueuse, durant la causerie d'après, que le plus souvent c'était à lui de rappeler l'heure à sa maîtresse et de lui dire :

— « Allons, Suzette, il faut t'habiller. »

Cette fois, et dans la disposition d'esprit et de sens où elle était, ce fut Suzanne elle-même qui, à peine entrée, dit à son amant :

— « Mon pauvre Frédéric, je devrai te quitter de bonne heure aujourd'hui. »

— « Veux-tu que nous soyons sages ? » lui répondit le baron en la débarrassant de son manteau. « Pourquoi ne m'as-tu pas envoyé un petit mot qui décommandât notre rendez-vous ? »

— « Il est vraiment trop aimable, » se dit la jeune femme qui eut comme un remords de sa phrase inutile. Elle ôtait son chapeau devant la glace : les diamants de ses boucles d'oreilles brillèrent. Tous les bienfaits dont elle était redevable à cet homme si peu exigeant lui revinrent à la fois, et ce fut par un mouvement d'honnêteté, — les situations fausses comportent de ces paradoxes de conscience, — qu'elle vint s'asseoir sur le bras du fauteuil de Desforges et qu'elle lui soupira :

— « Mais je me serais par trop désappointée moi-même. Vous ne croirez donc jamais que j'ai une vraie joie à venir ici... » — « Je lui dois bien cela, » songeait-elle, et par une continuation de ce même sentiment de bizarre équité, elle se montra, durant tout ce rendez-vous, une maîtresse encore plus complaisante et plus enivrante qu'à l'ordinaire, si bien qu'une heure et demie après son entrée, et tandis qu'elle était comme ensevelie dans un des grands fauteuils, en train de déguster de petits pains au caviar arrosés de deux doigts d'un incomparable vin d'Espagne, Desforges, qui la regardait manger coquettement, ne put s'empêcher de lui dire :

— « Ah ! Suzon ! à mon âge !... Et que dirait Noirot ? »

Ce Noirot, dont l'image traversait soudain l'esprit du baron, était un docteur qui venait, chaque matin, le masser soigneusement et surveiller son hygiène quotidienne. Tout, dans cette existence de voluptueux systématique, était calculé de la sorte, depuis la quantité d'exercice à se donner chaque jour, jusqu'aux soins de sa décadence prévue. Il avait recueilli chez lui une parente pauvre et pieuse, aux bonnes œuvres de laquelle il contribuait tous les ans pour une forte somme. Quand on le complimentait sur sa générosité, il répondait avec ce cynisme à demi moqueur qui lui était propre : « Que voulez-vous ? Il faut se préparer pour ses vieux jours une sœur de charité dont on soit le gaga... Je serai le gaga de ma cousine, et le mieux soigné de Paris... » D'habitude ces boutades d'égoïsme affiché divertissaient la jeune femme. Elle y trouvait, au fond, une conception de la vie dont le matérialisme absolu n'était pas pour lui déplaire. Par cette fin de rendez-vous, lorsqu'il prononça le nom de son docteur, elle jeta les yeux sur lui ; il lui apparut, à la lueur de l'unique lampe et dans cette seconde de lassitude, presque cassé, avec une révélation de son âge sur le masque ridé de sa physionomie, la moustache tombante, les paupières bouffies; et elle eut, involontairement, la notion vraie de la laideur de sa vie. C'est une chose horrible qu'une femme jeune et belle subisse les caresses d'un homme qu'elle n'aime pas, même quand cet homme est jeune, quand il est ardent, quand il est épris. Mais quand il est sur le bord de la vieillesse, quand il a payé le droit de salir ce beau corps qu'il est incapable d'enivrer, — c'est une prostitution si navrante que la tristesse y noie le dégoût. Desforges venait de paraître vieux au regard de Suzanne, pour la première fois peut-être, et, par une irrésistible réaction de toute son âme, elle évoqua, par contraste, la bouche fraîche, le visage intact de celui dont le souvenir la poursuivait depuis deux jours. Ah! les baisers avec ce jeune homme, des baisers donnés sans compter, sans cet arrière-fond glacé d'hygiène et de calcul!... Allons! elle était trop niaise d'avoir hésité une minute, et comme elle était une personne de décision, elle commença d'agir aussitôt. Elle s'était rhabillée, et, son chapeau mis, ses gants boutonnés, elle dit à Desforges avant de nouer sa voilette :

— « Quand viendrez-vous déjeuner avec moi? Vous vous invitiez sans cesse autrefois... C'était si gentil... »

— « Demain, je ne peux pas, » fit-il, « ni après-demain, mais le jour d'après... »

— « Mardi, alors ? C'est convenu. Et à ce soir, chez madame de Sermoises, n'est-ce pas ? »

— « La charmante femme ! » songeait le baron demeuré seul. « Elle pourrait avoir tant d'aventures ! et elle ne pense qu'à me plaire. »

— « Après-demain donc, » se disait Suzanne en longeant le trottoir de la rue du Mont-Thabor, et jetant avec précaution ses regards de l'un et de l'autre côté, avec tant d'art qu'elle paraissait ne pas remuer ses yeux, « je suis bien sûre d'être seule... Mais quel prétexte donner à René (elle l'appelait déjà de ce nom dans sa pensée) pour le faire venir ?... Bon ! quelques vers à copier pour une dame sur un exemplaire du *Sigisbée*. » Elle passait rue Castiglione, devant une boutique de libraire. Elle entra pour acheter la brochure. Elle était dans un de ces instants où l'exécution suit le projet avec une rapidité presque mécanique : « Pourvu qu'il ne commette pas d'imprudences jusque-là ? Pourvu qu'il continue de m'aimer et que personne ne lui dise du mal de moi ? » Elle se représentait de nouveau Claude : « Ah ! c'est là encore un danger, » pensa-t-elle, et elle aperçut aussi le moyen de l'éviter, pourvu qu'elle vît René auparavant. Elle réfléchit qu'elle ne savait pas l'adresse du jeune homme. Elle n'avait qu'à rendre visite à madame Komof : « Elle est justement chez elle après six heures. » Elle avisa un fiacre et se fit conduire rue du Bel-Respiro. Elle eut la chance de trouver la comtesse seule et n'eut pas de peine à obtenir le renseignement qu'elle désirait. L'excellente femme, dont la soirée avait réussi, ne tarissait pas sur son poète :

— « Idéal! » disait-elle avec ses grands gestes, « Ravissant!... Et modeste!... Ce sera votre Pouschkine de la fin du siècle... »

— « Savez-vous où il habite? » insinua Suzanne. « Il est venu me voir et il a laissé son nom simplement. »

Quand son billet fut écrit et envoyé, elle vécut dans cette incertitude dont l'amour naissant se nourrit si bien que les professeurs en séduction recommandaient d'abord de provoquer cette fièvre, du temps que ce vice étrange et tout intellectuel était à la mode. René viendrait-il? Ne viendrait-il pas? S'il venait, comment entrerait-il? Elle verrait bien au premier regard si aucun nuage n'avait terni le clair souvenir qu'elle était sûre de lui avoir laissé d'elle à leur entrevue de l'autre jour. Enfin, l'heure qu'elle avait fixée dans son billet arriva, et quand le domestique introduisit le jeune homme, son cœur à elle battait peut-être plus vite que celui de son naïf amoureux. Elle le regarda et elle lut jusqu'au fond de son être. Oui, elle était toujours pour lui la madone qu'elle s'était improvisée dès le premier jour, avec cette souplesse dans la métamorphose qui distingue ces Protées en jupons. Il avait, dans ses prunelles d'un bleu sombre et tendre, le plus touchant mélange de joie et de timidité : joie de la revoir si vite, appelé par elle, dans ce même petit salon ; timidité de comparaître devant cet ange de pureté après s'être permis de la chercher à l'Opéra et de l'attendre au coin de sa rue. La gracieuse comédienne avait, cette fois, arrangé à sa beauté un autre décor. Elle était assise auprès de la fenêtre, et elle travaillait à un ouvrage, une espèce de frange qui se parfile avec de la soie et des épingles piquées sur un tambour de drap vert. Derrière elle, les rideaux de guipure, relevés par leur embrasse, laissaient apercevoir, à travers la vitre, le fond de paysage du parc Monceau, l'azur pâle du ciel, les arbres gris, le gazon jaune, et, du côté des ruines, la noire verdure des lierres. Un soleil de février éclairait ce paysage frileux, et ses rayons caressaient les cheveux de Suzanne avec de doux reflets d'or. Une robe faite pour la chambre, blanche avec des broderies violettes, d'une forme fantaisiste, et garnie de larges manches ouvertes, lui donnait une physionomie de châtelaine du moyen âge. Ses pieds chaussés de bas de soie de la même nuance que les broderies de la robe, se croisaient modestement sur un tabouret... Si on lui eût rappelé que, moins de quarante-huit heures auparavant, ces mêmes pieds modestes erraient sur le tapis d'un entresol infâme, que ces mêmes cheveux étaient maniés par un amant âgé qui la payait, qu'elle était enfin la maîtresse vénale de Desforges, peut-être eût-elle répondu « non » à ce souvenir — et avec sincérité, tant le désir de plaire à René la faisait entrer dans le vrai et dans le vif de son rôle actuel. Le poète n'y voyait pas si loin. Il avait passé trois jours dans une exaltation continue, sentant son désir s'exalter d'heure en heure, et si joyeux de le sentir! A vingt-cinq ans, l'approche de la passion attire autant qu'elle effraye à trente-cinq. Le billet de Suzanne lui avait mis aux mains une preuve palpable que les petites imprudences dont il se faisait un crime n'avaient pas déplu; toutefois, quand il s'agit de ce qui nous tient au cœur très profondément, nous trouvons toujours de nouveaux motifs pour douter, et ce grand enfant avait eu la naïveté de trembler sur l'accueil qui lui était réservé. Aussi, quel délice de rencontrer le geste de simple familiarité, les yeux clairs, la douceur du sourire de cette femme qu'il compara aussitôt, dans son esprit, assise au premier plan de ce paysage d'hiver, à ces saintes derrière lesquelles les peintres primitifs développent un horizon d'eaux et de verdures! Mais c'était une sainte à qui le premier couturier de Paris avait taillé cette robe, une sainte qui secouait à chaque mouvement le même parfum d'héliotrope qui avait déjà tant troublé le jeune homme; et cette sainte laissait voir, à travers l'échancrure de sa longue manche ouverte, un bras autour duquel tremblaient deux anneaux d'or et dont le duvet fauve brillait dans le soleil, comme ses cheveux, délicieusement!

Ce que René avait tant appréhendé n'eut pas lieu. Madame Moraines ne prononça pas un mot qui fît allusion ni à l'Opéra ni à leur rencontre au tournant de la rue. Durant ce début de visite, elle continua de travailler, assise devant son ouvrage, ayant amené la conversation tout naturellement, à propos de l'enthousiasme de madame Komof sur les projets d'avenir du jeune homme. Elle parlait, elle qui n'aurait pas su distinguer Béranger de Hugo, ou Voltaire de Lamartine, comme une personne occupée uniquement de choses littéraires. Elle avait rencontré Théophile Gautier deux ou trois fois sous l'Empire, et, d'ailleurs, à peine regardé, tant elle le trouvait dépourvu d'élégance britannique, ce qui ne l'empêcha pas, ayant deviné l'enthousiasme de René, de lui décrire le grand écrivain en détail. Il l'avait tant intéressée ! Elle devait même avoir des lettres de lui.

— « Je vous les chercherai, » dit-elle, puis, prenant texte de ce mensonge : « Je me suis reproché de vous déranger pour vous demander un autographe. Mais mon amie part demain pour la Russie. »

— « Que dois-je écrire ? » fit le jeune homme.

— « Ce que vous voudrez, » dit-elle en se levant. Elle alla chercher la brochure, puis elle l'installa au mignon bureau encadré de lierre. Elle préparait toutes choses pour lui rendre la tâche plus commode, elle ouvrait l'encrier à fermoir d'argent, elle assurait la plume dans le porte-plume d'écaille et d'or; ce faisant, elle frôlait René, elle l'enveloppait du frisson de ses manches, du parfum de toute sa personne, si bien que la main du poète tremblait un peu en copiant, sur la feuille de garde de l'exemplaire, la chanson en deux strophes que la bonne madame Ethorel avait qualifiée de sonnet :

Le spectre d'une ancienne année
M'est apparu, tenant aux doigts
Une blanche rose fanée,
Et murmurant à demi-voix :
« Où donc est ton cœur d'autrefois?

« *Où donc est l'espérance, éclose*
« *Comme cette rose, en ton cœur ?*
« *Douce espérance et douce rose,*
« *Ah ! quel parfum était le leur,*
« *Quand toutes deux étaient en fleur !...* »

Lorsqu'il eut fini de tracer ces lignes, madame Moraines lui prit des mains le livre, et, debout derrière lui, comme se parlant à elle-même, elle récita les deux strophes d'une voix adoucie, presque insaisissable. Elle ne prononça ni un mot d'éloge, ni un mot de critique. Elle resta silencieuse, après avoir soupiré ces vers, comme si leur musique caressait dans sa rêverie une place infiniment douce. René la regardait avec une émotion presque folle. Comment eût-il résisté à cette suprême, à cette adorable flatterie qu'elle venait d'imaginer pour séduire le jeune homme, et qui s'adressait d'une part à sa secrète vanité d'artiste, de l'autre à sa plus fine sensation de beauté ? Car elle avait su si bien se poser, pour cette lecture ! Elle connaissait trop le charme de son visage ainsi aperçu de trois quarts, les yeux perdus. Ils se rabaissèrent vers le poète, ces beaux yeux que venaient d'émouvoir ses vers. Pour un peu, ils auraient demandé pardon du songe où ils s'étaient égarés. Elle sembla écarter, pour ne pas les profaner, ces visions de poésie, et, avec une curiosité, aussi réelle cette fois que cette émotion d'art avait été apparente :

— « Je gagerais, » dit-elle, « que vous n'avez pas écrit ces vers pour la comédie ? »

— « C'est vrai, » dit René qui se sentit de nouveau rougir. Il se serait fait un scrupule de mentir à cette femme, même pour lui plaire. Mais comment lui raconter l'indigne histoire dont il avait, avec ce pouvoir de transposition dans l'Idéal propre aux poètes, résumé la mélancolie dans cette romance ?

— « Ah ! vous autres hommes, » reprit-elle sans insister, « comme vous allez et venez dans la vie, comme vous êtes libres !... Du moins ne prenez pas cela pour une plainte... Nous autres, épouses chrétiennes, notre rôle est d'obéir, c'est le plus beau. » Puis, après un silence : « Hélas ! Nous ne choisissons pas toujours notre maître... » Elle ajouta, avec une intonation de voix résignée et fière qui autorisait et interdisait à la fois toutes les réflexions : « Je regrette tant de n'avoir pu encore vous présenter à M. Moraines. Vous verrez, c'est un homme charmant... Il ne s'occupe pas beaucoup d'art, mais il a de grandes capacités pour les affaires... Malheureusement nous vivons à une époque où il faut être d'Israël pour monter très haut... » L'anti-sémitisme était, comme on peut croire, très étranger à Suzanne qui comptait, parmi ses bons jours, ceux où elle dînait dans deux ou trois maisons juives, princièrement hospitalières, mais elle avait pensé que cette phrase compléterait bien la nuance de religiosité qu'elle voulait se donner au regard du jeune homme... « Vous trouverez mon mari un peu froid au premier abord, » continua-t-elle, « mon rêve était d'avoir un salon d'écrivains et d'artistes... Mais vous savez, ces messieurs sont un peu jaloux de vous tous, et puis M. Moraines n'aime guère le monde. Il n'était pas là l'autre soir. Il ne se plaît que dans la plus stricte intimité, parmi des visages connus... »

Elle parlait ainsi, avec un air de contrainte qui semblait dire à René : « Pardonnez-moi si je ne peux vous prier chez moi comme je voudrais... » Il signifiait aussi, cet air de contrainte, que la gracieuse femme avait dû — oh ! sans se plaindre ! — être sacrifiée, dans son mariage, à ces froides considérations sociales qui ne tiennent aucun compte du sentiment. Déjà, dans l'imagination de René, l'aimable, le jovial Paul Moraines se dessinait comme un mari quinteux et difficile à vivre, auquel cette créature de race supérieure était liée par la chaîne meurtrissante du devoir. Il éprouva pour elle, par-dessus la passion qui le possédait, un de ces mouvements de pitié que les femmes aiment d'autant plus à inspirer qu'elles les méritent moins. Il osa dire, sauvant par la généralité de l'idée ce que sa réponse avait de trop direct :

— « Si vous saviez, Madame, combien de fois je me suis pris, lorsque le hasard de mes promenades m'amenait aux Champs-Élysées, à souhaiter d'être dans la confidence des mélancolies que je croyais surprendre sur certains visages?... J'ai toujours pensé que les chagrins dans le luxe, les détresses morales au milieu de la félicité matérielle devaient être les plus à plaindre... »

Elle le regarda, comme si elle eût été surprise par ce discours. Elle avait dans les yeux cet étonnement ravi et involontaire de la femme, quand elle rencontre soudain chez un homme l'expression inattendue d'une nuance sentimentale qu'elle croyait réservée à son sexe.

— « Je pense que nous deviendrons vite amis, » dit-elle, « car nous avons des coins de cœur bien semblables... Êtes-vous comme moi? Je crois aux sympathies et aux antipathies de premier instinct, et je crois sentir aussi quand on ne m'aime pas... Ainsi, — j'ai peut-être tort de vous dire cela, — mais je vous parle en confiance, comme si je vous connaissais depuis toujours — votre ami M. Larcher, je suis sûre que je ne lui suis pas sympathique... »

Elle était vraiment émue en prononçant cette

parole. Elle allait savoir, d'une manière certaine, non pas si Claude avait mal parlé d'elle, — elle avait deviné que non dès l'entrée, — mais si René était discret. Elle n'ignorait pas que, dans un amour, les moments dangereux pour les imprudentes confidences sont les heures du début et celles de la fin. Il n'y a de sûrs que les hommes capables de se taire quand l'espérance ou l'amertume leur déborde du cœur. Par la réponse de René, elle allait juger toute une portion de son caractère, et, dans le projet d'intrigue follement rapide qu'elle caressait déjà, c'était un facteur capital que cette sûreté du jeune homme ! Il était trop naturel qu'il eût, dès le premier jour, entretenu Claude de sa passion naissante, — et il l'aurait fait sans la présence de Colette. Pour Suzanne, qui ne pouvait pas tenir compte de ce détail, le silence était une promesse de discrétion qui lui fit chaud à recevoir.

— « Nous n'avons pas parlé de vous ensemble, » fit le jeune homme; « mais, comme vous le disiez trop justement l'autre soir, il a toujours eu la spécialité des tristes amours, et il apporte dans le monde les mélancolies de cette sorte d'existence. Si vous le voyiez avec celle qu'il a le malheur d'aimer aujourd'hui!... »

— « Ce n'est pas une raison, » dit Suzanne, « pour se venger des autres en leur faisant la cour au hasard. J'ai presque dû me fâcher, un jour que je me trouvais à table à côté de lui... J'ai su qu'il avait dit du mal de moi, mais je lui ai pardonné. »

— « Et maintenant Claude peut parler, » songeait-elle, quand René se fut en allé sur la promesse de revenir dans trois jours, à la même heure, avec le recueil de ses vers inédits. Et elle se regarda dans une glace avec un entier contentement d'elle-même. Cette entrevue avait réussi : elle avait fait comprendre à René qu'il ne pourrait guère être reçu chez elle; elle l'avait mis en défiance contre son meilleur ami; elle avait achevé de l'affoler. « Il est à moi, » se dit-elle, et, cette fois, elle était sincère dans sa joie profonde.

X

DANS LE PIÈGE

SUZANNE se croyait très fine, et elle l'était, mais la finesse trop savante tourne parfois contre son but. Habituée à confondre les choses de l'amour et celles de la galanterie, elle ignorait les générosités et les expansions du sentiment chez un être aussi jeune que celui dont s'était épris son caprice mi-romanesque, mi-sensuel. D'après son calcul, la perfide phrase lancée contre Claude mettrait René en défiance. Elle eut pour résultat, au contraire, de donner au poète un irrésistible besoin de causer avec Larcher. Ce lui fut une douleur que ce dernier nourrît sur madame Moraines une opinion injuste. Ce désir que l'ami le plus cher fasse dans son estime une place à part à la femme que nous aimons, lequel de nous ne l'a connu à vingt-cinq ans? Il est aussi fort que l'est à quarante le sage désir de nous cacher d'abord de ce même ami. La première action de René, à l'instant même où il quitta Suzanne, fut de se diriger vers la rue de Varenne. Il n'était pas retourné chez Claude Larcher depuis le jour où il y avait rencontré Colette, et, en poussant la lourde porte cochère, puis en traversant la vaste cour de l'hôtel Saint-Euverte, il ne put s'empêcher d'établir une comparaison entre ces deux visites. Bien peu d'heures les séparaient cependant, et quel abîme! Le jeune homme était en proie à cette délicieuse fièvre qui rend impossible tout raisonnement. Il ne se dit pas que sa madone avait été bien experte à le mener très loin, très vite. L'effrayante rapidité des progrès de son amour lui fut seulement douce à constater. Elle lui en démontrait mieux la force. Il se sentait si léger, si heureux, qu'il gravit deux par deux les marches du vieil escalier, comme il faisait tout enfant, lorsqu'il rentrait de la pension, le samedi, ayant obtenu la première place. Le domestique, cette fois, l'introduisit sans la moindre difficulté, mais avec une si longue physionomie de sacristain attristé, que René lui en demanda la cause.

— « Si c'est raisonnable, Monsieur, » gémit Ferdinand, en hochant la tête, « Monsieur est là depuis quarante-huit heures, qui n'en a pas dormi six, et il écrit, il écrit!... Ah! Monsieur devrait bien dire à Monsieur qu'il finira de s'user le tempérament... Est-ce qu'il ne pourrait pas travailler un peu tous les jours, là, gentiment, comme nous tous, et se faire un bon petit train de vie? »

Cette lamentation du sage valet de chambre préparait René à un spectacle qu'il connaissait bien : celui de la cellule où trônait Colette transformée en un laboratoire de copie. Il entra. Sur le divan de cuir, au lieu de la gracieuse et perverse actrice, des feuilles traînaient, jetées au hasard et couvertes d'une grande écriture irrégulière d'improvisateur. Des morceaux d'un papier semblable, tout froissés, déshonoraient le tapis. Des épreuves déployées encombraient la cheminée; et, à sa table, Larcher besognait, vêtu à la diable, avec une jaquette tachée où manquaient des boutons, les pieds dans des pantoufles éculées, un foulard noué en corde autour du cou, ses cheveux en broussaille et une barbe de trois jours. Le bohème plus que négligé, de sa première jeunesse, reparaissait dans le faux mondain à prétentions d'élégance, chaque fois qu'un coup de collier à donner le rendait à sa vraie nature. Et ces coups de collier revenaient souvent. Comme tous les ouvriers de lettres dont le temps est le seul capital, et qui n'organisent pas leur vie en conséquence, Claude était sans cesse en retard d'œuvres et d'argent, surtout depuis que sa liaison avec Colette le précipitait dans la plus ruineuse des dépenses, celle que font les jeunes gens avec les maîtresses qu'ils n'entretiennent pas. L'actrice avait bien, outre ses appointements du théâtre, vingt mille francs de rente viagère légués par un ancien amant, un grand seigneur russe, tué sous Plewna; mais les voitures, les bouquets, les dîners, les cadeaux se succédaient, exigeant des billets de banque et encore des billets de banque. Le produit des deux comédies était loin, et Claude les gagnait, ces malheureux billets bleus, dans l'entre-deux de ses énervantes débauches, en surchauffant son cerveau.

— « Vous voyez, » dit-il en relevant sa face pâlie, et serrant les doigts de René d'une main fiévreuse, « encore à la tâche!... Quinze feuilletons à fournir tout de suite... Une affaire superbe avec la *Chronique Parisienne*, le nouveau journal à huit pages, dont Audry fait les fonds! Ils sont venus, l'autre jour, me demander un roman. Un franc la ligne. Je leur ai dit que je n'avais qu'à recopier... Mon cher, pas un mot d'écrit, pas ça... Mais une idée! Refaire *Adolphe* à la moderne, avec notre notation, notre couleur, notre sens des milieux... Ce sera bâclé, gâché! Ah! si ce n'était que cela! Mais savez-vous ce que c'est que d'écrire avec toutes les vipères de la jalousie dans le cœur?... Je suis à ma table, en train de griffonner une phrase; une idée s'est levée, je vais la tenir... Allons donc! Une voix me dit tout d'un coup : — Que fait Colette?... — Et je pose ma plume, et j'ai mal, j'ai mal... Ah! que j'ai mal!... Balzac prétendait avoir pesé ce que l'on dépense de substance cérébrale dans une nuit d'amour... Un demi-volume... et il ajoutait : — Il n'y a pas de femme qui vaille deux volumes par an... — Quelle sottise! Ce n'est pas l'amour physique qui use un artiste; mais ce souci, mais cette idée fixe, mais ce battement continu du cœur!... Est-ce qu'on peut penser et sentir à la fois?... Il faut choisir. Hugo n'a rien senti, jamais; ni ce même Balzac. S'il avait aimé sa Mme Hanska, il lui aurait couru après à travers toute l'Europe, en se souciant de la *Comédie humaine* comme moi de cette ordure... » Et il ramassa les feuilles éparses sur son bureau. « Ah! mon cher René, » continua-t-il d'un air accablé, « gardez votre vie simple. J'espère que vous ne vous êtes pas laissé embobiner d'invitations et de visites par toutes ces grimpettes que vous avez rencontrées chez la comtesse. »

— « Je n'ai fait qu'une visite, » répondit René. « Devinez chez qui?... Chez madame Moraines. » Il était tout ému en prononçant ce nom. Puis, avec l'involontaire élan d'un amoureux qui, venu pour parler de sa maîtresse, recule devant cette conversation et détourne la critique, comme il écarterait avec la main la pointe menaçante d'un fer, il ajouta : « N'est-ce pas qu'elle est adorablement jolie et gracieuse, et avec des idées si élevées!... Est-ce que vous pensez aussi du mal de celle-là?... »

— « Bah! » dit Claude, qui, préoccupé de sa propre souffrance avait écouté René d'une oreille indifférente, « si on cherchait dans son passé ou son présent, on y trouverait bien quelque turpitude. Le crapaud que la princesse des contes de fée laisse tomber de sa bouche, toutes les femmes l'ont dans le cœur. »

— « Alors vous savez quelque chose sur elle? » interrogea le poète.

— « Moi! » fit Claude que la voix de son ami étonna par son accent altéré. Il regarda le jeune homme, et il comprit. Lancé comme il était dans le monde parisien, il connaissait depuis longtemps les bruits qui couraient sur les relations de Suzanne avec le baron Desforges, et il y avait cru, avec cette naïveté, particulière aux misanthropes, qui leur fait d'abord admettre l'infamie comme probable. Cela trompe, quelquefois. Une seconde, il eut la tentation d'avertir au moins René de ces on-dit. Il se tut. Par prudence et pour ne pas se faire un ennemi de Desforges, au cas où Suzanne saurait qu'il avait parlé et le redirait au baron? Par pitié pour le chagrin que son discours causerait à René? Par cruel délice de se voir un compagnon de bagne, — car entre Suzanne et Colette, qui valait le moins? Par curiosité d'analyste et désir d'assister à la passion d'un autre? Qui établira le départ des motifs infiniment complexes dont une volonté soudaine est le résultat? Toujours est-il que Claude, après une demi-minute, et comme cherchant dans sa mémoire, termina ainsi sa phrase: « Si je sais quelque chose sur elle?... Pas le moins du monde. Je suis un *professional woman-hater*, comme disent les Anglais. — Je ne connais celle-là que pour l'avoir rencontrée un peu partout; et trouvée d'ailleurs moins sotte que la plupart... C'est vrai qu'elle est bien jolie... » Et par malice, ou pour jeter un coup de sonde dans le cœur de René, il ajouta: « Mes compliments!.. »

— « Vous parlez comme si j'en étais amoureux, » répliqua René dont le visage s'empourpra de honte. Il était entré avec l'intention de célébrer les louanges de Suzanne à son ami, et voici que le ton narquois de Claude avait tranché cette confidence, à même ses lèvres, comme avec une lame aiguisée et froide.

— « Ah ! vous n'en êtes pas amoureux !... » reprit l'autre en ricanant d'un rire détestable. Puis, tout d'un coup, par un joli mouvement d'âme, comme il en avait, lorsque sa vraie et première nature reprenait le dessus, il dit : « Pardon ! » et il serra la main du jeune homme. Il lut dans les yeux de ce dernier que ce mot et ce geste allaient provoquer une effusion ; il l'arrêta : « Ne me racontez rien... Vous m'en voudriez ensuite... Je vous écouterais si mal aujourd'hui !... Je souffre trop et cela rend méchant... »

Ainsi, même la fausse manœuvre de Suzanne tournait en faveur de son plan d'ensorcellement. Le seul homme dont elle eût à craindre l'hostilité venait de se condamner lui-même à ne point parler. Comme René avait besoin de déverser dans un confident le trop-plein de ses émotions, ce fut vers Émilie qu'il se tourna, et la pauvre Émilie, par une naïve vanité de sœur, se trouvait d'avance être la complice de l'inconnue qu'elle entrevoyait, par les yeux de son frère, comme auréolée d'un nimbe d'aristocratie ! Dès le lendemain de la fête donnée chez la comtesse, elle avait bien compris, au récit du jeune homme, que madame Moraines était la seule de toutes les femmes rencontrées la veille à lui plaire véritablement, et elle avait deviné que c'était aussi la seule sur qui le poète eût produit une impression personnelle et vive. Les mères et les sœurs possèdent comme un sens particulier pour reconnaître ces nuances-là. Il ne lui avait pas fallu beaucoup d'efforts pour s'apercevoir des troubles de René, durant les jours suivants. Liée à lui par le double lien de la ressemblance morale et de l'affection, aucun sentiment ne pouvait traverser ce cœur fraternel sans qu'elle en éprouvât le contre-coup. Elle avait vu que René aimait, aussi clairement que si elle eût assisté, cachée, aux deux causeries de la rue Murillo. Et cet amour l'avait ravie sans qu'elle en fût jalouse, au lieu qu'elle avait été jalouse autrefois, autant qu'inquiète, de la liaison de son frère avec Rosalie. Avec la logique spéciale aux femmes, elle trouvait tout naturel que le poète eût un commencement d'intrigue avec une personne qui n'était pas libre. Elle admettait qu'aux hommes exceptionnels il faut une vie et une morale exceptionnelles comme eux, et cet amour pour une grande dame, en même temps qu'il satisfaisait les rêves d'orgueil formés pour son idole, ne lui prendrait jamais rien, elle le sentait. La passion pour Rosalie, au contraire, lui était apparue comme un vol fait à sa tendresse. C'est que Rosalie lui ressemblait, qu'elle était de son monde, que René, enfin, ne pouvait s'attacher à elle que pour l'épouser et se faire une nouvelle vie de famille. Elle avait donc eu un accès de joie silencieuse à constater l'amour naissant de son frère. Et elle aurait bien voulu que de nouvelles confidences vinssent aussitôt compléter les premières, celles qu'il lui avait faites à son réveil, quelques heures seulement après la soirée de madame Komof. Ces confidences n'étaient pas venues, et elle ne les avait pas provoquées. Sa tendre finesse pressentait que l'ouverture du cœur de René n'en serait que plus complète, spontanée. Elle attendait donc, épiant au fond de ces yeux, dont elle connaissait si bien chaque regard, les signes de cette joie exaltée qui est comme la fièvre du bonheur. Elle se taisait d'autant plus qu'elle ne voyait guère René qu'en présence de Fresneau. Avec la lâcheté trop naturelle dans certaines situations fausses, le poète s'en allait de la maison, aussitôt levé, pour n'y rentrer qu'à l'heure du déjeuner. Il s'échappait de nouveau jusqu'au dîner et il sortait encore après afin d'éviter toute rencontre avec Rosalie. Le professeur, lui, ne remarquait même pas ce changement d'habitudes, tant sa distraction était profonde. Il n'en allait pas de même de madame Offarel qui, venue deux soirs de suite avec ses deux filles et n'ayant pas rencontré celui qu'elle considérait de droit comme son gendre, ne craignit pas de souligner cette absence insolite :

— « Monsieur Larcher, » dit-elle, « présente donc M. René à une nouvelle comtesse tous les soirs, que nous ne le voyons plus jamais ici, ni chez nous d'ailleurs ? »

— « C'est vrai, » insista Fresneau, « on ne le voit plus. Où est-il allé ? »

— « Il s'est remis à son *Savonarole*, » répondit Émilie, « et il passe ses soirées à la bibliothèque. »

Le lendemain du jour où cette conversation avait été tenue, qui se trouvait être aussi le lendemain de la seconde visite chez Suzanne, la sœur fidèle entra chez son frère, dès le matin, pour tout lui rapporter. Elle le trouva qui préparait plusieurs feuilles d'un papier du Japon, dont elle lui avait fait présent autrefois. Il se proposait d'y copier, de son écriture la plus soignée, ceux de ses vers qu'il lirait à madame Moraines. La table était couverte de pages, noircies de lignes inégales. C'étaient ses poèmes, dont il avait déjà feuilleté la série. Émilie lui raconta son innocent mensonge, et il l'embrassa, tout joyeux, en disant :

— « Comme tu es fine ! »

— « Je suis ta sœur et je t'aime, » répondit-elle ; « c'est trop simple. » Et prenant quelques-uns des papiers épars : « Est-ce que vraiment tu te décides à préparer ton volume ?... »

— « Non, » fit-il, « mais je dois lire un choix de mes vers à une dame... »

— « A madame Moraines, » dit Émilie vivement.

— « Tu l'as deviné, » répondit le jeune homme avec un peu de trouble. « Ah ! si tu savais !... »

Et ce fut alors le débordement du flot amassé des confidences. Il fallut qu'Émilie écoutât un éloge enthousiaste de Suzanne et de ses moindres façons. René lui parlait dans la même phrase de l'admirable noblesse d'idées de cette femme et de la forme de ses petits souliers, de sa merveilleuse intelligence et du velours frappé de son buvard. Cet ébahissement puéril devant les minuties du luxe qui s'unissait à l'exaltation la plus poétique pour composer son amour, n'était pas fait pour étonner Émilie. Elle-même, n'avait-elle pas toujours associé dans sa tendresse pour son frère les plus grandes ambitions aux plus petits désirs ? Elle aurait souhaité, par exemple, presque avec la même ardeur, qu'il eût du génie et des chevaux, qu'il écrivît *Childe Harold* et qu'il possédât réellement les quatre mille livres de revenu de lord Byron. Elle était sur ce point aussi naïvement plébéienne que lui, de cette race, excusable, après tout, de confondre l'aristocratie réelle des sentiments avec l'autre, l'apparente aristocratie des formes extérieures de la vie. Quand on appartient à une famille qui a connu les dépressions morales du métier, la seconde de ces aristocraties apparaît si aisément comme la condition de la première! Aussi les détails qui eussent fait croire à un observateur malveillant que René aimait Suzanne pour son décor, et non pour elle-même, charmèrent Émilie au lieu de la choquer, et elle avait si bien épousé la passion de son frère qu'elle lui dit en le quittant :

— « Tu n'y es pour personne... Va, je saurai défendre ta porte... Mais tu me montreras les vers que tu lui liras... Choisis-les bien. »

Ce travail de classement et de copie trompa l'ardeur du jeune homme, et lui permit d'attendre, sans trop se ronger, le jour de sa nouvelle visite au paradis de la rue Murillo. Les heures de solitude, coupées seulement de conversations avec Émilie, s'en allaient dans une douceur tour à tour et dans une mélancolie singulières. Tantôt l'image de Suzanne s'évoquait devant lui, délicieuse. Il posait sa plume, et les objets qui servaient de cadre à ses séances de labeur s'évanouissaient, comme par magie. Au lieu des parois rouges de sa chambre, c'était le petit salon de madame Moraines qu'il avait sous les yeux. Il ne voyait plus ses chers Albert Durer, ses Gustave Moreau, ses Goya, son intime bibliothèque où l'*Imitation* coudoyait *Madame Bovary*, les deux arbres défeuillés du jardinet se profilant en noir sur le bleu du ciel... Mais Suzanne était près de lui, avec ses gestes menus et souples, son port de tête, certaine nuance de lumière sur l'or de ses cheveux, l'éclat de son teint et sa transparence rose. Cette apparition, qui n'avait rien d'un pâle et immatériel fantôme, parlait aux sens de René, d'une manière qui eût dû lui faire comprendre combien les attitudes de madame Moraines masquaient en elle la vraie femme, la courtisane voluptueuse et raffinée. Il ne s'en rendait pas compte, et, tout en la désirant physiquement jusqu'au délire, il croyait n'avoir pour elle que le culte le plus éthéré. C'est là un phénomène de mirage sentimental assez fréquent chez les hommes chastes, et qui les livre comme une proie sans défense aux plus grossières duperies. Cette incapacité de juger leurs propres sensations les rend plus incapables encore de juger les manœuvres des femmes qui remuent en eux tous les trésors accumulés de la vie. Le poète, en revanche, devenait parfaitement lucide, quand l'image de

Suzanne cédait la place à celle de Rosalie. En feuilletant au hasard ses papiers, il rencontrait sans cesse quelque page en tête de laquelle il avait écrit enfantinement : « Pour la fleur, » c'était Rosalie qu'il désignait ainsi aux temps déjà lointains où il l'aimait; alors il lui composait un petit poème presque chaque jour.

O Rose de candeur et de sincérité,

lui disait-il à la fin d'un de ces poèmes. Lorsque des vers pareils à celui-là tombaient sous ses regards, il devait encore poser la plume, et les choses autour de lui s'évanouissaient de nouveau, mais cette fois pour céder la place à une vision torturante... Le rez-de-chaussée des Offarel s'évoquait, froid et silencieux. La vieille mère allait et venait parmi ses chats. Angélique feuilletait son dictionnaire anglais, et Rosalie le regardait, lui, René. Oui, elle le regardait à travers l'espace, avec des yeux sans un reproche, mais où il lisait l'infinie détresse. Il savait, comme s'il eût été auprès d'elle, là-bas, et la douleur de sa jalousie, et qu'elle avait deviné son secret. Sans cela eût-il eu cette épouvante d'affronter ces yeux de jeune fille? Ah! s'il pouvait aller lui dire : « Ne soyons plus qu'amis!... » C'était son devoir d'agir de la sorte. La loyauté absolue est le seul moyen que l'on conserve de s'estimer soi-même dans ces tarissements d'amour qui sont comme les banqueroutes frauduleuses du cœur. Puis il repoussait cette loyauté par cette sorte de faiblesse où l'égoïsme a sa part autant que la pitié. Il reprenait la plume, il se disait, comme il avait fait dès le premier jour : « Gagnons du temps, » et il essayait de travailler. Il lui fallait s'interrompre de rechef, il sentait Rosalie souffrir. Il songeait aux nuits qu'elle passait à pleurer. Car, de cet être naïf et qui lui avait donné tout son cœur, il connaissait chaque habitude. Elle lui avait raconté bien souvent qu'elle n'avait que la nuit pour se livrer à ses peines, quand elles étaient trop fortes... Alors il appuyait sa tête dans ses mains, et il se disait : « Est-ce ma faute?... » jusqu'à ce que la vision passât.

Une loi de notre nature veut que nos passions soient d'autant plus fortes qu'elles ont eu plus d'obstacles à vaincre, en sorte que le remords de sa trahison envers la pauvre Rosalie eut surtout pour résultat d'aviver l'émotion de René tandis qu'il allait au rendez-vous fixé par madame Moraines. Cette dernière l'attendait de son côté avec une impatience presque fébrile, dont elle s'étonnait elle-même. Elle avait guetté le jeune homme à ses diverses sorties, puis à l'Opéra, quand le vendredi était revenu. Si elle avait rencontré ses yeux fixés sur elle avec cette naïve adoration, compromettante comme un aveu, elle aurait dit : « Quel imprudent !... » Ne pas le voir lui donna un petit accès de doute qui porta son caprice à son comble. Elle était d'autant plus profondément remuée par cette visite, qu'elle la considérait comme décisive. C'était la troisième fois qu'elle recevait René, et, sur ces trois fois, deux à l'insu de son mari. Elle ne pouvait, vis-à-vis de ses gens, aller au delà. Paul, qui n'y entendait pas malice, lui avait dit à dîner, deux jours auparavant :

— « Nous avons causé de René Vincy, Desforges et moi. Il ne lui a pas fait bonne impression. Décidément, il vaut mieux ne pas voir de près les auteurs dont on admire les œuvres... »

Si le domestique qui avait introduit le poète s'était trouvé dans la salle à manger, au moment où son mari prononçait cette phrase, Suzanne aurait dû parler. Le même hasard pouvait se reproduire, demain, après-demain. Aussi s'était-elle juré qu'elle trouverait, dans la conversation, un moyen de fixer à René un rendez-vous ailleurs que chez elle. Tout de suite l'idée lui était venue de quelque course avec le jeune homme, sous prétexte de curiosité : une rencontre à Notre-Dame, par exemple, ou dans quelque vieille église assez éloignée du Paris mondain pour qu'elle fût presque sûre de ne courir aucun danger. Elle avait compté, pour provoquer ce rendez-vous sans en avoir l'air, sur quelques vers à relever parmi ceux que René lui lirait. Elle était donc là, de nouveau en toilette de ville, car, ayant dû assister le matin à une messe de mariage, elle n'avait pas quitté sa robe mauve un peu parée, qui lui seyait comme une robe du soir, tant elle mettait en valeur les rondeurs de son buste, celles de ses épaules et la sveltesse de sa taille. Ainsi vêtue, assise sur un fauteuil bas qui lui permettait de montrer, en s'abandonnant un peu, la ligne adorable de son corps, elle pria le jeune homme, après les banalités forcées de tout début de causerie, de commencer sa lecture. Elle l'écoutait réciter sa poésie sans s'étonner de cet accent spécial, un peu chantant, un peu traînant, dont les cénacles actuels ont l'habitude. Son immobile visage et ses grands yeux intelligents semblaient indiquer la plus profonde attention. Quelquefois seulement, elle hasardait, — on eût dit malgré elle, — un : « Comme c'est beau!... » ou bien un : « Voulez-vous répéter ces vers-ci, je les aime tant!... » En réalité les vers du poète lui étaient aussi indifférents qu'inintelligibles. Il faut, pour pénétrer même superficiellement l'œuvre d'un artiste moderne, — lequel se double toujours d'un critique et d'un érudit, — un développement d'esprit qui ne se rencontre que chez un petit nombre de femmes du monde, assez amoureuses des choses de l'esprit pour continuer de lire et de penser, au milieu de la vie la plus contraire à toute étude et à toute réflexion. Ce qui tendait le joli visage de Suzanne et fixait ses yeux bleus, c'était le désir de ne pas laisser passer le mot inévitable auquel accrocher son projet. Mais les vers succédaient aux vers, les stances aux sonnets, sans qu'elle eût pu saisir de quoi justifier d'une manière vraisemblable le tour qu'elle voulait donner à l'entretien. Et quel dommage! Car les yeux de René, eux, qui se détachaient sans cesse de la page, sa voix qui se faisait voilée par instants, le tremblement de ses mains en tournant les feuilles, tout révélait que la comédie d'admiration achevait d'enivrer en lui le Trissotin qui veille chez tout auteur. Et il ne restait plus qu'une pièce !... Mais celle-là, que le poète avait gardée pour la fin, comme sa préférée, avait un titre qui fut pour Suzanne une révélation : *les Yeux de la Joconde*. C'était un assez long morceau, à demi métaphysique, à demi descriptif, dans lequel l'écrivain s'était cru original en rédigeant en vers sonores tous les lieux communs que notre âge a multipliés autour de ce chef-d'œuvre. Peut-être faut-il voir simplement, dans ce portrait d'une Italienne, une étude du plus franc naturalisme et du plus technique, une de ces luttes contre le métier qui paraissent avoir été la principale préoccupation de Léonard. N'aurait-il pas voulu saisir cette chose insaisissable, une physionomie en mouvement, et peindre ce qui n'est qu'une nuance aussitôt disparue, le passage de la bouche sérieuse au sourire? Toujours est-il que René, enfantinement fier que son nom ressemblât au nom du village qui sert à désigner le plus subtil des maîtres de la Renaissance, avait condensé là en trente strophes une philosophie entière de la nature et de l'histoire. Il aurait donné, pour ce pot-pourri symbolique, toutes les scènes du *Sigisbée*, qui n'étaient que naturelles et passionnées, — deux qualités bonnes pour les badauds ! Quel fut donc son ravissement d'entendre la voix de madame Moraines lui dire :

— « Si je me permettais d'avoir une préférence, je crois que c'est la pièce qui me plairait davantage... Comme vous sentez les arts ! C'est avec vous qu'il faudrait voir les chefs-d'œuvre des grands peintres. Je suis sûre que si j'allais au Musée en votre compagnie, vous me montreriez dans les tableaux tant de choses que je devine, sans les comprendre... J'ai fait souvent de longues séances au Louvre, mais toute seule. »

Elle attendit. Depuis que René avait commencé la lecture de cette dernière pièce, elle se disait : « Que je suis sotte de ne pas y avoir pensé plus tôt, » tout en clignant ses paupières comme pour mieux retenir un rêve de beauté. Elle avait prononcé sa phrase avec l'idée qu'il ne laisserait certainement point passer cette occasion de la revoir. Il lui proposerait une expédition ensemble au Louvre, qu'elle accepterait, après s'être savamment et suffisamment défendue. Elle vit la demande sur sa bouche, et aussi qu'il n'oserait pas la formuler. Ce fut donc elle qui continua :

— « Si je n'avais pas peur de vous voler votre temps ?... »

Puis, avec un soupir :

— « D'ailleurs nous nous connaissons trop peu. »

— « Ah ! Madame, » fit le jeune homme, « il me semble que je suis votre ami depuis si longtemps ! »

— « C'est que vous sentez combien peu je suis coquette, » répondit-elle avec un bon et simple sourire. « Et je vais vous le prouver une fois de plus. Voulez-vous me montrer le Louvre un des jours de la semaine qui vient ? »

XI

DÉCLARATIONS

Le rendez-vous avait été fixé pour le mardi suivant, à onze heures, dans le Salon Carré. Tandis qu'un fiacre la conduisait vers le vieux palais, Suzanne supputait, pour la dixième fois, les côtés dangereux de sa matinale escapade. « Non, ce n'est pas bien raisonnable, » concluait-elle, « et si Desforges sait que je suis sortie ? Bah ! il y a le dentiste... — Et si je rencontre quelqu'un de connaissance ? Ce n'est guère probable... — Hé bien ! je raconterai juste ce qu'il faut de la vérité. » C'était là un de ses grands principes : mentir le moins possible, se taire beaucoup, et ne jamais discuter les faits démontrés. Elle se voyait donc, disant à son mari, au baron lui-même, si le hasard rendait cette phrase nécessaire : « Je suis montée au Louvre en passant, ce matin. J'ai eu la bonne chance d'y trouver le jeune poète de la comtesse Komof, qui m'a un peu guidée dans le musée... Comme il a été intéressant !... » — « Oui, » se répondait-elle à elle-même, « pour une fois cela passera... Mais ce serait fou de recommencer souvent... » D'autres idées s'emparaient d'elle alors, moins sèchement positives. L'attente de ce qui se passerait dans cette entrevue avec René la remuait plus profondément qu'elle n'aurait voulu. Elle avait joué à la madone avec lui, et le moment était venu de descendre de l'autel où le jeune homme l'avait admirée pieusement. Son instinct de femme avait combiné un plan hardi : amener le poète à une déclaration, répondre par un aveu de ses sentiments à elle, puis le fuir comme en proie au remords, afin de se ménager le retour qui lui conviendrait, à elle. Ce plan devait, en bouleversant le cœur de René, suspendre en lui tout jugement et faire absoudre chez elle toutes les folies. Il était hardi, mais subtil, et par-dessus tout il était simple. Il n'allait pas néanmoins sans de réelles difficultés. Que le poète traversât une minute de défiance, et tout était perdu. Suzanne eut un battement de cœur à cette pensée. Que de femmes se sont trouvées, comme elle, dans cette situation singulière, d'avoir mis le mensonge le plus complexe au service de leur sincérité, si bien qu'elles doivent continuer leur personnage factice, pour que leurs véritables sentiments obtiennent satisfaction! Quand les hommes, pour qui ces femmes-là ont eu la tendre hypocrisie de jouer ainsi un rôle, découvrent ce mensonge, ils entrent d'ordinaire dans des indignations et des mépris qui attestent assez combien la vanité fait le fond de presque tous les amours. « Allons, » se dit Suzanne, « me voici à trembler comme une pensionnaire!... » Elle sourit à cette pensée qui lui fut une douceur, parce qu'elle lui prouva une fois de plus la vérité du sentiment qu'elle éprouvait, et elle sourit encore au moment où, descendue de son fiacre, elle traversa la cour carrée, de reconnaître à la grande horloge qu'elle arrivait bien exactement à l'heure : « Toujours la pensionnaire!... » se répéta-t-elle. Puis elle eut un petit passage de peur, à l'idée que si René arrivait, lui, derrière elle, il la verrait obligée de demander à un gardien l'entrée du musée, elle qui s'était vantée d'y venir sans cesse. Elle n'y avait pas mis trois fois les pieds dans sa vie, ces pieds fins qui traversaient la vaste cour dans leurs bottines lacées, comme s'ils avaient su le chemin depuis toujours. « Que je suis enfant! » reprenait la voix intérieure, celle de l'élève de Desforges, instruite sur la vie comme un vieux diplomate. « Il est là-haut, à m'attendre, depuis une demi-heure! » Elle ne put s'empêcher de jeter autour d'elle un regard inquisiteur, tandis qu'elle se renseignait auprès d'un des employés. Mais ses pressentiments de coquette ne l'avaient pas trompée, et elle ne fut pas plutôt à la porte qui débouche de la galerie d'Apollon sur le Salon Carré, qu'elle aperçut René, adossé contre la barre d'appui, au bas de la noble toile décorative de Véronèse qui représente la *Madeleine lavant les pieds du Sauveur*, et en face des célèbres *Noces de Cana*. Dans l'enfantillage de ses timidités, le pauvre garçon avait cru devoir s'endimancher de son mieux pour venir au-devant de cette femme, qui lui figurait, outre une madone, la « femme du monde, » — l'espèce d'entité vague et chimérique qui flotte devant le regard de tant de jeunes bourgeois, et leur résume le bizarre ensemble de leurs idées les plus fausses. Il avait la taille prise dans sa redingote la plus ajustée. Quoique le matin fût très froid, il n'avait point mis de pardessus. Il n'en possédait qu'un seul, et qui, datant du début de l'hiver, ne sortait pas de chez le tailleur où l'avait conduit son ami Larcher. Avec son chapeau haut de forme et tout neuf, ses gants neufs, ses bottines neuves, il était presque parvenu à se donner une tenue de gravure de mode qui contrastait assez comiquement avec sa physionomie romantique. Il aurait pu se rendre plus ridicule encore, que Suzanne aurait trouvé dans ce ridicule des raisons de le désirer davantage. Les femmes amoureuses sont ainsi. Elle se rendit compte qu'il avait eu peur de n'être pas assez beau pour lui plaire, et elle s'arrêta sur le pas de la porte, quelques secondes, afin de jouir de l'anxiété qu'exprimait le naïf visage du jeune homme. Quand il l'aperçut lui-même, quel soudain afflux de tout son sang sur ce visage qu'encadrait l'or soyeux de sa barbe blonde! Quel éclair dans le bleu sombre et angoissé de ses yeux! « C'est un bonheur qu'il n'y ait personne pour le voir m'aborder, » songea-t-elle; mais la blanche lumière qui tombait du plafond vitré du salon n'éclairait, en dehors d'eux, que des peintres en train de disposer leur chevalet ou leur échelle pour le travail de la journée, et des touristes, leur guide à la main. Suzanne, qui s'assura de cette solitude par un simple regard, put donc se laisser aller au plaisir que lui causait le trouble de René s'avançant vers elle, et, d'une voix étouffée par l'émotion, il lui disait :

— « Ah! je n'aurais jamais espéré que vous viendriez... »

— « Pourquoi donc? » répondit-elle avec un air de candeur étonnée. « Vous me croyez donc bien incapable de me lever matin? Mais quand je vais visiter mes pauvres, je suis debout et habillée dès les huit heures... » Et ce fut dit!... Sur un ton à la fois modeste et gai, — celui d'une personne qui ne croit pas raconter d'elle-même quelque chose d'extraordinaire, tant il lui semble naturel d'être ainsi, le ton d'un officier qui dirait : « Quand nous chargions l'ennemi... » Le plaisant était que de sa vie elle n'avait hasardé la pointe de son pied dans un intérieur de pauvre. Elle avait horreur de la misère comme de la maladie, comme de la vieillesse, et son égoïsme élégant ignorait presque l'aumône. Mais celui qui, en ce moment, aurait dévoilé cet égoïsme à René, lui aurait paru le plus infâme des blasphémateurs. Elle resta une minute, après avoir laissé tomber cette phrase de sœur de charité laïque, à en savourer l'effet. Les yeux de René traduisaient cette foi béate qui semble à ces jolies comédiennes une dette si légitime qu'elles disent volontiers, de celui qui la leur refuse, qu'il n'a pas de cœur. Puis, comme pour se soustraire à une admiration qui gênait sa simplicité, elle reprit :

— « Vous oubliez que vous êtes mon guide aujourd'hui. Je ferai celle qui ne connaît rien de tous ces tableaux. Je verrai si nous avons les mêmes goûts. »

— « Mon Dieu ! » pensa René, « pourvu que je ne lui montre pas quelques toiles qui lui donnent une mauvaise opinion de moi !... » Les femmes les plus médiocres excellent, pourvu qu'elles le veuillent, à mettre ainsi un homme qui leur est de tous points supérieur dans cette sensation d'infériorité. Mais déjà ils allaient, lui la conduisant auprès des chefs-d'œuvre qu'il supposait devoir lui plaire. Les grandes et les petites salles de ce cher musée, il les connaissait si bien ! Il n'y avait pas une de ces peintures à laquelle ne se rattachât le souvenir de quelque rêverie de sa jeunesse, tout entière passée à parer d'images de beauté la chapelle intime que nous portons tous en nous avant vingt ans, — pure chapelle que nos passions se chargent bien vite de transformer en un mauvais lieu ! Ces pâles, ces nobles fresques de Luini qui déploient leurs scènes pieuses dans l'étroite chambre, à droite du Salon Carré, qu'il était venu de fois prier devant elles, quand il souhaitait de donner à sa poésie le charme suave, la manière large et attendrissante du vieux maître lombard ! La sèche et puissante *Mise en croix* de Mantegna, dans l'autre petite salle, à l'entrée de la grande galerie, portion détachée du magnifique tableau de l'église San-Zeno à Vérone, il en avait repu ses yeux des heures entières, comme aussi du plus adorable des Raphaëls, de ce saint Georges qui assène un si furieux coup d'épée au dragon, — héros idéal en train d'éperonner un cheval blanc caparaçonné de harnais roses, sur une pelouse verte et fraîche, comme la jeunesse, comme l'espérance ! Mais les portraits surtout avaient fait l'objet de ses plus fervents pèlerinages, depuis ceux d'Holbein, de Philippe de Champaigne et du Titien, jusqu'à celui de cette femme fine et mystérieuse, attribuée simplement par le catalogue à l'école vénitienne, et qui porte un chiffre dans sa chevelure. Il aimait à croire, avec un habile commentateur, que ce chiffre signifie Barbarelli et Cecilia. — le nom du Giorgione et celui de la maîtresse pour laquelle la légende veut que ce grand artiste soit mort. Cette romanesque et tragique légende, il l'avait racontée jadis à Rosalie, dans une visite au Louvre et à cette même place, devant ce même portrait. Il se surprit la racontant à Suzanne, presque avec les mêmes mots :

— « Le peintre l'aimait, et elle l'a trahi pour un de ses amis... Il s'est représenté lui-même dans un tableau qui est à Vienne, regardant avec ses beaux yeux tristes cet ami qui s'approche de lui, et dans la main de ce Judas, placée derrière le dos, brille le manche d'un poignard... »

Oui, les mêmes mots !... Quand il les avait dits à Rosalie, elle avait levé vers lui ses prunelles où se lisait distinctement cette phrase : « Comment peut-on trahir celui qui vous aime ?... » Mais elle ne l'avait pas prononcée, au lieu que Suzanne, après avoir fixé avec une curiosité singulière l'énigmatique femme aux lèvres minces, au regard profond, soupira en secouant sa tête blonde :

— « Et elle a un air tellement doux. C'est effrayant de penser que l'on peut mentir avec une physionomie si pure !... »

Tout en parlant, elle aussi tournait vers le jeune homme ses prunelles, aussi claires que celles de Rosalie étaient sombres, et il sentit un étrange remords lui serrer le cœur. Par une de ces ironies de la vie intérieure, comme en produit le secret contraste des consciences, Suzanne, heureuse, jusqu'au ravissement, de cette promenade parmi les toiles qu'elles faisait semblant de regarder, s'amusait avec délices de l'impression que sa beauté produisait sur son compagnon, et pas une ombre ne passait sur son bonheur, tandis que lui, le candide enfant, se reprochait, comme une double perfidie, de conduire cette idéale créature à travers ces salles où il s'était déjà promené avec une autre ! La fatale comparaison qui, depuis sa rencontre avec madame Moraines, pâlissait, décolorait dans son esprit la pauvre petite Offarel, s'imposait plus forte que jamais. Le fantôme de sa fiancée flottait devant lui, humble comme elle, et il regardait Suzanne marcher, sœur vivante des beautés aristocratiques évoquées sur les toiles par les maîtres anciens. Ses cheveux dorés brillaient sous le chapeau du matin. Son buste se moulait dans une espèce de courte jaquette en astrakan. La petite étoffe grise de sa jupe tombait en plis souples. Elle tenait à la main un manchon, assorti à son corsage, d'où s'échappait un coin de mouchoir brodé, et elle élevait par instants ce petit manchon au-dessus de ses yeux, afin de se ménager le jour nécessaire à bien voir le tableau. Ah ! comment la présente n'eût-elle pas eu raison de l'absente, et la femme élégante de la modeste, de la simple jeune fille, — d'autant plus que chez Suzanne, toutes les délicatesses du goût esthétique le plus raffiné semblaient s'unir à ce charme exquis d'aspect et d'attitude ? Elle qui n'aurait pas su distinguer un Rembrandt d'un Pérugin, ou un Ribeira d'un Watteau, tant son ignorance était absolue, elle avait une façon d'écouter ce que lui disait René, et un art d'abonder dans le sens de ses idées, qui aurait fait illusion à de plus habiles connaisseurs du mensonge féminin, que ce poète de vingt-cinq ans. Il y avait même pour lui dans cette promenade quelque chose de si complet, une telle réalisation de ses plus secrètes chimères que cet extrême atteint lui faisait mal. L'heure avançait, et il se sentait saisi d'une émotion indéfinissable où tout se mélangeait : l'excitation nerveuse où la vue des chefs-d'œuvre jette toujours un artiste, le remords d'une coupable duplicité, comme d'une profanation de son passé par son présent, et de son présent par son passé, le sentiment aussi de la fuite irréparable de cette heure. Oui, elle s'en allait, cette heure douce que tant d'heures suivraient, vides, froides, noires, et jamais, non, jamais, il n'oserait demander à son adorable compagne de recommencer cette promenade ! Elle, la spirituelle épicurienne, était en train de prolonger le délice de cette possession morale du jeune homme, comme elle aurait prolongé le délice d'une possession physique. Voluptueusement, savamment, elle l'étudiait, sans en avoir l'air, du coin de son œil bleu, si doux entre ses longs cils d'or. Elle ne se rendait pas un compte exact de toutes les nuances d'idées qu'il traversait. Elle le connaissait déjà très bien dans l'intime de sa nature, mais elle ignorait presque tout des faits positifs de son existence, au point qu'elle se demandait parfois avec un tressaillement s'il n'était pas vierge. Elle ne pouvait pas suivre le détail des variations de sa pensée, mais elle n'avait pas de peine à constater qu'il la regardait maintenant beaucoup plus que les tableaux, et aussi qu'il roulait dans la détresse, minute par minute. Elle l'attribuait, cette détresse, à une brûlure de timidité qui lui plaisait tant à rencontrer. Elle y sentait un désir de sa personne, aussi passionné que craintif et respectueux. Et que cela lui plaisait d'être désirée, avec cette pudeur! Elle mesurait mieux l'abîme qui séparait son petit René, — comme elle l'appelait déjà tout bas, pour elle seule, — des hardis et redoutables viveurs qui composaient son milieu habituel. Ses regards, à lui, ne la déshabillaient pas. Ils l'aimaient. Ils souffraient aussi, et cette souffrance la décida enfin à se faire faire cette déclaration qu'elle s'était promis de provoquer.

— « Ah! mon Dieu! » s'écria-t-elle tout d'un coup, en s'appuyant d'une main à la barre qui court le long des tableaux, et levant vers René un visage où le sourire dissimulait une douleur aiguë. « Ce n'est rien, » ajouta-t-elle en voyant le jeune homme bouleversé, « je me suis un peu tourné le pied sur ce parquet glissant… » et, debout sur une de ses jambes et avançant ce pied soi-disant malade, elle le remua dans sa souple bottine, avec un gracieux effort. « Dix minutes de repos, et il n'y paraîtra plus, mais il faut que vous me serviez de bâton de vieillesse... »

Elle prononça ce triste mot avec sa bouche jeune, et elle prit le bras du poète qui l'aida presque pieusement à marcher, sans se douter que cet accident imaginaire n'était qu'un petit épisode de plus dans l'amoureuse comédie où il jouait son rôle, lui, de bonne foi. Elle avait soin de s'incliner un peu, pour que cette légère pesée de son corps redoublât en lui l'ardeur du désir, pour que sa gorge frôlât le coude du jeune homme et le fît tressaillir, pour que cette sensation du mouvement communiqué achevât de le griser. Et ce manège réussit trop bien. Il ne pouvait même plus parler, envahi qu'il était, pénétré, possédé par la présence de cette femme dont il respirait maintenant, d'une manière plus distincte, l'imperceptible parfum. A peine s'il se hasardait à la regarder, et il rencontrait alors, tout près de lui, ce profil, à la fois mutin et fier, cette joue comme idéalement rosée, la pourpre vive de ces lèvres sinueuses qu'un joli sourire de tendre malice plissait par instants, puis, quand leurs yeux se croisaient, ce sourire se changeait en une expression de sympathie ouverte qui rassurait la timidité de René. Cela, elle le sentait à la façon plus hardie dont il lui donnait le bras. Elle avait eu bien soin de choisir pour cette hypocrisie de sa fausse entorse une des salles les plus isolées qu'ils eussent traversées, celle des Lesueur. Ils suivirent ainsi, au bras l'un de l'autre, un petit couloir; ils entrèrent dans une des galeries de l'école française, et ils arrivèrent dans un salon, à cette époque-là tout sombre et désert, celui où se trouvaient appendus les grands tableaux de Lebrun représentant les victoires d'Alexandre. La galerie des Ingres et des Delacroix, qui débouche aujourd'hui sur ce salon, n'était pas ouverte alors, et au milieu se trouvait un grand divan rond garni de velours vert. C'était un coin, à cette heure-là et au milieu de Paris, plus abandonné qu'une salle de musée de province, et où l'on pouvait causer indéfiniment sans autre témoin que le gardien qui s'occupait lui-même à bavarder avec son collègue de la pièce voisine. Suzanne avisa cette place d'un coup d'œil; elle dit à René en lui montrant le canapé :

— « Voulez-vous que nous nous asseyions là un instant? Je suis déjà mieux... »

Il y eut entre eux un nouveau passage de silence. Tout les enveloppait de solitude, depuis le bruit de la cour du Carrousel qui leur arrivait, indistinct, par les deux hautes fenêtres, jusqu'à la demi-clarté de la salle. La détresse du jeune homme augmentait encore par ce tête-à-tête, qui aurait dû lui être un encouragement à se déclarer. Il se disait : « Qu'elle est jolie ! Qu'elle est fine !... Et elle va s'en aller, et je ne la verrai plus. Je dois tant lui déplaire, je me sens paralysé près d'elle, incapable de parler. » — « Jamais, » songeait Suzanne, « je n'aurai une meilleure occasion. »

— « Vous êtes triste, » reprit-elle tout haut, et le regardant avec des yeux où la coquetterie se déguisait en une sympathie affectueuse, presque celle d'une sœur : « Je l'ai bien vu dès mon arrivée, » continua-t-elle, « mais je ne suis pas assez votre amie pour que vous me disiez vos peines... »

— « Non, » fit René, « je ne suis pas triste. Comment le serais-je ? puisque je n'ai que des sujets de bonheur... »

Elle le regarda de nouveau avec une physionomie de surprise et d'interrogation qui signifiait : « Ces sujets de bonheur, dites-les-moi donc... » René crut lire cette demande en effet dans ces claires prunelles ; mais il n'osa pas comprendre. Il se jugeait, en toute sincérité de conscience, tellement inférieur à cette femme, que même découvrir, en entier, le culte qu'il lui avait déjà voué, lui paraissait au-dessus de ses forces.

Tout le séduisant manège de Suzanne, dans lequel il lui était impossible de reconnaître un calcul, cesserait du coup s'il parlait, et il reprit, comme si sa phrase se fût appliquée seulement aux circonstances générales de sa vie :

— « Claude Larcher me le dit souvent, que je n'aurai pas de plus belle époque dans ma destinée littéraire. Il y a quatre moments, prétend-il, dans l'existence d'un écrivain : celui où on l'ignore, celui où on l'acclame pour désespérer ses aînés, celui où on le diffame, parce qu'il triomphe ; le quatrième, où on lui pardonne, parce qu'on l'oublie... Ah ! que je regrette que vous ne le connaissiez pas mieux, il vous plairait tant !... Si vous saviez comme il aime les Lettres, c'est pour lui une religion !... »

— « Il est un peu trop naïf tout de même, » songea Suzanne, mais elle était trop intéressée au résultat de cet entretien pour se laisser aller à un mouvement d'impatience. Elle s'empara de ce que René venait de dire, et elle répondit, interrompant ainsi l'éloge inutile de Claude : « Une religion !... C'est vrai, vous sentez ainsi, vous autres... J'ai une de mes amies qui en a fait la mélancolique expérience et qui me le répète toujours : une femme ne devrait pas s'attacher à un artiste. Il ne l'aimera jamais autant qu'il aime son art... »

Elle prit, pour rappeler cette parole prêtée gratuitement à cette amie, aussi imaginaire que l'entorse, une physionomie douloureuse ; ses lèvres rouges s'ouvrirent dans un léger soupir, celui d'une âme qui a reçu de navrantes confidences, et qui prévoit, qui pressent pour elle-même des douleurs pareilles.

— « Mais c'est vous qui êtes triste, » dit René, saisi par l'altération soudaine de ce joli visage.

— « Allons donc !... » pensa-t-elle, et tout haut : « Laissons cela. Qu'est-ce que mes tristesses à moi peuvent vous faire ? »

— « Croyez-vous donc, » repartit René, « que vous soyez pour moi une indifférente ? »

— « Indifférente ?... non, » fit-elle en secouant la tête ; « mais quand vous m'aurez quittée, penserez-vous à moi autrement qu'à une personne sympathique, rencontrée par hasard, oubliée de même ? »

Jamais elle n'avait paru aussi délicieuse à René qu'en prononçant ces paroles, qui allaient jusqu'à l'extrémité de ce qu'elle pouvait se permettre sans détruire son œuvre. Sa main gantée était posée sur le canapé de velours, tout près du jeune homme. Il osa la prendre. Elle ne la retira pas. Ses yeux semblaient fixer une vision à travers l'espace. Avait-elle seulement pris garde au geste de René? Il y a des femmes qui ont ainsi une façon céleste de ne pas s'apercevoir des familiarités que l'on se permet avec leur personne. René serra cette petite main, et, comme elle ne le repoussait pas, il commença de parler, d'une voix que l'émotion rendait sourde, plus encore que la prudence :

— « Oui, vous devez penser cela, et je n'ai pas le droit de m'en étonner. Pourquoi croiriez-vous que mes sentiments à votre égard sont d'une autre sorte que ceux des jeunes gens que vous rencontrez dans le monde?... Et cependant, si je vous disais que, depuis le jour où je vous ai parlé chez madame Komof, ma vie a changé, et pour toujours. — Ah! ne souriez pas. — Oui! pour toujours! — Si je vous disais que je n'ai plus nourri qu'un désir : vous revoir ; que je suis monté chez vous, le cœur battant; que chaque heure, depuis lors, a augmenté ma folie; que je suis arrivé ici dans un ravissement et que je vais vous quitter dans un désespoir... Ah! vous ne me croyez pas... On admet cela dans les romans, ces passions qui vous envahissent le cœur, en entier, tout d'un coup et à jamais... Est-ce que cela arrive dans la vie?... »

Il s'arrêta, éperdu des phrases qu'il venait de prononcer. Il avait, en achevant de parler, cette impression étrange qui nous étreint, lorsque, dans un rêve, nous nous écoutons nous-même dire notre secret précisément à la personne à qui nous devrions nous cacher le mieux. Elle l'avait écouté, les yeux fixés devant elle, absorbée toujours. Mais ses paupières battaient plus vite, sa respiration se faisait plus courte. Sa petite main trembla dans la main de René. Ce fut pour lui une surprise si saisissante, quelque chose de si enivrant aussi, qu'il eut le courage de reprendre :

— « Pardon, pardon de vous parler comme je le fais ! Si vous saviez !... C'est enfantin et c'est fou !... Quand je vous ai vue pour la première fois, c'est comme si je vous avais reconnue. Vous ressemblez tant à la femme que j'ai rêvé de rencontrer, depuis que j'ai un cœur !... Avant cette rencontre, je croyais vivre, je croyais sentir... Ah ! que j'étais fou !... Ah ! que je suis fou !... Je me perds à vos yeux, je me suis perdu. — Mais du moins je vous aurai dit que je vous aimais... Vous le saurez. Vous ferez de moi ensuite ce que vous voudrez. — Mon Dieu ! que je vous aime ! que je vous aime !... »

Comme il la regardait avec idolâtrie, tout en répétant ces mots où se soulageait toute sa fièvre intérieure, il vit deux larmes tomber des yeux de Suzanne, deux lentes et douces larmes qui coulèrent sur ses joues roses, en y laissant comme des raies. Il ignorait que la plupart des femmes pleurent ainsi comme elles veulent, pourvu qu'elles soient un peu nerveuses. Ces deux pauvres larmes achevèrent de l'affoler.

— « Ah ! » s'écria-t-il, « vous pleurez !... Vous... »

— « N'achevez pas, » interrompit Suzanne en lui mettant la main sur la bouche et se retirant de René. Elle fixait sur lui des yeux où la passion se mêlait à une espèce d'étonnement épouvanté. « Oui, vous m'avez touchée ! Vous m'avez fait découvrir en moi-même des abîmes que je ne soupçonnais pas... Ah ! j'ai peur, peur de vous, peur de moi, peur d'être ici... Non ! nous ne devons plus nous revoir. Je ne suis pas libre. Je ne devais pas écouter ce que j'ai écouté... » Elle se tut, puis, lui prenant la main d'elle-même : « Pourquoi vous mentir ?... Tout ce que vous sentez, je le sens peut-être. Je ne le savais pas, je vous le jure, avant cette minute. Cette sympathie à laquelle je cédais et qui m'a fait venir vous rejoindre ce matin... Mon Dieu !... Ah ! je comprends, je comprends... Malheureuse, comme le cœur se laisse surprendre !... »

De nouvelles larmes tremblèrent à la pointe de ses cils. René se trouvait si bouleversé par les paroles qu'il venait de prononcer et d'entendre, qu'il ne put rien répondre, sinon :

— « Dites-moi seulement que vous me pardonnez... »

— « Oui, je vous pardonne, » répondit-elle en pressant sa main à lui faire mal, puis, d'une voix grave : « Je sens que je vous aime aussi... » Et, comme réveillée d'un songe : « Adieu, je vous défends de me suivre. C'est la dernière fois que nous nous serons parlé... »

Elle se leva. Son front était menaçant, ses regards trahissaient tous les effarouchements de l'honneur révolté. Il ne s'agissait plus du pied tourné sur le parquet glissant, ni de lassitude. Elle partit tout droit devant elle, et d'un air si courroucé que le jeune homme, écrasé par la scène qu'il venait d'affronter, la vit s'en aller, immobile, sans rien faire pour la retenir. Elle avait disparu depuis plusieurs minutes, lorsqu'il s'élança du côté par où elle s'était échappée. Il ne la trouva point. Tandis qu'il descendait un escalier, puis un autre, elle avait déjà traversé la cour carrée, et elle montait dans un fiacre qui l'emportait vers la rue Murillo. Elle était, dans ce coin de voiture, à la fois toute malicieuse et tout attendrie. Pendant le temps que René emploierait à chercher les moyens de la faire revenir sur sa résolution de rupture absolue, il ne réfléchirait pas à la rapidité avec laquelle sa pseudo-madone s'était laissé faire et avait fait elle-même une déclaration d'amour. Voilà pour la malice. Et le souvenir des phrases du jeune homme, de son visage transfiguré par l'émotion, de ses yeux exaltés, la ravissait, comme une promesse du plus ardent amour. Voilà pour l'attendrissement. Et elle caressait déjà le projet de lui appartenir, chez lui, dans cet intérieur si calme, si discret, si retiré, qu'il lui avait dépeint. Il allait lui écrire une fois, deux fois, elle ne répondrait pas. A la troisième ou à la quatrième lettre, elle ferait semblant de croire à un projet de suicide et elle tomberait chez lui — pour le sauver ! Comme elle en était là de ses réflexions, le hasard, ironique parfois à l'égal d'un méchant compère, lui fit apercevoir le baron Desforges qui traversait le boulevard Haussmann. Il se rendait chez elle sans doute pour lui demander à déjeuner. Elle regarda la mignonne montre d'or qu'elle portait pendue à un bracelet, il était à peine midi vingt. Elle serait rentrée bien à temps, et, après la joie de sa matinée, ce lui fut un plaisir exquis de baisser un peu le rideau de la portière en passant tout près de son amant, qui ne la vit pas.

XII

LOYAUTÉ CRUELLE

Quand René Vincy se retrouva devant la porte du musée sans avoir pu rejoindre Suzanne, un tourbillon d'idées contradictoires l'assaillit, si violent et si subit qu'il ne savait plus, à la lettre, où il était, ni où il en était. Le calcul de Suzanne ne l'avait pas trompée, et le double coup qu'elle venait de porter au jeune homme paralysait en lui toutes les puissances de l'analyse et de la réflexion. Si elle lui avait dit qu'elle l'aimait, tout simplement, il eût, sans doute, dans un suprême accès de lucidité, aperçu un contraste bien fort entre le caractère angélique, affecté par Suzanne, et la brusquerie de cette déclaration. Il eût dû reconnaître que les ailes de l'Ange lui tenaient bien peu aux épaules pour avoir été mises au vestiaire avec cette promptitude. Mais bien loin de les déposer, ces blanches ailes, cet ange venait de les déployer, toutes grandes, et de disparaître. « Elle m'aime et elle ne me pardonnera jamais de lui avoir arraché cet aveu, » se disait René. Il croyait, de bonne foi, qu'elle l'avait quitté avec la résolution de ne plus le revoir, et cette idée absorbait toutes les forces vives de son esprit. Comment faire revenir sur une telle décision une créature si sincère qu'elle n'avait pu dissimuler son cœur, si pieuse qu'elle s'était aussitôt reproché comme un crime la plus involontaire des confessions? Et le jeune homme la revoyait avec l'effroi peint sur son visage, avec des larmes au bord de ses cils... Il marchait tout droit devant lui, parmi ces pensées, incapable en ce moment de supporter la vue d'un être humain, fût-ce Émilie, sa chère confidente. Il prit un fiacre et se fit conduire jusqu'aux portes de Paris, du côté de Saint-Cloud. Il jeta ce nom au cocher, instinctivement, parce que Suzanne lui avait décrit, au cours d'une conversation, deux fêtes auxquelles elle avait assisté dans ce château, toute jeune. Il éprouva un sauvage plaisir, une fois descendu de voiture, à s'enfoncer dans le bois dépouillé. Le feuillage sec criait sous ses pas. Le ciel bleu et froid de l'après-midi de février se développait sur sa tête. Par instants il apercevait, à travers un entrelacement de troncs noirs et de branches nues, la ruine mélancolique du vieux château et l'eau glauque du bassin sur lequel madame Moraines avait vu jadis se promener en barque le malheureux et noble prince, tué au Cap! Ces impressions d'hiver, ces souvenirs d'un passé tragique flottaient autour du jeune homme, sans distraire sa rêverie du point fixe qui l'hypnotisait, pour ainsi dire : par quels procédés vaincre la volonté de cette femme dont il était aimé, qu'il aimait, qu'il voulait à tout prix revoir? Que faire? Se présenter chez elle et forcer sa porte? S'imposer à elle en courant les salons où elle pouvait aller? L'importuner de sa présence au tournant des rues et dans les théâtres? Toute sa délicatesse répugnait à une conduite où Suzanne pût trouver une seule raison de l'aimer moins. Non, c'était d'elle qu'il désirait tout tenir, même le droit de la contempler! Il avait, dans son adolescence et les pures années de sa première jeunesse, nourri son cœur de tant de chimères, qu'il pensa sincèrement à ne plus rien tenter pour se rapprocher d'elle, et à lui obéir, comme auraient fait Dante à sa Béatrice, Pétrarque à sa Laure,

Cino de Pistoie à sa Sylvie, ces fiers poètes en qui s'exprime la noble conception, élaborée par le moyen âge, d'un amour imaginatif et pieux, tout de renoncement et de spiritualité. Il avait tant goûté autrefois la *Vie nouvelle* et les sonnets de ces rêveurs à leurs Dames mortes. Comment cette littérature sublimée et presque monacale aurait-elle tenu contre le venin de passion sensuelle que la beauté de Suzanne et son luxe lui avaient insinué dans le sang, à son insu?... Lui obéir?... Non, il ne le pouvait pas. Les projets tourbillonnaient de nouveau dans sa tête, et il usait ses nerfs par du mouvement, seul remède à cette horrible souffrance, l'agonie de l'inquiétude. Le soir tomba, un soir d'hiver au crépuscule sinistre et court. Ce fut alors qu'épuisé par l'excès de l'émotion, René finit par s'arrêter à la seule décision immédiatement exécutable : écrire à Suzanne. Il gagna le village de Saint-Cloud, il entra dans un café, et ce fut là, sur un buvard infâme, avec une plume écachée, au bruit des billes de billard poussées par des fumeurs de pipes, sous l'œil narquois d'un garçon malpropre, qu'il composa une première lettre, puis une seconde, et cette troisième enfin, — avec quelle honte du papier qu'il employait et de l'endroit où il se trouvait! Il lui eût été insoutenable que Suzanne le vît ainsi; mais, d'autre part, il se sentait incapable d'attendre son retour à sa maison pour lui dire ce qu'il avait à lui dire, et voici en quels termes, dont le baron Desforges fût demeuré profondément étonné, s'il les avait lus adressés à sa Suzette de la rue du Mont-Thabor, s'épanchait le trop-plein de son angoisse :

Je viens de vous écrire plusieurs lettres, madame, et que j'ai déchirées, et je ne sais si je vous enverrai celle-ci, tant la crainte de vous déplaire me fait trouver indélicate l'expression de sentiments qui ne vous déplairaient pas, eux, si vous pouviez les voir. Hélas! on ne voit pas les cœurs, et me croirez-vous quand je vous dirai que l'émotion qui me dicte cette lettre n'a rien dont doive s'offenser même la plus délicate, même la plus pure des femmes, même vous, Madame?... Mais vous me connaissez si peu, et le sentiment que vous m'avez laissé voir, avec la divine sincérité d'une âme qui répugne à tous les mensonges, a été une telle surprise que, peut-être, à l'heure où j'écris ces lignes, vous l'avez déjà pour toujours banni, effacé, condamné. Ah! s'il en était ainsi, ne répondez pas à cette lettre. Ne la lisez même pas. Je saurai comprendre ce silence et accepter cet arrêt. Je souffrirai cruellement, mais avec un merci pour vous qui ne cessera jamais, un merci pour m'avoir donné dans ma vie cette joie absolue, complète, de voir l'Idéal de tous mes songes de jeune homme marcher et vivre devant moi. De cela, voyez-vous, quand je devrais mourir de douleur pour vous avoir rencontrée et aussitôt perdue, je ne vous serai jamais assez reconnaissant. Vous m'êtes apparue, et par votre seule existence vous m'avez attesté que cet Idéal ne mentait pas ! Quelque dure que me soit jamais la vie, ce cher, ce divin souvenir me suivra comme un talisman, comme un magique charme...

Mais, tout indigne que je sois, si le sentiment que j'ai vu passer dans vos yeux ; — qu'ils étaient beaux à cette minute, et comme je me les rappellerai toujours ! — oui, si ce sentiment survit en vous au passage de révolte qui vous a saisie ce matin, si cette sympathie, dont vous vous êtes reproché la violence, demeure vivante dans votre cœur, si vous restez, malgré vous, celle qui a pleuré en m'écoutant lui dire mon ravissement, mon adoration, mon culte ; alors, je vous en conjure, Madame, de cette sympathie, de cette émotion tirez un peu de pitié ; avant de confirmer cet arrêt auquel je suis tout prêt à me soumettre, ce terrible arrêt de ne plus vous revoir, laissez-moi vous demander de me permettre une seule épreuve. Cette demande est si humble, si résignée à vos ordres. Ah! Écoutez-la! Si j'ai deviné juste à travers les conversations trop courtes, trop rapides qu'il m'a été donné d'avoir avec vous, votre vie, sous son apparence comblée, est déshéritée de bien des choses. N'avez-vous jamais éprouvé le besoin auprès de vous d'un ami à qui vous pourriez tout dire de vos peines, d'un ami qui ne vous parlerait plus comme il a osé le faire une fois, mais qui serait là, heureux de respirer dans votre air, content de votre joie, triste de vos tristesses, un ami sur qui vous compteriez, que vous prendriez, que vous laisseriez, sans qu'il se plaignît; un être à vous enfin, et dont toutes les pensées vous appartiendraient? Cet ami sans espérance criminelle, sans désir que de se dévouer, sans regrets que de ne pas vous avoir toujours servie, c'est cela que je rêvais de devenir avant cette entrevue où l'émotion a été plus forte que ma volonté. Et je sens que je vous aime assez pour réaliser ce rêve, encore maintenant. Non! ne secouez pas votre tête. Je suis sincère dans ma supplication, sincère dans ma volonté de ne plus jamais prononcer un mot qui vous force à vous repentir de votre indulgence, si vous m'accordez d'essayer seulement cette épreuve. Mais ne serez-vous pas toujours à temps de me rejeter loin de vous, le jour où vous verrez que je suis prêt à enfreindre l'engagement que je prends ici ?

Mon Dieu ! que les phrases me manquent ! Mon cœur tremble à l'idée que vous lirez ces lignes, et voici que je puis à peine les tracer. Que répondrez-vous ? Me rappellerez-vous dans ce sanctuaire de la rue Murillo où vous m'avez été si bonne déjà, si complètement douce et bonne que songer à ces minutes, passées là auprès de vous, c'est comme me parer le cœur avec un lis ? Ah ! dans ce cœur il n'y a pour vous que dévouement, admiration obéissante et prosternée. Dites, dites le mot : « Je vous pardonne. » Dites : « Je vous permets de me revoir. » Dites : « Essayez, essayons d'être amis. » Vous le diriez, si vous pouviez lire en moi jusqu'au fond. Et si vous ne le dites pas, ce ne sera ni un murmure, ni un reproche, ni rien que merci toujours. Un merci dans le martyre comme l'autre l'aurait été dans l'extase. Je comprends aujourd'hui que souffrir par ce qu'on aime est encore un bonheur !...

Il était six heures du soir, quand le jeune homme jeta cette lettre à la boîte. Il regarda l'enveloppe disparaître. Elle n'était pas plutôt échappée de sa main qu'il se mit à regretter de l'avoir envoyée, avec une angoisse de ce qui résulterait, pire que son anxiété de toute l'après-midi. Dans le désarroi de ses idées, il avait entièrement oublié les habitudes de sa vie de famille, et que jamais il n'était demeuré une journée entière hors de la maison sans prévenir. Il prit son dîner dans un cabaret de hasard sans penser davantage aux siens, tout entier au dévorant calcul de ses hypothèses sur la conduite que Suzanne tiendrait après la lecture de sa lettre. Le premier détail qui le réveilla de ce somnambulisme à demi lucide fut l'exclamation de Françoise lorsque, revenu à pied et vers neuf heures et demie, il ouvrit la porte de l'appartement de la rue Coëtlogon et se trouva nez à nez avec l'Auvergnate qui faillit en laisser tomber sa lampe :

— « Ah! monsieur, » s'écria la brave fille, « si vous saviez quelle inquiétude vous avez baillée à madame Fresneau, qu'elle en a les sangs tournés... »

— « Comment, » dit René à Émilie qui se précipita dans le couloir au-devant de lui, « tu t'es tourmentée parce que tu ne m'as pas vu rentrer?... Ne me reproche rien, » ajouta-t-il tout bas en l'embrassant, « c'est à cause d'Elle... »

La jeune femme, qui avait réellement traversé une fin de journée cruelle, regarda son frère. Elle le vit bouleversé lui-même, avec la fièvre dans les yeux; elle ne trouva plus la force de lui reprocher cet égoïsme naïf qui avait tenu si peu de compte des déraisonnables susceptibilités de son imagination; — il les connaissait pourtant si bien, — et elle lui répondit, tout bas, elle aussi, en lui montrant la porte entr'ouverte de la salle à manger :

— « Les dames Offarel sont là... »

Cette simple phrase suffit pour que la fièvre de René changeât soudain de caractère. Une appréhension angoissée lui succéda. Dans le plus doux moment de sa promenade au Louvre, ce matin, l'image de Rosalie avait eu le pouvoir de le faire souffrir, — quand il était auprès de Suzanne! Et maintenant il lui fallait, sans préparation, revoir, en face, non plus cette image, mais la jeune fille elle-même, rencontrer ces yeux qu'il avait évités lâchement depuis des jours, subir cette pâleur dont il se savait la cause! La sensation de sa perfidie lui revint, plus douloureuse, plus aiguë qu'elle n'avait jamais été. Il avait dit des mots d'amour à une autre femme, sans s'être délié de ses engagements envers celle qui se considérait à juste titre comme sa fiancée. Il entra dans la salle à manger comme il eût marché au supplice, et il ne fut pas plutôt en pleine clarté de la lampe qu'il sentit au regard de Rosalie qu'elle lisait dans son cœur, comme dans un livre ouvert. Elle était assise entre Fresneau et madame Offarel, travaillant comme d'habitude, les pieds posés sur une chaise vide où elle avait placé son peloton de laine et le chapeau de son père ; René comprit par quelle innocente ruse, afin qu'à son arrivée il fût obligé de se mettre auprès d'elle. Elle et sa mère tricotaient des mitaines longues, destinées à être portées au bureau par le vieil Offarel qui se prétendait maintenant menacé de la goutte aux poignets ! Ce père chimérique était là, lui aussi, buvant malgré ses craintes de malade imaginaire, un grog très fort, et jouant au piquet avec le professeur. C'était Emilie qui avait proposé cette partie pour éviter la conversation générale et se livrer toute à l'idée de son frère absent. Angélique Offarel l'avait aidée, de son côté, à débrouiller des écheveaux de soie. Cette scène d'humble intimité s'éclairait d'une douce lueur, et le poète y retrouva du coup le symbole de ce qui avait fait si longtemps son bonheur, de ce qu'il avait quitté pour toujours. Heureusement pour lui, la grosse voix du professeur s'éleva tout de suite et l'empêcha de se livrer à ses réflexions :

— « Hé bien ! » disait Fresneau, « tu peux te vanter d'avoir pour sœur une personne raisonnable ! Ne parlait-elle pas de passer la nuit à t'attendre ? Mais il aurait envoyé une dépêche... Mais il lui est arrivé un malheur !... Pour un peu, elle m'aurait chargé de passer à la Morgue... Et je lui disais : René a été retenu a déjeuner et à dîner... Allons, père Offarel, à vous de donner. »

— « J'ai dû faire une visite à la campagne, » répondit René, « et j'ai manqué le train, voilà tout. »

— « Comme il sait mal mentir ! » se dit Émilie qui se surprit admirant son frère de cette maladresse, signe d'une habituelle droiture, comme elle l'eût admiré d'être adroit jusqu'au machiavélisme.

— « Je vous trouve l'air un peu pâlot, » dit madame Offarel agressivement, « est-ce que vous êtes souffrant ? »

— « Ah ! monsieur René, » interrompit Rosalie avec un timide sourire, « voulez-vous que je vous fasse une place ici, je vais ôter le chapeau de père. »

— « Donne-le-moi, » dit le vieil employé en avisant un coin libre sur le buffet, « il sera plus en sûreté ici. C'est mon numéro un, et la maman me gronderait s'il lui arrivait malheur. »

— « Il y a si longtemps qu'il est numéro un !... » s'écria Angélique en riant : « Tiens, papa, voilà un vrai numéro un, » et la rieuse prit le chapeau de René qu'elle fit reluire à la lampe en montrant à côté le couvre-chef du bonhomme dont la soie râpée, la couleur rougeâtre et la forme démodée ressortirent plus encore par le contraste.

— « Mais rien n'est trop beau pour M. René maintenant, » fit madame Offarel avec son acrimonie ordinaire, et, tournant sa rancune du côté d'Angélique dont l'action lui avait déplu : « Tu seras bien heureuse si ton mari est toujours aussi bien mis que ton père... »

René s'était assis cependant à côté de Rosalie. Il n'avait pas relevé l'épigramme de la terrible bourgeoise, et il ne se mêla pas davantage au reste de la conversation, que la sage Émilie fit aussitôt dévier du côté de la cuisine. Sur ce sujet madame Offarel se passionnait presque autant que sur Cendrette, Raton, Petit-Vieux, et Beaupoil, ses quatre chats. Elle ne se contentait pas d'avoir des recettes à elle pour toutes sortes de plats, tels que le coulis d'écrevisses, son triomphe, et le canard sauce Offarel, comme elle l'avait dénommé elle-même, son orgueil. Elle possédait aussi des adresses particulières pour les diverses fournitures, traitant Paris comme le Robinson de Daniel de Foë traite son île. De temps à autre, elle faisait de véritables descentes dans certains quartiers, à des distances infinies de la rue de Bagneux, allant pour sa provision de café dans tel magasin, et pour les pâtes d'Italie dans tel autre. Elle savait qu'à un certain jour du mois, certain marchand recevait un arrivage de mortadelles, et cet autre d'olives noires, à une autre date. C'étaient, à chaque fois, des voyages dont le moindre épisode faisait événement. Tantôt elle allait à pied, et ses observations étaient innombrables sur les démolitions de Paris, l'encombrement des rues, la supériorité de l'air respirable dans la rue de Bagneux. Tantôt elle prenait l'omnibus avec une correspondance, et ses voisins devenaient l'objet de ses remarques. Elle avait vu une grosse dame très aimable, un petit jeune homme impertinent; le conducteur l'avait reconnue et saluée; la voiture avait failli verser trois fois; un vieillard décoré avait eu beaucoup de mal à descendre. « J'ai bien cru qu'il tomberait, le pauvre cher monsieur... » Cet abus de détails insignifiants, où se complaisait la médiocrité d'esprit de la pauvre femme, divertissait René d'ordinaire parce que la bourgeoise trouvait quelquefois, dans son flux de paroles, quelque tournure imagée. Elle disait, par exemple, parlant d'un de ses compagnons de voyage qui faisait la cour à une cuisinière chargée de son panier : « Il y a des gens qui aiment les poches grasses... » ou de deux personnages qui s'étaient pris de querelle : « Ils se disputaient comme deux Darnajats... » terme mystérieux qu'elle avait toujours refusé de traduire. Mais, ce soir, le contraste était trop complet, entre l'excitation romanesque où l'entretien avec Suzanne avait jeté le poète, et les mesquineries de ce milieu, dans lequel il était né cependant. Il ne se disait pas que des misères analogues font l'envers de toute existence, et que les dessous du monde élégant sont composés de basses rivalités, de dégoûtants calculs pour paraître plus que l'on est, de compromis de conscience, auprès desquels les petitesses de la vie bourgeoise apparaissent comme empreintes de la plus délicieuse bonhomie. Il regardait Rosalie, et la ressemblance de la jeune fille avec sa mère l'impressionnait d'une manière intolérable. Elle était jolie pourtant. Son visage allongé, que pâlissait un visible chagrin, prenait, à la lumière de la lampe et penché sur le tricot, des tons d'ivoire ; et, quand elle levait ses yeux vers lui, la sincérité du sentiment le plus passionné rayonnait dans ses douces prunelles. Mais pourquoi le noir de ces prunelles était-il de la même nuance que le noir des yeux de la vieille femme? Pourquoi était-ce, à vingt-quatre ans de distance, le même dessin du front, la même coupe du menton, le même pli de la bouche? Quelle injustice d'en vouloir à cette innocente enfant et de cette ressemblance, et de cette pâleur, et de ce chagrin, et du silence-même dont elle s'enveloppait! Hélas! Il suffit d'avoir des torts profonds envers une femme pour trouver en soi contre elle une inépuisable source de cette injustice-là. Rosalie commettait le crime inconscient de doubler de remords le sentiment que René portait à sa nouvelle amie. Elle représentait ce passé du cœur à qui nous ne pardonnons pas de se dresser comme un obstacle entre nous et notre avenir. Si perfides que soient en amour la plupart des femmes, leur infamie ne punira jamais assez les secrets égoïsmes de la plupart des hommes. Si René avait eu le triste courage de son camarade Claude Larcher, celui de se regarder en face et sans illusion, il aurait dû s'avouer que la cause vraie de sa mauvaise humeur contre Rosalie résidait surtout dans le fait que, lui, l'avait trompée. Mais c'était un poète, et qui excellait à jeter des voiles brillants sur les vilaines portions de son âme. Il se contraignit de penser à Suzanne, à ce noble amour qui avait grandi et fleuri en lui; et, pour la première fois, il prit la résolution ferme de rompre définitivement avec la jeune fille, en se disant : « Je serai digne d'*Elle*, » — et cette *Elle*, c'était la femme, perverse et menteuse, qui avait sur la douce, la simple, la sincère enfant, cette supériorité d'un merveilleux décor, d'une rare science de la toilette, d'une incomparable singerie sentimentale, et d'une beauté profondément, intimement troublante. Cette beauté traversait de nouveau l'imagination ensorcelée de René à la minute même où le père Offarel donna le signal du départ en se levant et en disant à Fresneau :

— « Je vous gagne quatorze sous... Hé ! hé ! mes cigares de la semaine... Allons ! » ajouta-t-il en se tournant vers sa femme, « les dames sont-elles prêtes ? »

— « Puisque nous sommes tous ici, » reprit madame Offarel, et elle souligna le mot « tous » par un coup d'œil lancé du côté de René, « quand venez-vous dîner à la maison ? Samedi vous conviendrait-il ? C'est le jour de M. Fresneau, je crois... » Et sur la réponse affirmative du professeur, elle s'adressa au jeune homme, directement, cette fois : « Et vous aussi, René ? Oh ! d'abord, vous serez mieux chez nous, que chez tous ces gens riches où M. Larcher va faire le pique-assiette... »

— « Mais, Madame... » interrompit le poète.

— « Paix ! Paix ! » fit la vieille dame ; « pour moi, je me rappelle toujours ce que disait bonne maman : vaut mieux un morceau de pain bis chez soi qu'une dinde truffée chez les autres... »

Quoique la réflexion de la mère de Rosalie fût une simple bêtise, appliquée au malheureux

Claude, qu'une dyspepsie très avancée rendait le plus souvent incapable de boire même un verre de vin fin, elle blessa René comme aurait fait la plus juste des épigrammes dirigée contre son ami. C'est qu'il y voyait le dernier signe d'une hostilité passionnée, et qui ne pouvait que s'accroître, entre son ancien milieu et la nouvelle vie, entrevue, espérée, convoitée, depuis le matin, avec tant d'ardeur. Il y avait un droit de ces gens-là sur lui, droit plus complet encore que ne le croyait madame Offarel, puisqu'il était lié à Rosalie par un accord tacite. Il eut alors un nouveau passage de dureté contre cette pauvre enfant, et il se dit plus âprement encore que tout à l'heure : « Je romprai. » Il se coucha sur cette décision, et ne put dormir. Il avait changé de courant d'idées. Il pensait à sa lettre, maintenant. Elle devait être arrivée, et voici que la série des dangers non prévus se développa au regard de son imagination. Si le mari de Suzanne l'interceptait, cette lettre? Un frisson le saisissait à l'idée des malheurs que son imprudence pouvait attirer sur la tête de cette pauvre femme, aux prises avec un tyran dont la brutalité devinée lui causait une telle horreur. Et puis, même arrivée à bon port, si cette lettre déplaisait à Suzanne? Et elle lui déplairait. Il cherchait à s'en rappeler le détail. « Comment ai-je été assez fou pour lui écrire ainsi ? » se disait-il, et il souhaitait que la lettre se perdît en route. Il calculait qu'un pareil accident se produit quelquefois, alors qu'on désire exactement le contraire. Pourquoi ne se produirait-il pas, alors qu'on le désire?... Il avait honte d'une telle puérilité d'imagination. Il l'attribuait à l'énervement de sa soirée et il se reprenait à maudire les petitesses d'esprit de madame Offarel. Sa mauvaise humeur contre la mère paralysait par instants toute pitié pour la fille. Il passa la nuit ballotté ainsi entre ces deux sortes de tourments, jusqu'à ce qu'il s'endormît de ce lourd sommeil des quatre heures qui assomme plutôt qu'il ne repose ; et, à son réveil, la première idée qu'il retrouva en lui-même fut sa volonté de rupture qui s'était encore affermie durant ce sommeil.

Quel moyen employer, cependant? Il y en avait un tout simple : demander à la jeune fille un rendez-vous. C'était si aisé ! Que de fois elle l'avait ainsi prévenu des heures où madame Offarel devait sortir ; et il allait rue de Bagneux, sûr de trouver Rosalie seule à la maison avec Angélique, et cette dernière, par une complicité de sœur analogue à celle d'Émilie, avait bien soin de laisser les deux amoureux causer tranquillement ensemble. Oui, c'était là le moyen le plus loyal. Mais le jeune homme ne se sentit pas la force de seulement supporter l'idée de cette conversation. Il y a une forme déshonorante de la pitié qui apparaît dans des crises pareilles. Elle consiste à reculer devant la vue directe des souffrances que l'on cause. On veut bien torturer la femme que l'on abandonne. On ne veut pas regarder couler ses larmes. René pensa tout naturellement à s'épargner cette émotion insoutenable en écrivant, cette ressource des volontés lâches dans toutes les ruptures. Le papier souffre tout, dit le peuple. Il se leva pour commencer une lettre qu'il dut interrompre. Il ne trouvait pas ses mots. Pendant ces hésitations, l'heure approchait de la première visite du facteur. Quoiqu'il fût parfaitement insensé d'attendre par ce courrier la réponse de Suzanne, le cœur de l'amoureux battit plus vite lorsque Émilie entra dans sa chambre, apportant, comme d'habitude lorsqu'elle le savait réveillé, le journal et la correspondance. Ah! S'il eût aperçu sur une des trois enveloppes que lui tendit sa sœur cette élégante et longue écriture, reconnaissable pour lui entre toutes les autres, quoiqu'il ne l'eût vue que sur un seul billet! Mais non, ces enveloppes contenaient trois lettres d'affaires qu'il jeta de côté avec un énervement dont s'inquiéta cette pauvre sœur, et elle lui demanda :

— « Tu as un chagrin, mon René? »

Tandis que la jeune femme posait cette question, un si entier dévouement éclatait sur son visage, ses yeux exprimaient une si vive, une si vraie tendresse pour son frère, qu'elle apparut à ce dernier comme un ange sauveur au sortir des troubles de cette cruelle nuit. Ces mots de rupture qu'il n'osait pas formuler lui-même, qu'il ne savait pas écrire, pourquoi ne chargerait-il point Émilie de les prononcer? Avec la précipitation dont sont coutumiers les caractères faibles, il n'eut pas plutôt entrevu ce moyen d'action qu'il s'en empara presque fébrilement, et il se mit, les larmes aux yeux, à raconter l'état de détresse où il se trouvait par rapport à Rosalie. Tout ce que sa sœur ignorait de ses relations, il le lui révéla. Par une sorte de mirage intime comme en produisent les confessions, et à mesure que ce récit se détaillait, des sentiments nouveaux naissaient dans son cœur, venant à l'appui de sa résolution actuelle. — C'étaient ceux-là mêmes qu'il aurait dû éprouver à l'époque où il accomplissait les actes dont il se reconnaissait maintenant coupable. Quand il avait noué son intrigue, — intrigue innocente en fait, mais cependant clandestine, — il ne s'était pas dit que la stricte morale défend d'avoir un engagement secret avec une jeune fille, et que de l'habituer ainsi à tromper la surveillance de ses parents constitue la plus dangereuse des éducations. Il ne s'était pas dit qu'un homme d'honneur n'a pas le droit de déclarer son amour avant d'avoir éprouvé la solidité de cet amour, et que si l'ardeur de la passion excuse bien des faiblesses, l'appétit de l'émotion ne fait qu'aggraver ces mêmes faiblesses. Ces reproches et d'autres encore lui venaient à l'esprit et aux lèvres, tandis qu'il parlait, et il reconnaissait aussi au visage d'Émilie combien il avait abusé cette sœur confiante. Dans un cercle d'étroite, d'absolue intimité, de telles dissimulations comportent un je ne sais quoi de profondément attristant pour les personnes qui en ont été les victimes. Mais si madame Fresneau éprouva cette tristesse voisine de la déception, elle la traduisit tout entière en sévérité contre la jeune fille, contre elle seule, et elle s'écria naïvement, lorsque son frère lui eut expliqué le service qu'il attendait d'elle :

— « Je ne l'aurais jamais crue si en dessous. »

— « Ne la juge pas mal, » fit René avec honte. Si toutes ces amours étaient demeurées cachées, à qui la faute ? Et il reprit : « C'est moi qui suis le coupable... »

— « Toi ! » dit Émilie en l'embrassant. « Ah ! Tu es trop bon, trop tendre !... Mais je ferai ce que tu veux, et je te promets d'avoir une légèreté de main!... Comme tu as eu raison de t'adresser à moi!... Nous autres femmes, nous savons l'art de tout dire... Et puis, c'est vrai, la loyauté t'oblige à faire cesser une situation trop fausse... » Et elle ajouta : « Le plus tôt vaudra le mieux; j'irai rue de Bagneux dès cette après-midi; je la trouverai seule, ou bien je lui demanderai un rendez-vous. »

Malgré la confiance qu'elle avait témoignée dans sa propre habileté, la jeune femme sentait si bien, à la réflexion, les difficultés de son ambassade, qu'elle laissa voir, au déjeuner, un visage soucieux dont s'inquiéta naïvement son mari et que René dut regarder avec remords. N'y avait-il pas, dans le fait d'employer ainsi une tierce personne, pour apprendre la vérité à Rosalie, quelque chose de particulièrement cruel envers la pauvre enfant, une humiliation ajoutée à l'inévitable douleur? Quand sa sœur vint lui dire adieu, tout habillée, avant de se rendre chez les dames Offarel, il fut sur le point d'empêcher cette visite. Il en était temps encore... Puis il la laissa partir. Il entendit la porte se fermer. Émilie était dans l'allée, elle prenait la rue d'Assas, celle du Cherche-Midi. Mais l'accès de rêverie triste qui avait envahi le poète ne tint pas contre la pensée de l'arrivée du prochain courrier. Suzanne avait certainement reçu sa lettre ce matin. Si elle avait répondu tout de suite, cette réponse allait être là... Cette idée, et l'approche toute voisine de l'instant où elle se vérifierait, suspendirent du coup sa pitié pour sa petite amie abandonnée. Si compliquée que soit la subtilité d'un cœur, l'amour le simplifie singulièrement. René était en proie à cette inquiétude que tous les amants connaissent, depuis le simple soldat qui espère de sa payse un billet sans orthographe, jusqu'au jeune prince héritier en correspondance sentimentale avec la plus spirituelle et la plus coquette des dames du palais. L'homme veut se reprendre à ses occupations ordinaires; l'esprit veille, qui compte les minutes et ne peut pas soutenir la sensation de la durée. On regarde l'horloge et l'on suppute toutes les chances possibles. Si l'on osait, on poserait pour la vingtième fois cette ridicule question : « Il n'y a rien ? » à la personne chargée de vous remettre vos lettres. C'est l'attente avec ses anxiétés démesurées, ses folles hypothèses, la fièvre brûlante de ses chimères et de ses désillusions. Au feu de cette impatience, tout se consume et s'abolit dans l'âme. Quand Émilie rentra, une heure et demie environ après être partie, son retour surprit René comme s'il eût absolument oublié la mission dont il l'avait chargée. Mais le visage de sa sœur révélait un trouble tel qu'il en demeura soudain bouleversé.

— « Hé bien? » articula-t-il avec angoisse.

— « C'est fait, » dit-elle à mi-voix. « Ah! René, je ne la connaissais pas!... »

— « Qu'a-t-elle répondu? »

— « Pas un reproche, » reprit Émilie, « mais des larmes! Des larmes! Ah! quelles larmes!... Comme elle t'aime!... Sa mère était sortie avec Angélique... vois quelle ironie, pour aller acheter les provisions du dîner de samedi... C'est moi qui n'irai pas à ce dîner-là... Quand Rosalie m'a ouvert la porte, j'ai cru qu'elle se trouverait mal, tant elle est devenue pâle... Je ne lui avais pas dit un mot, qu'elle avait tout deviné. Elle est comme moi avec toi. Elle a la seconde vue du cœur... Nous sommes entrés dans sa chambre... Il n'y a que toi dans cette chambre, et tes portraits, et des souvenirs qui se rattachent à des promenades que nous avons faites ensemble, et des gravures des journaux illustrés sur ta pièce... J'ai commencé de lui faire ton message, si doucement, je te jure. J'étais aussi émue qu'elle... et elle me disait : — Il est si bon de vous avoir choisie pour me parler! Au moins vous ne me trouverez pas folle de l'aimer comme je l'aime...

— Elle a dit encore : — J'y étais préparée depuis longtemps. C'était trop beau... Et aussi : —

Suppliez-le seulement qu'il me permette de garder ses lettres... — Ah! Ne m'en demande pas davantage maintenant... J'ai si peur pour toi, mon René; oui, j'ai peur que ce chagrin ne te porte malheur... »

XIII

AT HOME

La lettre mise par René dans la boîte de poste de Saint-Cloud était bien arrivée à son adresse, le matin même du jour qui devait consommer le malheur de la pauvre Rosalie. Suzanne l'avait reçue avec le reste de son courrier, quelques minutes avant que son mari n'entrât dans sa chambre, comme d'habitude, pour prendre le thé, et elle était en train de la lire, quand la bonne et loyale figure de Paul se présenta dans l'entre-bâillement de la porte. Il lui cria, de sa voix gaie et sonore, le « bonjour, Suzon » qu'il lui adressait toujours, et il ajouta, comme il lui arrivait quelquefois, « ma rose blonde. » Cette allusion à la célèbre romance d'Alfred de Musset n'allait jamais sans un baiser. Musset représentait, pour Moraines, la jeunesse et l'amour, avec un coin de mauvais sujet, et c'était la naïve fatuité de ce brave garçon de se poser à ses propres yeux comme traitant Suzanne en amant et non en mari. Il était de ces étranges époux qui vous diraient volontiers en confidence : « J'ai tout appris à ma femme, c'est la seule manière de lui ôter toute curiosité... » En attendant, il était amoureux de sa « rose blonde » comme au premier jour, et il le lui prouva, ce matin encore, par la manière dont il lui baisa la nuque, tandis qu'elle le repoussait, en disant :

— « Allons, laisse-moi finir ma lettre et prépare le thé... »

Elle savait bien que Paul ne lui demanderait jamais aucun détail au sujet de sa correspondance, et cela lui procurait une si douce sensation de se réchauffer au feu des phrases du jeune homme, qu'elle ne se contenta pas de lire cette lettre une fois; elle la relut, puis elle la plia en deux et la glissa dans son corsage. Elle avait, en venant prendre place à la table, devant la fine tasse de porcelaine où blondissait déjà le thé, un tel rayonnement sur son visage que Moraines lui dit, pour la taquiner, et en grossissant encore sa voix :

— « Si j'étais un mari jaloux, je croirais que vous avez reçu une lettre de votre amoureux, tant vous avez l'air contente, Madame... Et si tu savais comme ça te va, » ajouta-t-il, en lui baisant le bras au-dessus du poignet, son bras si frais dont la peau dorée était encore toute tiède et toute parfumée de son bain.

— « Hé bien ! Monsieur, vous auriez raison, » répondit-elle avec un sourire malicieux. C'est un plaisir divin pour les femmes que de dire avec ces sourires-là des vérités auxquelles ne croient pas ceux à qui elles les disent. Elles se donnent ainsi un peu de cette sensation du danger qui fouette délicieusement leurs nerfs.

— « Est-il gentil au moins, ton amoureux ? » reprit Paul, donnant tête baissée et avec verve dans ce qu'il jugeait être une plaisanterie.

— « Très gentil... »

— « Et peut-on savoir son nom ? »

— « Vous êtes bien curieux. Cherchez. »

— « Ma foi non, » dit Paul, « j'aurais trop à faire. Ah ! Suzanne, » ajouta-t-il avec un sentiment profond, et en changeant d'accent tout à coup, « comme ça doit être cruel de se défier !... Me vois-tu jaloux de toi, et, là-bas, à mon bureau, avec cette idée qui me rongerait toute la journée?... Bah! » ajouta-t-il finement, « je te ferais surveiller par Desforges... »

— « C'est encore heureux qu'il n'y ait eu personne ici pour entendre sa plaisanterie, » songea Suzanne, quand elle fut seule. « Il a la manie de dire de ces mots-là dans le monde!... » Mais la lettre de René lui avait tant plu qu'elle oublia de se mettre en colère, comme elle faisait quand elle trouvait son mari par trop simple. Ces jolies et spirituelles scélérates ont de ces logiques : elles emploient leur plus fine adresse à vous passer un bandeau sur les yeux avec leurs blanches mains, puis elles vous reprochent de trébucher. Il ne leur suffit pas que vous soyez trompé, vous ne devez l'être que jusqu'à un certain point. Au delà, c'est trop, vous les gênez, et elles vous en veulent, — de bonne foi. Celle-ci se contenta de lever ses épaules avec une expression de douce pitié. Puis elle tira la lettre de la place où elle l'avait glissée, et elle la lut pour la troisième fois.

— « C'est vrai, » dit-elle tout haut, « qu'il ne ressemble pas aux autres... »

Et elle tomba dans une rêverie profonde qui lui montrait le jeune homme au Louvre, tel qu'il lui était apparu, sous le grand tableau de Véronèse, le visage penché à droite et guettant sa venue. Quand ses yeux l'avaient rencontrée, était-il ému! Etait-il jeune! Plus tard, quand il lui avait dit qu'il l'aimait, comme ses lèvres tremblaient, ces belles et pleines lèvres où elle aurait voulu mordre, comme dans un fruit, après s'être caressé les joues à l'or souple de la barbe qui encadrait ce visage aussi frais que viril! Mais le fruit n'était pas mûr. Il fallait savoir attendre. Elle poussa un soupir. Elle avait bien calculé que le poète lui écrirait, dans la journée, après leur rendez-vous, et justement cette lettre-là. Elle s'était promis de ne pas y répondre, non plus qu'à la seconde. Elle l'attendit, cette seconde, un jour, deux jours, trois jours. Si complète que fût sa confiance dans l'ardeur du sentiment qu'elle avait su inspirer à René, elle commençait d'avoir peur lorsque, dans l'après-midi de ce troisième jour, et comme son coupé tournait l'angle de la rue Murillo, elle l'aperçut debout, comme l'autre fois, sur le trottoir. Elle eut grand soin de ne pas avoir l'air de le remarquer, et elle prit, enfoncée dans son coin, sa physionomie la plus mélancolique, ses yeux le plus noyés de rêve, une pureté de profil à émouvoir un tigre. Il fut transformé aussitôt, ce coupé confortable et garni d'une foule de petits brimborions commodes, en une voiture cellulaire emportant une victime, — victime de son mari, victime de son luxe, victime de son amour, victime de sa vertu!... Et elle ne mentait pas trop en passant ainsi devant le jeune homme. A le voir pâli par une angoisse de trois jours, perdu d'émotion, elle aurait tant voulu faire arrêter cette voiture rapide, en descendre ou l'y recevoir, l'enlever, lui dire : « Mais je t'aime autant que tu m'aimes !... » Au lieu de cela, elle allait à des courses et à des visites, sûre maintenant que cette seconde lettre si impatiemment attendue ne tarderait pas. Elle l'avait le soir même, mais à une minute où l'arrivée de cette lettre présentait le plus de véritable péril. Voici pourquoi. Rentré chez lui aussitôt après leur rencontre, René avait écrit quatre pages en proie à la fièvre, et, pour que madame Moraines les eût plus tôt et plus sûrement, il les avait envoyées, vers cinq heures, par un commissionnaire, en sorte que le billet fut apporté par le valet de chambre dans un moment où Suzanne avait Desforges avec elle. Il était venu, comme il faisait souvent à cette heure, avec un gentil cadeau : un délicieux étui en or ancien, déniché dans une visite à l'hôtel Drouot. Elle n'eut pas plutôt reconnu l'écriture de l'adresse qu'elle se dit : « Le moindre signe d'émotion, et le baron devine que j'ai une intrigue... » Comme il arrive, cette crainte de montrer de l'émotion lui rendait plus difficile de cacher les mouvements dont elle était agitée. Elle prit cependant cette enveloppe, la regarda comme quelqu'un qui ne devine pas d'où lui vient une missive, la déchira et parcourut la lettre rapidement après avoir jeté les yeux d'abord sur la signature; puis, se levant pour aller la placer parmi d'autres sur le bureau entouré de lierre :

— « Encore une lettre de pauvre, » dit-elle, « c'est étonnant, ce qu'il m'en arrive ces jours-ci; et vous, Frédéric, comment vous en tirez-vous? »

— « Mais c'est bien simple, » répondit le baron, « cinquante francs à la première demande, vingt francs à la seconde, rien à la troisième. Mon secrétaire a mes ordres pour cela... En voilà encore un cliché auquel je ne crois pas : la charité!... Comme si c'était par manque d'argent que les pauvres sont les pauvres. C'est leur caractère qui les a faits tels, et cela, vous ne le changerez pas... Tenez, la personne qui vous quête aujourd'hui, gageons vingt-cinq louis qu'en allant aux renseignements vous trouverez qu'elle a eu dix fois, dans sa vie, la fortune en main, ou l'aisance. Vous lui constitueriez un capital que ce serait la même chose après quelques années... Je veux bien donner d'ailleurs, et tant que l'on voudra... Mais quant à croire que l'argent ainsi dépensé soit de la moindre utilité, c'est une autre affaire... Et puis, je les connais, les bienfaiteurs et les bienfaitrices; je la connais, la réclame, et le chemin fait dans le monde, et les belles relations... »

— « Taisez-vous, » dit Suzanne, « vous êtes un affreux sceptique. » Et avec la finesse d'ironie par laquelle les femmes obligées de mentir se vengent parfois de celui qui les contraint à la ruse : « Ah ! On ne vous en fait pas accroire facilement, à vous !... »

Le baron sourit à la flatterie de sa maîtresse. Si sa défiance eût été éveillée, cette phrase l'eût endormie. Les hommes les plus retors ont un point par où on les vaincra toujours : la vanité. Mais toute espèce de soupçon était bien loin de l'esprit de Desforges. Il était aussi facile à Suzanne de le tromper, qu'il l'avait été à René de tromper sa sœur. Ceux qui nous voient constamment sont les derniers à s'apercevoir des choses qui sauteraient aux yeux du premier étranger venu. C'est que l'étranger nous aborde sans idée toute faite, au lieu que nos amis de tous les jours se sont formé de nous une opinion qu'ils ne se donnent plus la peine de vérifier et de modifier. C'est ainsi que le baron ne remarqua point, ce jour-là, que son amie était dans une véritable crise d'agitation, durant sa visite qu'il prolongea plus que d'habitude. Il lui racontait toutes sortes de propos du club, tandis qu'elle allait et venait dans la chambre, sous un prétexte ou sous un autre, guignant sa lettre, qu'elle saisit avec délice, quand Desforges se fut enfin décidé à partir. « C'est un excellent ami, » se dit-elle, « mais quelle corvée!... » Quinze jours de passion avaient suffi pour qu'elle en vînt à ce degré d'ingratitude, et elle se reposait de son impatience de tout à l'heure en absorbant, phrase par phrase, mot par mot, la lettre folle du jeune homme. C'était, cette fois, une supplication ardente, un appel fait à toutes les tendresses de la femme. Il ne lui parlait plus d'amitié. La feinte mélancolie de la voiture avait porté. « Puisque vous m'aimez, » lui disait-il, « ayez pitié de vous, si vous n'avez pas pitié de moi... » Ce qui aurait paru à Suzanne, de la part de tout autre, une intolérable fatuité, cette confiance absolue dans son sentiment à elle, la toucha profondément. Elle sut y voir, et cela y était vraiment, une adoration si complète qu'elle n'admettait pas l'ombre d'un doute. Il eût été si naturel que René l'accusât d'avoir joué avec lui au jeu cruel de la coquetterie ! Qu'une telle hypothèse était loin de la pensée du jeune homme! « Pauvre enfant, » se dit-elle, « comme il m'aime! » Et songeant à Desforges par comparaison, elle ajouta tout haut : « C'est le plus sûr moyen de n'être pas trompé! » Elle reprit la lettre. L'accent en était si touchant, elle y respira un tel parfum de douleur sincère ; d'autre part, ce petit salon, avec son intime clarté de six heures, lui rappelait avec tant de précision le souvenir du poète et de sa première visite, qu'elle se demanda si l'épreuve n'avait pas été suffisante. — « Non, » conclut-elle, « pas encore... » Cette folle lettre, en effet, ne comportait qu'une réponse : dire à René de revenir chez elle, et c'était chez lui qu'elle voulait le revoir, dans ce petit intérieur qu'il lui avait décrit. Elle y arriverait, éperdue, sous le prétexte de l'arracher au suicide. Ce prétexte, la troisième lettre le lui fournirait assurément, et elle décida de l'attendre, avec quelle jouissance anticipée de ce revoir ! Dans le bouleversement d'idées que produirait chez René sa soudaine et inattendue présence, il n'y aurait place pour aucune réflexion. Tous ces préliminaires de la chute si impossibles, si odieux à discuter avec un homme inexpérimenté comme lui, seraient supprimés. Il y avait bien la présence, dans le même appartement, du reste de sa famille. Suzanne n'eût pas été la femme dépravée qu'elle restait, même dans cette crise de passion véritable, si ce détail n'avait pas ajouté à son projet le charme du fruit deux fois défendu. Oui, elle attendait cette troisième lettre, avec une cuisante ardeur. Ses heures s'écoulaient rapides. Elle dînait en ville, allait au théâtre, faisait ses visites sur cette unique pensée. Sa bonne chance voulut que Desforges, sermonné sans doute par le docteur Noirot, ne lui demandât point de rendez-vous rue du Mont-Thabor pour cette semaine. Elle ne se dissimulait pas que ce n'était que partie remise. Même devenue la maîtresse de René, il lui faudrait continuer d'être celle de l'homme qui suffisait à toute une portion de son luxe. Elle acceptait cette idée, sans plus de répugnance que celle d'être l'épouse de Paul. « Qu'est-ce que ça peut te faire puisque je n'aime que toi?... » disent à leur amant les femmes en puissance de mari ou d'entreteneur, lorsqu'elles ont à subir une de ces grotesques scènes de jalousie où se manifeste la sottise de celui qui ne veut pas partager!... Elles ne sont jamais plus sincères qu'en prononçant cette phrase. Elles savent si bien que de se donner dans l'amour n'a rien de commun pour elles avec se donner dans le devoir, dans l'intérêt, ou même dans le plaisir. Mais si ce partage de ses caresses n'avait rien qui choquât Suzanne, elle n'en était pas moins heureuse qu'il fût remis à plus tard. Elle pourrait avoir eu quelques bons jours, entièrement consacrés à son sentiment nouveau. En cela encore elle était bien une courtisane, une de ces créatures qui deviennent, lorsqu'elles sont éprises, des artistes en amour, aussi délicates sur certains points qu'elles sont abominablement perverses sur d'autres.

— « Pourvu qu'il n'ait pas eu l'idée de voyager!... » Telle fut la pensée qui lui vint à l'esprit, quand elle eut enfin cette troisième lettre tant désirée, et qui n'était qu'un long et déchirant adieu, — sans un reproche. Elle trembla que René n'eût eu recours au procédé conseillé par Napoléon, qui a dit avec son impérial bon sens : « En amour, la seule victoire est la fuite. » En se conduisant comme elle avait fait, elle avait joué son va-tout. Allait-elle gagner ? Ce qu'elle avait prévu se produisait avec une exactitude qui la ravit et l'épouvanta tout ensemble. Cette troisième lettre exprimait un si navrant désespoir qu'avec toute son expérience, la subtile comédienne se sentit prise, à une seconde lecture, d'une nouvelle crainte, plus terrible que l'autre, celle que René eût réellement attenté à sa vie. Elle eut beau se raisonner, se démontrer que si le poète avait dû partir, la lettre eût mentionné cette résolution; s'affirmer qu'un beau jeune homme de vingt-cinq ans ne se tue point, à cause du silence d'une femme dont il se croit aimé, — elle était réellement la proie d'une angoisse extraordinaire, lorsqu'elle arriva, vers deux heures de l'après-midi, à l'entrée de la rue Coëtlogon. Elle avait reçu la lettre, le matin même. Elle s'arrêta une minute pourtant, tout étonnée devant ce coin provincial de Paris dont le pittoresque avait, l'autre soir, ravi Claude Larcher. Il faisait un ciel voilé de fin d'hiver, bas et gris, sur lequel les branchages nus des arbres se détachaient tristement. Les cris de quelques enfants joueurs, en train de faire la petite guerre parmi les décombres, montaient dans le silence. La singularité de cette paisible ruelle, l'invraisemblance de la démarche que hasardait Suzanne, l'incertitude sur l'issue, tout se réunissait pour lui donner la somme la plus complète d'émotions dont elle fût capable. Elle dut sourire en se disant qu'elle n'avait, pour croire que le jeune homme fût chez lui, aucun motif, sinon qu'il attendait, sans l'espérer, une réponse à sa lettre dernière. Mais lorsque le concierge eut répondu à sa demande que M. René était à la maison, en lui indiquant la porte, elle retrouva tous ses esprits. Il y avait chez elle, comme chez toutes les femmes très positives, un fond d'homme d'action. Une donnée réelle et circonscrite d'événements la rendait résolue, et hardie à suivre son projet. Elle sonna. Des pas se firent entendre, très lourds, et le visage de Françoise lui apparut. Dans toute autre circonstance, elle aurait souri de l'ébahissement que l'Auvergnate ne chercha même pas à dissimuler.

Colette Rigaud était déjà venue une fois chez le poète pour demander en hâte un petit changement à son rôle, et Françoise, sa première stupeur dissipée, pensa sans doute que c'était une nouvelle visite du même ordre, car Suzanne put l'entendre, qui, ouvrant la porte du fond à droite, disait : « Monsieur René, il y a une dame qui réclame après vous... Une bien belle... Ce sera quelque artiste... » Elle vit le jeune homme sortir de sa chambre lui-même, qui devint, en la reconnaissant, d'une pâleur de mort. Toute légère, elle glissa le long de ce couloir que les lithographies de Raffet transformaient en un petit musée napoléonien. Elle entra dans la chambre du poète qui s'effaça pour la laisser passer. La porte se referma. Ils étaient seuls.

— « Vous ! C'est vous !... » dit René. Il la regardait, élégante et fine, se tenir debout dans le costume sombre qu'elle avait choisi pour cette visite. Il se trouvait dans cet état de désarroi intime où nous jette un événement inattendu qui nous transporte soudain de l'extrémité de la détresse à l'extrémité de la joie. Durant ces minutes là, un tourbillon d'idées et de sensations se déchaîne en nous, avec une force telle que notre cerveau en est comme affolé. Les jambes se dérobent sous le corps, les mains tremblent. C'est le bonheur, et cela fait du mal.

René dut s'appuyer contre le mur, les yeux toujours fixés sur ce charmant visage dont il avait désespéré de ne plus jamais se repaître le cœur. Un détail acheva de le bouleverser. Il s'aperçut que les mains de Suzanne, elles aussi, tremblaient un peu, et, pour cette fois, ce tremblement était sincère. Le caprice passionné que la jeune femme éprouvait pour le jeune homme, se combinait d'une crainte, celle de lui déplaire. En pénétrant dans cette chambre où elle était bien sûre qu'aucune femme n'était venue avant elle, sa résolution de se donner était aussi nette et ferme que peuvent l'être des résolutions de ce genre. Il y rentre toujours une part d'imprévu, que déterminera l'attitude de l'homme. Suzanne sentait trop bien qu'avec René tout serait difficulté, dans ces débuts de la possession que les viveurs mettent leur orgueil à conduire légèrement. Cette naïveté lui plaisait à la fois et l'effrayait. Mais elle comptait aussi sur la folie des sens, qui en sait plus que les plus subtiles rouaries. Seulement il fallait déchaîner cette folie chez le poète sans en avoir l'air, et quand elle-même en était toute possédée. Elle eut, aussitôt entrée dans la chambre, et tandis qu'il la contemplait, une minute d'hésitation ; puis, oubliant à demi et ses calculs et son personnage, elle s'abattit sur la poitrine de René, la tête posée sur son épaule et balbutiant :

— « Ah! j'ai eu trop peur. Votre lettre m'a tout fait craindre, et je suis venue. J'ai trop lutté. J'étais à bout de forces... Mon Dieu! mon Dieu! Qu'allez-vous penser de moi?... »

Il la tenait dans ses bras, frémissante. Il releva cette tête adorable et commença de lui donner des baisers, sur les yeux d'abord, ces yeux dont le regard triste l'avait tant navré, lors de l'apparition de la voiture, — sur les joues ensuite, ces joues dont la ligne idéale l'avait tant charmé dès le premier soir, — sur la bouche enfin qui s'ouvrit à sa bouche, amoureusement. Que pensait-il d'elle?... Mais est-ce que son âme pouvait former une idée, absorbée qu'elle était par cette union des lèvres qui est déjà une prise de possession de la femme, ardente, enivrante et complète? A Suzanne aussi comme ce baiser sembla délicieux! A travers les horribles complications de sa diplomatie féminine, un désir sincère avait grandi en elle, celui de rencontrer l'amour jeune et spontané, naturel et vibrant. Cet amour passait avec le souffle de René jusque dans les profondeurs de son être, et la faisait se pâmer à demi. Ah! La jeunesse, l'abandon complet, absolu, sans pensée, sans parole; tout oublier, sinon la minute actuelle; tout effacer, sinon la sensation qui va fuir, mais qui est là, dont notre baiser palpe la douceur, dont il dessine le contour! Cette femme corrompue par la plus désenchantée des expériences, celle d'un Parisien cynique de cinquante ans, dégradée par la pire des vénalités, celle que le besoin n'excuse pas, cette machiavélique courtisane et qui avait fait de son intrigue avec René un problème d'échecs, goûta pendant une seconde cette joie divine. Le châtiment de ceux qui commettent le crime de calculer en amour, c'est que leur calcul leur revient dans des secondes pareilles. Tout envahie qu'elle fût par l'ivresse de ce baiser, Suzanne eut la triste lucidité de penser qu'elle ne pouvait pas se donner ainsi, tout de suite, et le non moins triste courage de se retirer des bras du jeune homme, en lui disant :

— « Laissez-moi partir. Je vous ai vu. Je sais que vous vivez. Je vous en supplie, laissez-moi m'en aller. Oh! René!... » — elle ne l'avait jamais appelé par son petit nom — « ne m'approchez pas!... »

— « Suzanne, » osa répondre le jeune homme qui venait de boire sur cette bouche fine la plus brûlante des liqueurs : la certitude d'être aimé, « n'ayez pas peur de moi... Quand aurons-nous une heure à nous comme celle-ci? C'est moi qui vous supplie de rester... Voyez, » ajouta-t-il gracieusement en se reculant plus loin d'elle, « je vous obéis. Je vous ai obéi quand cela m'était si cruel!... Ah! Vous me croyez!... » fit-il en voyant que les traits de madame Moraines n'exprimaient plus le même effroi. « Voulez-vous être bonne?... » continua-t-il, avec ce rien d'enfantillage qui plaît tant aux femmes, et qui leur fait dire à toutes, depuis les grandes dames jusqu'aux filles, qu'un homme est mignon, « asseyez-vous là, sur ce fauteuil où je me suis tant assis pour travailler, et puis soyez bonne encore, n'ayez pas l'air d'être en visite... » Il s'était rapproché d'elle pour la forcer de s'asseoir, et il lui enlevait son manchon; il lui dégrafait son manteau. Elle se laissait faire avec un sourire triste, comme de quelqu'un qui cède. C'était l'agonie de la madone que ce sourire, le dernier acte dans cette comédie de l'Idéal qu'elle avait jouée. Il lui retira son chapeau aussi, une espèce de toque assortie à son manteau. Il s'était agenouillé devant elle, et il la contemplait avec cette idolâtrie qu'une femme sera toujours sûre de provoquer chez son amant, si elle lui donne une de ces preuves de tendresse qui flattent à la fois chez l'homme la tendresse et la fatuité, les passions hautes du cœur et les passions basses. Le poète se disait : « Faut-il qu'elle m'aime, pour être venue chez moi, elle que je sais si pure, si religieuse, si attachée à ses devoirs? » Tous les mensonges qu'elle lui avait servis soigneusement lui revenaient, comme des raisons de croire davantage à sa sincérité, et il lui disait : « Que je suis heureux de vous avoir ici, et à ce moment!... Ne craignez rien, nous sommes si seuls! Ma sœur est sortie pour toute l'après-midi, et l'esclave... » — il appela Françoise de ce nom pour amuser Suzanne — « l'esclave est occupée là-bas... Et je vous ai!... Voyez, c'est mon petit domaine à moi, cette chambre, l'asile où j'ai tant vécu! Il n'y a pas un de ces recoins, pas un de ces objets qui ne pourrait vous raconter ce que j'ai souffert durant ces quelques jours... Mes pauvres livres... » — et il lui montrait la bibliothèque basse — « je ne les ouvrais plus. Mes chères gravures... je ne les regardais plus... Cette plume, avec laquelle je vous avais écrit, je ne la touchais plus... J'étais là, juste à la même place que vous, à compter les heures, indéfiniment... Dieu! Quelle semaine j'ai passée!... Mais qu'est-ce que cela fait, puisque vous êtes venue, puisque je peux vous contempler?... Une peine que vous me laissez vous dire, ah! c'est du bonheur encore!... »

Elle l'écoutait, fermant à demi les yeux, abandonnée à la musique de ces paroles, sans que la volupté profonde qui l'envahissait l'empêchât de suivre son projet. — L'émotion du danger empêche-t-elle un adroit escrimeur de se rappeler sur le terrain les leçons de la salle? — L'assurance qu'il lui avait donnée de leur solitude l'avait fait tressaillir de joie, le coup d'œil jeté sur cette petite chambre si intime, si minutieusement rangée et parée, l'avait ravie comme un signe qu'elle ne s'était pas trompée au sujet du passé de René. Tout ici révélait une vie studieuse et séparée, la pure et noble vie de l'artiste qui s'enveloppe d'une atmosphère de beaux songes. Et plus que tout, c'était le jeune homme qui lui plaisait, avec ses prunelles brûlantes, sa câline manière de s'approcher d'elle, et elle comprenait que ce chemin des confidences réciproques sur leurs souffrances communes devait la conduire à son but sans qu'elle risquât de rien diminuer de son prestige.

— « Et moi, » répondait-elle, « croyez-vous que je n'ai pas souffert? Pourquoi vous le nier?... Vos lettres?... Dieu m'est témoin que je ne voulais pas les lire. Je suis restée un jour entier avec la première dans ma poche, sans pouvoir la détruire et sans déchirer l'enveloppe. Vous lire, c'était vous écouter de nouveau, et je m'étais tant promis que non! J'avais tant demandé à mon ange gardien la force de vous oublier... Ah! j'ai bien lutté!... » Ici la madone apparut pour la dernière fois. Elle leva ses yeux au ciel, — représenté, pour la circonstance, par un plafond auquel le poète avait appendu de petites poupées japonaises. Il passa dans ces beaux yeux le reflet des voiles de cet ange gardien dont elle avait osé parler, s'envolant là-bas, là-bas... Puis elle reporta ces yeux bleus sur René, et avec tout l'abandon d'un cœur vaincu, elle lui dit :

— « Je suis perdue maintenant, mais qu'importe? Je vous aime trop... Je ne sais plus rien, sinon que je ne peux pas supporter de vous savoir malheureux... »

Des sanglots la secouaient, convulsifs, et de nouveau sa tête s'abattit sur l'épaule du jeune homme, qui recommença de lui donner des baisers. Comme enfantinement, elle lui mit les bras au cou et elle appuya ses seins contre cette poitrine, où elle put sentir battre un cœur affolé. Elle vit encore passer dans le regard de René cette fièvre du désir qui conduit les plus timides et les plus respectueux aux pires audaces. Elle dit encore : « Ah! Laissez-moi, » et se releva pour s'échapper des bras qui la pressaient, mais cette fois elle recula du côté du lit. Il la poursuivit, et, en la serrant contre lui, il sentit ce corps si souple tout entier contre le sien. Les mots de l'amour le plus insensé lui venaient aux lèvres, et, emportant Suzanne entre ses bras dont la force était décuplée par la passion, il la mit sur le lit, et, s'y jetant à côté d'elle, il la couvrit des plus ardentes caresses jusqu'à ce qu'elle lui appartînt complètement, dans une de ces étreintes qui abolissent tout, chez un enfant de vingt-cinq ans, même le pouvoir d'observer si les sensations qu'il éprouve sont partagées. Comment donc René eût-il gardé la force de recueillir en cet instant suprême les indices qui lui auraient dévoilé la comédie jouée par sa maîtresse? Rien que sa toilette intime eût suffi pourtant à démontrer dans quelle intention elle était arrivée rue Coëtlogon. Elle avait une de ces robes dont la souple étoffe ne redoute pas les froissements, une ceinture au lieu de corset, pas un bijou, pas trace d'un de ces jupons empesés qui peuvent servir d'obstacle, mais de la soie molle et de la batiste; enfin elle était comme nue dans ses vêtements et prête à l'amour. Mais enlacé à cette créature exquise, s'enivrant, malgré cette toilette, des plus secrètes beautés d'un corps si gracieux, si jeune, si parfumé, dans le silence de cette chambre où les balbutiements et les soupirs de la volupté semblaient presque de grands bruits, le jeune homme ne se demanda pas s'il avait raison ou tort d'adorer cette femme; ni s'il en était la dupe. Et puis, est-on jamais dupe de goûter le bonheur?

XIV

JOURNÉES HEUREUSES

Lorsque Suzanne quitta l'appartement de la rue Coëtlogon, ce petit appartement silencieux dont René voulut lui ouvrir la porte lui-même, afin de lui épargner le regard désapprobateur de Françoise, la suite de leurs rendez-vous prochains était déjà convenue entre eux. Arrivée dans la petite ruelle, et quoique la prudence lui commandât de s'en aller, comme sur le trottoir de la rue du Mont-Thabor, toute droite et sans tarder, elle tourna la tête. Elle vit René debout, derrière le rideau de la fenêtre qui ouvrait sur le jardinet. Le charme de son roman avait si bien envahi cette âme, prudente d'ordinaire jusqu'à la froideur, qu'elle eut un sourire et un geste de la main pour le poète qui la regardait ainsi partir dans le crépuscule, du fond de cette chambre où elle avait pleinement triomphé, car tous ses calculs s'étaient trouvés justes. Remontée en fiacre à la station du coin de la rue d'Assas, et tandis qu'elle s'acheminait vers le magasin du Bon-Marché où elle avait commandé sa voiture, les détails divers de sa conversation lui revenaient, et, en les repassant, elle s'applaudissait de la manière dont elle les avait conduits. Dès qu'une femme est la maîtresse d'un homme, les débats sur la façon de se retrouver deviennent aussi faciles et aussi délicieux qu'ils étaient auparavant odieux et difficiles. Tout à l'heure c'était un désenchantement, un rappel à la réalité. Après la possession, ces mêmes débats deviennent une preuve d'amour, parce qu'ils enveloppent une promesse de bonheur. Dans le quart d'heure même qui avait suivi leur ardente étreinte, et après la comédie de fausse honte dont s'accompagne, durant ces minutes-là, le retour à la décence, Suzanne avait commencé l'attaque et dit à son amant :

— « Il faut que j'aie de vous une promesse... Si vous voulez que je ne me reproche pas cet amour comme un crime, jurez-moi de ne pas aller dans le monde à cause de moi. Vous devez travailler, et vous ne savez pas ce que c'est que cette vie... Ce magnifique talent, ce génie, vous les gaspilleriez en futilités, en misères, et j'en serais la cause!... Oui, promettez-moi que vous n'irez chez personne... » Et tout bas : « Chez aucune de ces femmes qui tournaient autour de vous, l'autre soir... »

Comme René l'avait tendrement embrassée, après cette phrase où l'artiste pouvait voir un hommage rendu à son œuvre future, et l'amoureux l'expression délicate d'une secrète jalousie! Il avait répondu un timide :

— « Pas même chez vous? »

— « Surtout pas chez moi, » avait-elle dit. « Maintenant je ne pourrais pas supporter que vous serriez la main de mon mari... Tu dois me comprendre... » avait-elle ajouté, en bouclant les cheveux du jeune homme d'un geste caressant. Il était à terre, lui, à ses pieds, et elle assise de nouveau sur le fauteuil. Elle pencha son visage qu'elle cacha sur l'épaule de René : « Ah! » soupira-t-elle, « ne m'en faites pas dire davantage... » puis, après quelques minutes : « Ce que je voudrais être pour vous, c'est l'amie, qui n'entre dans la vie de celui qu'elle aime, que pour y apporter de la joie et du courage, de la douceur et de la noblesse, l'amie qui aime et qui est aimée dans le mystère, en dehors de ce monde moqueur et qui flétrit les plus saintes religions de l'âme... C'est une si grande faute que j'ai commise, » cette fois elle cacha son visage dans ses jolies mains; « que ce ne soit pas cette série de bassesses et de vilenies qui m'ont fait tant d'horreur chez les autres... Épargne-les-moi, mon René, si tu m'aimes comme tu me l'as dit... Mais m'aimes-tu vraiment ainsi?... »

A mesure qu'elle défilait ce coquet rosaire de mensonges, elle avait pu voir le ravissement se peindre sur la physionomie de son romanesque et naïf complice, que cette beauté de sentiment extasiait. Elle remettait à son front l'auréole de madone qu'elle avait déposée pour se laisser aimer... Et, mélangeant de la sorte la ruse à la tendresse, et les calculs du positivisme le plus précis aux finesses de la sensibilité la plus subtile, elle l'avait conduit à accepter, comme seule digne de la poésie de leur amour, la convention suivante. Il prendrait sous un faux nom, et dans un quartier pas très éloigné de la rue Murillo, un petit appartement meublé, pour s'y rencontrer deux fois, ou trois, ou quatre par semaine. Elle lui avait suggéré les Batignolles, mais avec tant d'adresse qu'il pouvait s'imaginer avoir trouvé lui-même cette dernière idée, comme les précédentes d'ailleurs. Il se mettrait à la recherche dès le lendemain, et il lui écrirait, poste restante, sous de certaines initiales, à un certain bureau. Ce surcroît d'inutiles précautions attestait à René dans quelle servitude vivait son pauvre ange, — si l'on peut appeler cela vivre! « Pauvre ange, » lui avait-il dit en effet, comme elle étouffait une plainte sur le despotisme de son mari, en se comparant elle-même à une bête traquée, « que tu dois avoir souffert!... » Et elle avait levé derechef ses prunelles vers le plafond en ne montrant plus que le blanc de ses yeux, par un de ces mouvements si bien joués que, des années après, l'homme qui a été attendri par cette pantomime, se demande encore : « N'était-elle pas sincère?... »

Il n'était pas besoin de cette perfection de comédie pour que René accédât avec bonheur au plan proposé par la savante élève de Desforges. En principe, et simplement parce qu'il aimait, il eût accueilli n'importe quel projet, avec béatitude et dévotion. Mais le programme esquissé par Suzanne correspondait en outre à toutes les portions artificielles de son être. Le caractère clandestin de cette intrigue enchantait le lecteur de romans qui se délectait d'avance à l'idée d'un pareil mystère à porter dans la vie. La phraséologie par laquelle la jeune femme s'était posée en muse soucieuse de son travail, avait flatté en lui l'égoïsme de l'écrivain qui rêve de concilier l'art avec l'amour, le plaisir de la volupté avec la solitude et l'indépendance nécessaires à la composition. Enfin le poète, après de longues journées de torture, se sentait comme des ailes à l'esprit et au cœur. Telle était l'ardeur de sa félicité qu'il ne remarqua même pas l'étonnement douloureux dont le visage de sa sœur resta empreint durant la soirée qui suivit la visite de Suzanne. Qu'avait entendu Françoise? Qu'avait-elle rapporté à madame Fresneau? Toujours est-il que cette dernière souffrait visiblement. La profonde ignorance de certaines femmes à la fois romanesques et pures leur réserve de ces surprises. Elles s'intéressent aux choses de l'amour, parce qu'elles sont femmes, et elles prêtent la main à des débuts de relations qu'elles croient innocentes comme elles. Ensuite, lorsqu'elles entrevoient les conséquences brutales auxquelles ces relations aboutissent presque nécessairement, leur surprise serait comique si elle n'était pas aussi cruelle que respectable. D'après la description faite par la bonne, Émilie n'avait pas de doute sur l'identité de la visiteuse, et les autres indices donnés par Françoise, les bruits de baisers surpris, la durée de cette visite, le désordre mal réparé du lit, l'exaltation du regard de René, un de ces instincts aussi que les femmes les plus honnêtes possèdent à leur service dans ces occurrences-là, tout la conduisait à penser que madame Moraines avait été la maîtresse de René, là, chez eux! Et la mère de famille, la bourgeoise pieuse, se révoltait contre cette pensée, en même temps qu'elle se souvenait des larmes amères aperçues sur les joues pâles de Rosalie. Songeant à la jeune fille dont elle avait pu mesurer la sincère tendresse, et à la grande dame inconnue pour laquelle sa naïveté avait si imprudemment pris parti, elle en venait à se demander :

— « Si René s'était trompé sur le compte de cette femme?... »

Mais elle était sœur aussi, — une sœur complaisante jusqu'à la faiblesse, — et elle ne trouvait pas la force de faire la moindre observation à son frère, en le voyant si heureux. Elle avait trop nourri d'inquiétudes à constater le désespoir du jeune homme pendant la dernière semaine. Ce mélange de sentiments opposés l'empêcha de provoquer aucune confidence nouvelle, et, de son côté, la possession rendait René discret, comme il arrive quelquefois, par l'excès de l'amour où elle le jetait. Il ne pouvait plus parler de Suzanne maintenant. Ce qu'il éprouvait pour elle n'était plus exprimable avec des mots! Il avait trouvé, presque tout de suite, dans la silencieuse et bourgeoise rue des Dames, et au milieu du quartier des Batignolles, indiqué par Suzanne, le petit appartement désiré. Presque tout de suite aussi, les circonstances s'étaient arrangées pour qu'il fût libre de voir Suzanne uniquement. Il n'y avait pas huit jours qu'elle était sa maîtresse, et Claude Larcher, le seul de ses confrères qu'il fréquentât beaucoup, quittait Paris. René, qui l'avait négligé ces derniers temps, le vit arriver rue Coëtlogon vers six heures et demie du soir, en costume de voyage, pâle et défait, avec sa physionomie des mauvaises crises. On venait de se mettre à table pour le dîner.

— « Le temps de vous serrer la main, » dit Claude sans s'asseoir, « je prends l'express du Mont-Cenis à neuf heures, et je dois dîner à la gare. »

— « Vous resterez longtemps absent? » interrogea Émilie.

— « *Chi lo sa?* » fit Claude, « comme on dit dans cette belle Italie où je serai demain. »

— « Voyez-vous ce chançard, » s'écria Fresneau, « qui va pouvoir lire Virgile dans sa patrie au lieu de le faire traduire à des ânes? »

— « Très chançard, en effet!... » dit avec un

rire énervé l'écrivain, qui, reconduit par René jusqu'à la grille de la rue où l'attendait son fiacre chargé de ses bagages, éclata en sanglots : « Ah ! Cette Colette !... » dit-il. « Vous vous rappelez quand vous êtes venu rue de Varenne ?... Dieu ! était-elle jolie ce jour-là !... Elle m'a plaisanté au sujet des femmes... Hé bien ! C'est d'une femme que j'ai la honte d'être jaloux aujourd'hui, d'un monstre avec qui elle s'est liée intimement, en quelques jours, à ne plus la quitter, cette Aline Raymond, une infâme connue comme telle dans tout Paris. Son nom seul me salit la bouche à prononcer. Ah ! Cela, non, je n'ai pas pu le supporter, et je m'en vais... Je n'avais pas d'argent, imaginez-vous, j'ai déniché un usurier qui m'a prêté à soixante pour cent. Celui-là, par exemple, je le mettrai dans ma prochaine comédie... Il a trouvé à me servir mieux que le trou-madame d'Harpagon, mieux que le luth de Bologne, mieux que le jeu de l'oie renouvelé des Grecs et fort propre à passer le temps lorsque l'on n'a que faire... Savez-vous ce que j'ai dû acheter et revendre audit usurier, outre l'argent vivant ?... Deux cent cinquante cercueils !... Vous entendez bien.... Est-ce énorme, cela ?... Enfin, l'usurier, ma vieille parente de province à qui j'ai écrit bassement, mon éditeur, la *Revue parisienne* à qui j'ai promis de la copie par traité, signé, s'il vous plaît... j'ai six mille francs! Ah! Quand le train va m'emporter, chaque tour de roue me passera sur le cœur, mais je la fuirai; et, quand elle apprendra que je suis parti, par une lettre que je lui écrirai de Milan, quelle vengeance pour moi!... » Il se frotta les mains joyeusement, puis hochant la tête : « Ç'a toujours été comme dans la ballade du comte Olaf, de Heine... Vous vous souvenez, quand il parle d'amour à sa fiancée et que le bourreau se tient devant la porte... Il s'est toujours tenu, ce bourreau, à la porte de la chambre où j'aimais Colette... Mais, quand il a pris les jupes et le visage d'une Sapho, non, c'était à en mourir!... Adieu, René, vous ne me reverrez que guéri... »

Et, depuis lors, aucune nouvelle de cet ami malheureux auquel René pensait surtout pour comparer la femme qu'il idolâtrait et qui était si digne de son culte, à la dangereuse, à la féroce actrice. L'absence de Claude lui était une raison pour ne plus jamais reparaître au foyer du Théâtre-Français. Pourquoi se serait-il exposé à recevoir les bordées d'outrages dont Colette couvrait sans nul doute son amant fugitif, lorsqu'elle en parlait? Grâce à cette même absence, tout lien était rompu aussi entre le poëte et le monde où Larcher l'avait patronné. Sous l'influence de sa passion naissante pour Suzanne, l'auteur du *Si-*

gisbée avait négligé jusqu'aux plus élémentaires devoirs de la politesse. Non seulement il n'avait pas mis de cartes chez les diverses ...mmes qui l'avaient si gracieusement prié, mais il n'était même pas retourné chez la comtesse. Cette dernière, assez grande dame et assez bonne personne à la fois pour comprendre la nature irrégulière des artistes, et pour leur pardonner ces irrégularités, s'était dit : « Il s'est ennuyé chez moi... » et elle ne l'avait plus invité, sans lui en vouloir. Elle était d'ailleurs en train, pour l'instant, d'imposer à sa société un pianiste russe et spirite qui se prétendait en communication directe avec l'âme de Chopin. René, qui se trouvait tranquille de ce côté, eut encore la chance que madame Offarel se froissât de ce qu'ils n'avaient pas assisté, Émilie et lui, au fameux dîner préparé une semaine durant, à grand renfort de courses à travers Paris. Fresneau s'y était rendu seul.

— « En voilà une expédition où tu m'as envoyé! » avait-il dit à sa femme en revenant. « Quand j'ai parlé de ta migraine, la vieille Offarel a fait un *ah!* qui m'a coupé bras et jambes. Quand je lui ai raconté que René se trouvait absent, auprès d'un ami malade, — quelle drôle d'excuse, entre parenthèses, mais passons! .. — elle m'a demandé : — Est-ce dans un château? — Et à table, ce malheureux Claude a fait les frais du dîner. Elle me l'a déshabillé, il n'en est pas resté un cheveu!... Et c'est un égoïste, et il a de mauvaises manières, et il a la santé perdue, et il n'a aucun avenir, et ceci et cela, et patati et patata... Brr... brr... S'il n'y avait pas eu le piquet du père Offarel!... Il m'a encore gagné, le vieux malin... Ah! il y avait encore là Passart. Fais-moi penser à le recommander à notre oncle pour l'école Saint-André... C'est un charmant garçon. Entre nous, je crois que la petite Rosalie en tient pour lui... »

Émilie avait dû sourire de la perspicacité surprenante de son mari. Elle avait entendu autrefois madame Offarel se plaindre des assiduités du jeune professeur de dessin, et elle se rendit compte tout de suite qu'il avait été prié à la dernière minute, pour bien prouver qu'à défaut de René, on avait sous la main d'autres prétendants. Puis les dames Offarel étaient demeurées deux semaines sans mettre les pieds rue Coëtlogon, elles qui ne laissaient guère passer quatre soirs sans paraître à la fin du dîner. Quand elles se décidèrent à revenir, toujours à cette même heure, et après ces deux semaines, elles entrèrent, escortées du dit Passart, grand garçon blond et gauche, avec des lunettes et un visage timide, le teint semé de taches de rousseur. Émilie n'eut pas longtemps à chercher le motif de cette visite en commun. Il s'agissait de rendre son frère jaloux, naïve manœuvre que la vieille dame découvrit tout de suite en disant :

— « M. Offarel se trouvait occupé ce soir, et M. Passart a bien voulu nous servir de cavalier... Allons, Rosalie, donne une place à M. Jacques auprès de toi... »

La pauvre Rosalie ne s'était plus retrouvée en face de René, depuis la cruelle explication qu'elle avait eue avec Émilie. Elle était bien émue, bien tremblante, et le cœur lui avait fait bien mal durant le trajet entre la rue de Bagneux et la rue Coëtlogon; court trajet, mais qui lui avait paru interminable. Elle eut cependant la force de couler un regard du côté de son ancien fiancé, comme pour lui attester qu'elle n'était pas responsable des mesquins calculs de sa mère, et la force aussi de répondre froidement en s'asseyant dans un angle, et mettant un autre siège devant elle :

— « J'ai besoin de cette chaise pour y poser mes laines... M. Passart ne voudra pas m'en priver... » :

— « Mais voilà une place libre, » interrompit Émilie qui fit asseoir le jeune homme auprès d'elle et vint ainsi au secours de la courageuse enfant. Cette dernière, quoiqu'elle sût très bien qu'une affreuse scène l'attendait à la maison, se refusa obstinément à jouer le rôle auquel on la conviait. Il eût été si naturel cependant que le dépit lui inspirât cette petite vengeance! Mais les femmes vraiment délicates et qui savent aimer n'ont pas de ces dépits. Rendre jaloux l'homme qui les a abandonnées leur fait horreur, parce qu'il leur faudrait être coquettes avec un autre; et cette idée, elles ne la supportent pas. Preuve divine d'amour que cette scrupuleuse fidélité quand même, et qui grave pour toujours une femme dans le regret d'un homme!... Pour toujours... — mais quand il s'agit de l'heure présente et du résultat immédiat, ces sublimes amoureuses font fausse route, et les coquettes ont raison. Lorsque les années auront fui, et que l'amant vieilli passera la revue de ses souvenirs, il comprendra, par comparaison, la valeur unique de celle qui n'aura pas voulu le faire souffrir, — même pour le ramener. En attendant, il court après les gredines qui lui versent le philtre amer de cette avilissante, de cette ensorcelante jalousie! Il est juste de dire, à l'excuse de René, qu'en immolant Rosalie à Suzanne, il croyait du moins faire ce sacrifice à un amour véritable. Et comme sa sœur lui vantait, le lendemain, la noblesse d'attitude de la jeune fille, ce fut bien sincèrement qu'il répondit par cette parole empreinte de la plus naïve fatuité :

— « Quel dommage qu'un si beau sentiment soit perdu ! »

— « Oui, » répéta Émilie en soupirant, « quel dommage ! »

L'accent avec lequel cette phrase fut prononcée, aurait suffi à éclairer le poète sur le revirement d'opinions qui s'était fait dans sa sœur à l'endroit de madame Moraines, s'il eût eu l'esprit assez libre pour penser à autre chose qu'à son amour. Mais cet amour l'absorbait tout entier. Pour lui, maintenant, les journées se répartissaient en deux groupes : celles où il devait se rencontrer avec Suzanne, celles qu'il devait passer sans la voir. Ces dernières, qui étaient de beaucoup les plus nombreuses, se distribuaient ainsi d'habitude : il restait au lit assez tard dans la matinée, à rêver. Il éprouvait cette diminution de l'énergie animale, conséquence inévitable des excès de l'amour sensuel. Il vaquait à sa toilette, avec cette minutie qui, à elle seule, révèle aux femmes d'expérience qu'un jeune homme est aimé. Cette toilette finie, il écrivait à sa madone. Elle lui avait imposé la douce tâche de lui tenir le journal de ses pensées. Quant à elle, il n'avait pas une ligne de son écriture. Elle lui avait dit : « Je suis si surveillée, et jamais seule ! » Et il l'en plaignait, tout en se livrant à ce travail de correspondance détaillée auquel Suzanne l'assujettissait. Pourquoi? Il ne se l'était jamais demandé. Cette posture de Narcisse sentimental en train de se mirer sans cesse dans son propre amour, convenait si bien à ce qu'il y avait en lui de profondément vaniteux, comme chez presque tous les écrivains. Suzanne n'avait pas assez réfléchi aux anomalies de la nature de l'homme de lettres pour avoir spéculé sur cette vanité. Le journal de René lui plaisait à relire, quand il n'était pas là, comme un souvenir enflammé des caresses données et reçues, simplement. Quand le poète avait ainsi fait sa prière du matin à sa divinité, l'heure du déjeuner sonnait déjà. Aussitôt après, il allait à la Bibliothèque de la rue de Richelieu prendre avec conscience des notes pour son *Savonarole*, auquel il s'était remis. Il y travaillait d'arrache-pied, durant la fin de l'après-midi, et jusque dans la soirée. Il y travaillait, — sans plus jamais ressentir, comme à l'époque du *Sigisbée*, cette plénitude de talent qui du cerveau passe dans la plume, si bien que les mots se pressent dans la mémoire, que les images se dessinent avec les contours et les couleurs de la réalité, que les personnages vont et viennent, que l'effort d'écrire enfin se transforme en une ivresse à la fois légère et puissante d'où nous sortons épuisés ; — mais quelle fatigue délicieuse ! Il fallait à René, pour échafauder les scènes de son drame actuel, une tension presque douloureuse de toute sa pensée, une pire tension pour mettre en vers les morceaux qu'il avait, au préalable, esquissés en prose. Sa verve ne s'éveillait plus en fougues heureuses. Il y avait à cela plusieurs raisons d'ordres très divers, une toute physique d'abord : le gaspillage de sève vitale qu'entraîne toute passion partagée ; — une, morale : la préoccupation constante de Suzanne et l'incapacité de l'oublier jamais entièrement ; — une, intellectuelle, enfin, et la plus puissante : le poète subissait, et il ne s'en rendait pas compte, cette influence du succès, meurtrière même aux plus beaux génies. En concevant et en écrivant, il commençait de penser au public. Il apercevait en esprit la salle de la première représentation, les journalistes à leurs fauteuils, les gens du monde, ici et là, et, sur le devant d'une baignoire, madame Moraines. Il entendait à l'avance le bruit des applaudissements, aussi démoralisant pour les auteurs dramatiques que le chiffre des éditions peut l'être pour les romanciers. La vision d'un certain effet à produire se substituait en lui à cette vision désintéressée et naturelle de l'objet à peindre, pour le plaisir de le peindre, qui est la condition nécessaire de l'œuvre d'art vivante. Trop jeune encore pour posséder cette habileté des mains, grâce à laquelle les vétérans de lettres arrivent à écrire des phrases passionnées, sans émotion aucune, et de manière à tromper même les plus fins critiques, René cherchait en lui une source, un jaillissement d'idées qu'il ne trouvait pas. Son drame ne se faisait pas dans sa pensée, naturellement, nécessairement. Les figures tragiques du moine florentin au profil de bouc, du terrible pontife Alexandre VI, du violent Michel-Ange, du douloureux Machiavel, et du redoutable César Borgia, ne s'animaient pas devant ses yeux, malgré les documents amassés, les notes prises, les pages indéfiniment raturées. Alors il posait sa plume; il regardait le ciel bleuir à travers la guipure des rideaux de sa fenêtre; il écoutait les petits bruits de la maison : une porte qui se fermait, Constant qui jouait, Françoise qui grondait, Emilie qui passait légère, Fresneau qui marchait lourdement, et il se prenait à compter combien d'heures le séparaient de son prochain rendez-vous avec sa maîtresse.

— « Ah! Comme je l'aime! Comme je l'aime! » se disait-il, exaltant sa passion par son ardeur à prononcer tout haut cette phrase. Puis il se délectait à se ressouvenir du petit appartement meublé où aurait lieu ce rendez-vous, attendu avec une si fiévreuse impatience. Il avait eu, dans ses recherches, la main plus heureuse que son inexpérience ne l'avait fait espérer à Suzanne. Cet appartement se composait de trois chambres assez coquettement meublées par les soins de madame Malvina Raulet, une dame brune, d'environ trente-cinq ans, dont les manières discrètes, la toilette presque sévère, la voix adoucie, les yeux avenants, avaient tout de suite enchanté René. Madame Malvina Raulet se donnait comme veuve. Elle vivait officiellement des petites rentes que lui aurait laissées feu Raulet, personnage chimérique dont elle définissait la profession par cette phrase vague : « Il était dans les affaires. » En réalité, l'astucieuse et fine loueuse du logement meublé n'avait jamais été mariée. Elle était, pour le moment, entretenue par un homme sérieux, un médecin de quartier, père de famille, qu'elle avait enjôlé avec son air distingué et sans doute par de secrètes séductions, au point d'en tirer cinq cents francs par mois, payés le premier et d'une façon fixe, à la manière d'un traitement de fonctionnaire. Comme elle était avant tout une femme d'ordre, elle avait imaginé d'augmenter ce revenu mensuel en détachant de son appartement, beaucoup trop vaste pour elle, trois pièces dont l'une pouvait servir de salon, une autre de chambre à coucher, la dernière de cabinet de toilette. L'existence de deux portes sur le palier lui permit d'attribuer à ces trois pièces une entrée particulière. Le mobilier presque élégant qu'elle y disposa lui venait du plus funèbre héritage. Elle avait été, pendant dix années de sa vie, la maîtresse d'un fou, payée par la famille qui n'avait pas voulu que cette folie fût déclarée. A la mort du malheureux, Malvina avait touché vingt mille francs, promis à l'avance, et gardé tout ce qui garnissait la maison, théâtre de son étrange métier. Le sinistre et hideux dessous de cette existence ne devait jamais être connu de René. Mais dans ce vaste Paris, si propice aux intrigues clandestines, combien parmi les beaux jeunes gens qui vont à un rendez-vous dans un endroit pareil, se rendent compte de l'histoire de la personne qui leur fournit un asile d'amour tout préparé! Le poète ne se doutait guère non plus qu'au premier coup d'œil, cette personne aux attitudes irréprochables, avait vu clair dans ses intentions. Il s'était donné comme habitant Versailles et obligé de venir à Paris deux ou trois fois la semaine. Par enfantillage, il avait choisi comme nom d'emprunt celui du héros de roman qui l'avait séduit le plus dans sa jeunesse, le paradoxal d'Albert de *Mademoiselle de Maupin*. Tout en écrivant ce nom au bas du petit billet d'engagement que madame Raulet lui fit signer, il avait posé sur la table son chapeau, dans le fond duquel la rusée hôtesse put lire les véritables initiales de son locataire de passage, et elle reprit :

— « Monsieur d'Albert voudra-t-il que ma domestique se charge aussi du service, ce sera cinquante francs de plus par mois?... »

Ce prix exorbitant fut demandé avec un ton de voix si candide, et, d'autre part, madame Raulet lui paraissait si respectable, que le jeune homme n'osa pas discuter. Il la regarda cependant avec une première défiance. Son aspect démentait toute idée d'exploitation de l'adultère. Elle portait une robe de nuance sombre, joliment coupée, mais toute simple. Sa montre passée dans sa ceinture était attachée à une de ces chaînes de cou, jadis très en faveur dans la bourgeoisie française, et qui lui venait certainement d'une mère adorée. Un médaillon renfermant sous verre une mèche de cheveux blancs, ceux d'un père chéri, sans nul doute, fermait son col modeste. Ses doigts longs passaient à travers des mitaines de soie qui laissaient deviner l'or de son alliance. Il est juste d'ajouter que cette veuve distinguée avait, outre le médecin, deux amants très jeunes : l'un, étudiant en droit, l'autre, employé dans un grand magasin de nouveautés, qui croyaient posséder en elle une femme du monde, surveillée par une famille implacable !

Ces deux amants représentaient, dans l'équilibre de son budget, toutes sortes de petites économies : des dîners au restaurant, des promenades en voiture, des cadeaux de bijoux, des loges de théâtre, ce qui n'empêcha pas cette vertueuse créature de dire au faux d'Albert :

— « La maison est bien tranquille, Monsieur. Vous êtes un jeune homme, » ajouta-t-elle avec un sourire, « vous ne vous offenserez pas si je me permets de vous faire observer que le moindre bruit, dans l'escalier, le soir par exemple, serait un motif pour résilier notre contrat... »

René s'était senti rougir quand elle lui avait parlé ainsi. Dans l'excès de sa naïveté, il trembla que l'honorable veuve ne lui donnât congé après le premier rendez-vous. Cette ridicule crainte le poussa, au sortir même de ce premier rendez-vous, et quand Suzanne fut partie, à faire une visite à son hôtesse, sous le prétexte d'une petite recommandation relative au service. Elle le reçut avec la politesse gracieuse d'une femme qui ne sait rien, qui ne comprend rien, qui n'a rien vu, quoiqu'elle eût, à travers la fenêtre sur la rue, suivi du regard madame Moraines. Cette dernière s'était en allée, le long du trottoir, avec cette allure à laquelle un œil parisien ne s'est jamais trompé. Malvina savait désormais à quoi s'en tenir : son locataire était l'amant d'une femme du monde, et du plus grand monde. Lui-même cependant, quoique bien mis, n'avait ni dans sa coiffure, ni dans la coupe de sa barbe, ni dans sa démarche, le je ne sais quel caractère qui décèle le fils de famille. La loueuse pensa que, selon toute probabilité, le loyer serait payé par la maîtresse et non par l'amant, et elle regretta de n'avoir demandé que cinq cents francs par mois, outre les cinquante du service. — Son appartement tout entier lui revenait, à elle, à quatorze cents francs par an et sa bonne à tout faire recevait quarante-cinq francs de gage! — N'importe, elle se rattraperait sur le détail : le bois à fournir pour le feu, le linge, les repas, si jamais le jeune homme s'avisait de déjeuner là, comme elle le lui offrit.

— « C'est une excellente personne, et bien prévenante... » dit René à Suzanne lorsque cette dernière l'interrogea sur madame Raulet. Mais quoi? La confiance du poète n'avait-elle pas raison? A quoi lui eût-il servi de se livrer, comme eût fait Claude, à une analyse pessimiste du caractère de cette femme, sinon à se configurer d'avance mille dangers de chantage, d'ailleurs imaginaires; car si Malvina était une nature d'entremetteuse, vénale et retorse, c'était aussi une bourgeoise sincèrement affamée de considération, et qui se proposait, une fois sa pelote faite, de retourner dans sa ville natale, à Tournon, et d'y mener une vie d'absolue décence. L'esclandre possible d'un procès où son nom eût été mêlé suffisait à écarter de son imagination tout projet de canaillerie violente. Elle poussait ce culte de la respectabilité à un tel point, qu'elle forgea elle-même, sur son locataire, et auprès du concierge, un mensonge compliqué. Suzanne et René devinrent un gentil ménage, demeurant toute l'année à la campagne et un peu parent du défunt Raulet. Ce fut elle aussi qui, avant toute demande, remit deux clefs au soi-disant Albert, afin d'empêcher les relations avec ce concierge, même les plus insignifiantes. Qu'importait à René la cause véritable de cette complaisance? Les jeunes gens ont ce bon esprit de ne pas raisonner avec les faits commodes à leurs passions. Ils s'engagent ainsi sur des chemins périlleux, mais ils en cueillent, ils en respirent du moins toutes les fleurs. Quand celui-ci traversait Paris pour se rendre au petit appartement de la rue des Dames, une musique lui chantait dans le cœur, qui ne lui permettait pas d'entendre les voix attristantes du soupçon. Ses rendez-vous avaient lieu presque toujours le matin. René ne s'était jamais demandé non plus pourquoi ce moment de la journée était plus commode à Suzanne. En réalité, c'était l'heure où cette dernière était plus assurée d'échapper à la surveillance de Desforges. Avant midi, l'hygiénique baron se consacrait à ce qu'il avait de plus précieux au monde : sa santé. Il prenait une leçon d'armes, ce qu'il appelait « sa pilule d'exercice; » il galopait dans les allées du Bois, ce qui devenait « sa cure d'air; » enfin il « brûlait son acide, » formule qu'il devait au docteur Noirot. La madone en partie double, qui connaissait le fonds et le tréfonds de cet homme, le savait aussi enchaîné par les servitudes de cette hygiène que Paul lui-même par celles de son bureau. Elle ressentait un malin plaisir à se représenter, de la sorte, son mari assis à ce bureau, son « excellent ami » chevauchant une jument anglaise, et son petit René entrant chez une fleuriste pour y acheter de quoi parer la chapelle de leurs caresses. C'était des roses qu'il choisissait d'ordinaire, des roses rouges comme les lèvres de son amie, des roses pâles comme ses joues dans les minutes de lassitude, de vivantes, de fraîches roses dont l'arome alanguissait encore la langueur des étreintes. Elle savait, tandis qu'elle s'acheminait de son côté vers ce tendre et furtif asile, que son jeune amant était debout contre la croisée, à écouter le bruit des fiacres qui passaient. Qu'il serait heureux, quand le sien à elle s'arrêterait devant la maison ! Elle monterait l'escalier et il l'attendrait, ayant lui-même ouvert doucement la porte, pour ne pas perdre une seconde, une seule, de sa chère présence. Il la tiendrait, là, contre lui, la dévorant de ces silencieux baisers qui vont cherchant la fraîcheur de la peau et la mobilité des lèvres à travers la dentelle de la voilette. Et c'était presque aussitôt un emportement de désirs que Suzanne adorait, une frénésie de l'avoir à lui, qui le faisait la dévêtir avec des mains affolées et des caresses, — ah! quelles caresses! La grande séduction de la jeune femme et son habileté suprême consistaient à garder son innocente expression de vierge au milieu des pires désordres. Son pur visage semblait ignorer les complaisances du reste de sa personne, et grâce à cette idéalité de physionomie conservée à travers tout, elle avait pu se faire, sans déchoir, l'éducatrice amoureuse de René, comme découvrant avec lui le monde mystérieux de la vie des sens. Cette passion sensuelle formait l'arrière-fond sincère de ses rapports avec le jeune homme. Cette même passion était la cause de la fréquence de ces rendez-vous, auxquels la singulière créature apportait une âme entièrement heureuse, entièrement étrangère aussi à tout sentiment de remords. Elle appartenait, sans doute par l'hérédité, se trouvant la fille d'un homme d'État, à la grande race des êtres d'action dont le trait dominant est la faculté distributive, si l'on peut dire. Ces êtres-là ont la puissance d'exploiter pleinement l'heure présente sans que ni l'heure passée ni l'heure à venir trouble ou arrête leur sensation. L'argot actuel a trouvé un joli mot pour désigner ce pouvoir spécial d'oubli momentané ; il appelle cela « couper le fil. » Suzanne avait organisé la part de sa vie accordée à Paul, la part de sa vie accordée à Desforges. Pendant le temps où elle se donnait à René, elle lui appartenait tout entière, avec une suspension si absolue du reste de son existence qu'il lui aurait fallu se raisonner pour savoir qu'elle mentait, et ces lugubres raisonnements de la conscience, elle se souciait bien d'y travailler, tandis que l'opium puissant du plaisir envahissait son cerveau !... Ils étaient là, son amant et elle, dans les bras l'un de l'autre, les rideaux tirés, lui en adoration devant cette femme dont la beauté le ravissait, dont l'élégance intime l'extasiait. Il aimait d'elle, et sa peau si douce et la soie de ses bas, sa gorge souple et la batiste de sa chemise, le parfum de son haleine et les saphirs de son bracelet, ses cheveux blonds et les épingles d'écaille incrustées de petits diamants qu'elle y piquait. Elle se laissait adorer comme une idole, voluptueusement roulée dans le flot de baisers qui montait, montait vers elle, — baisers d'amour qui n'étaient pas comptés, pesés, étiquetés comme ceux de Desforges,

— baisers nouveaux qui n'avaient pas la monotonie connue de ceux de Paul, — baisers ardents comme l'homme de vingt-cinq ans qui les lui donnait, qui les lui prodiguait, — baisers si frais, qui lui arrivaient d'une bouche aussi pure que la sienne et qu'accompagnaient des paroles de tendresse empreintes de la plus délicieuse poésie, — enfin un régal exquis de courtisane blasée auquel il lui fallait s'arracher, avec effort! Vers midi elle devait se rhabiller, et René lui servait enfantinement de femme de chambre, la regardant se coiffer elle-même avant de passer sa robe, avec adoration. Elle avait ses beaux bras levés, sa taille prise dans son mince corset de satin noir. Son jupon de soie molle et parfumée, un peu court, laissait voir ses bas où se moulaient ses jambes fines. Il s'approchait d'elle, et sa bouche courait sur ses épaules nues qui frémissaient avant de disparaître sous l'étoffe hypocrite du corsage... Et puis, quand elle était partie, il demeurait là tout le jour, se faisant servir à déjeuner par madame Raulet dans le salon, soi-disant pour travailler, — car il avait apporté sa serviette remplie de papiers, — en réalité pour se repaître de souvenirs dans la chambre à coucher dont le désordre lui attestait qu'il n'avait pas rêvé! Il ne s'en allait qu'au crépuscule, traversant, pour gagner la rue Coëtlogon, tout le Paris qu'étoilent les premiers becs de gaz, si clairs dans la transparence du soir, et la divine lassitude qu'il sentait en lui faisait comme une volupté suprême où se résumaient, où s'évanouissaient toutes les autres!

XV

LES RANCUNES DE COLETTE

Il y avait environ deux mois que cette vie durait, monotone et si douce, et sans autres événements que ce regret du dernier baiser et cette espérance des caresses prochaines, lorsqu'un matin, et au moment même où René sortait de chez lui pour aller à un de ces rendez-vous, Françoise lui remit une lettre dont la suscription le fit tressaillir. Il avait reconnu l'écriture de Claude Larcher. Il savait, pour avoir passé à l'hôtel Saint-Euverte et causé avec Ferdinand, que l'écrivain avait séjourné à Florence, puis à Pise. Il avait même adressé à la poste restante de ces deux villes trois billets demeurés sans réponse. Il vit au timbre de l'enveloppe que Claude se trouvait maintenant à Venise. Ce fut avec une curiosité singulière qu'il déchira cette enveloppe et qu'il lut les pages suivantes, tout en longeant les trottoirs des calmes rues du faubourg Saint-Germain qui le menaient vers la Seine, par un matin du premier printemps, aussi frais, aussi lumineux que son propre amour.

Venise, Palais Dario, avril 79.

Et c'est de votre Venise que je vous écris, mon cher René, de cette Venise où vous avez évoqué le cruel profil de votre Cœlia, le tendre profil de votre Béatrice; et comme la féerique Venise est toujours la patrie de l'invraisemblable, la cité des ondines, qui, sur ce bord d'Orient, s'appellent des sirènes, j'y ai découvert un appartement meublé dans le plus délicieux petit palais, sur le Grand Canal, comme lord Byron, un *palazzino* à médaillons de marbre sur sa façade, tout historié, brodé, ciselé, et penché de côté, comme moi dans mes mauvais jours. Pendant que je suis à vous griffonner cette lettre, j'ai l'eau glauque de ce *Canal Grande* sous mes fenêtres, et autour de moi la paix de cette ville, — la Cora Pearl de l'Adriatique, dirait un vaudevilliste ! — où il fait un silence de songe. Ah ! mon ami, pourquoi faut-il que j'aie apporté ici mon vieux cœur d'homme de lettres malade, ce cœur inquiet que j'entends battre et gémir plus fort encore dans ce doux silence ?... Savez-vous qu'il est deux heures, que je viens de déjeuner à une petite table du Florian, sous les arcades, d'aller à San-Giorgio in Bragora regarder un divin Cima, que je dois dîner ce soir avec deux descendantes des doges, belles comme des femmes de Véronèse, et des Russes aussi amusants que le Korazoff de notre ami Beyle, et qu'au lieu d'avoir l'esprit en fête, je suis rentré pour revoir Son Portrait, — avec une grande S et un grand P, — le portrait de Colette ! René, René, que ne suis-je simplement assis dans mon fauteuil d'orchestre aux Français, à la voir jouer la Camille d'*On ne badine pas avec l'amour*, pièce divine, aussi amère que de l'*Adolphe* et qui chante comme du Mozart ! Vous souvenez-vous de son sourire de côté, et comme elle hochait joliment sa blonde tête pour dire : « Mais êtes-vous sûr « que tout mente dans une femme, lorsque sa « langue ment ? » Vous souvenez-vous de Perdican et de ces mots : « Orgueil, le plus fatal « des conseillers humains, qu'es-tu venu faire « entre cette fille et moi ? » C'est toute mon histoire que ces quelques mots-là, toute notre histoire ! Seulement, j'étais, moi, le vrai Perdican de la comédie, avec cette source d'idéal et d'amour au fond de l'âme, toujours jaillissante malgré l'expérience, toujours pure malgré tant de fautes !... Et elle, ma Camille, elle avait été souillée, à ne l'en pouvoir laver, par tant de hontes ! Ah ! Que la vie a donc tristement bavé sur ma fleur ! Et quand j'ai voulu la respirer, quelle odeur de mort !

Allons, allons, ce n'est pas pour vous raconter cela que je me suis mis à ma table, devant mon balcon à travers les colonnettes duquel je vois passer les gondoles. Elles glissent, elles penchent, elles volte-virent, si coquettement funèbres et sveltes ! Si chacun de ces cercueils flottants emportait un de mes rêves défunts, quelle procession interminable sur cette eau morne ! Que ne suis-je aqua-fortiste ; je sais bien la composition macabre que je graverais : une fuite de ces barques noires dans le crépuscule, des squelettes blancs pour gondoliers à la proue et à la poupe, ramant tout droits, une rangée de palais ruinés, et j'écrirais en dessous : — « Ainsi est mon cœur ! » Après une jeunesse plus foulée que le raisin des vendanges, et si misérable, quand je venais d'échapper à peine aux esclavages du métier, c'est l'horrible esclavage de cet amour-là qu'il m'a fallu rencontrer, de cet amour à base de haine et de mépris! Pourquoi, Dieu juste? Pourquoi? Qui m'eût dit, par le soir de juillet où cette folie a commencé, que j'en étais à une des heures les plus solennelles de ma vie? J'avais bien travaillé tout le jour et dîné seul. J'étais sorti pour respirer un peu, je flânais le long de ma canne et de mon spleen, regardant les passants et les passantes sans autre projet que de gagner dix heures. Quelle invisible démon a conduit mes pas du côté de la Comédie? Pourquoi suis-je monté au foyer, où je n'étais pas venu depuis des mois, dire bonjour au vieux Farguet, dont je me souciais comme de mon premier article? Pourquoi ai-je eu de l'esprit, dans ce foyer, et ma fantaisie des meilleures heures, moi qui me suis vu si souvent, aux dîners du monde, aussi muet que la carpe à la Chambord du menu? Pourquoi Colette se trouvait-elle là dans cet adorable costume des jeunes filles de l'ancien répertoire? Elle jouait la Rosine du *Barbier :* « Quand dans la plaine — l'Amour ramène — le printemps... » J'allai dans la salle lui entendre chanter cet air. Pourquoi me regardait-elle en le chantant, si visiblement émue que je n'osais pas comprendre? Pourquoi avait-elle cette bouche, ces yeux, ce profil, ce visage où il semble que l'on puisse lire la douleur d'une

Psyché asservie, torturée par les sens? Que je l'ai aimée dès ce premier soir et qu'elle m'a aimé! Elle ne se disputa pas et je l'avais à moi ce soir même. C'était la seconde fois que nous nous rencontrions. Comprenez-vous cela, que j'aie été assez fou pour espérer une fidélité quelconque d'une fille qui s'était ainsi jetée à ma tête?... — « Montez-vous dans ma loge? » me dit-elle, quand je reparus dans les coulisses, et nous y montâmes. Nous n'y étions pas depuis un quart d'heure qu'elle pressait ses lèvres sur les miennes, avec cet égarement presque douloureux que je lui ai toujours vu dans le plaisir : — « Ah! » me dit-elle, « voilà une heure que j'en ai trop envie!... » Insensé, il fallait la prendre comme elle se donnait, pour une admirable courtisane, folle de son corps, — et du mien, par bonheur, et me souvenir que les femmes sont avec les autres exactement les mêmes qu'avec nous... Au lieu que...

Quittons ce chemin, mon bon René, j'aperçois le poteau indicateur sur lequel il y a écrit « route cavalière du désespoir, » comme au tournant des allées de cette forêt de Fontainebleau où je l'ai tant aimée, un matin d'été que nous nous y promenions, allant de Moret à Marlotte dans une petite carriole attelée d'un cheval noir nommé *Cerbère*. Je crois le voir, ce cheval, avec la queue de renard qui lui battait le front, et ma Colette auprès de moi, avec ses beaux yeux cernés de nacre par la folie de notre nuit de plaisir... Mais où ne l'ai-je pas aimée? Quittons-la, cette route fatale, et arrivons aux faits, que je vous dois, puisque vous m'avez écrit à plusieurs reprises et si gentiment. Quand je vous ai quitté, rue Coëtlogon, partant pour l'Italie, — cela se chante! — je voulais savoir si je pouvais me passer d'elle. Hé bien! l'expérience est faite... et défaite. Je ne peux pas. Je me suis bien raisonné, j'ai bien lutté. Je me suis levé, depuis ce départ, non pas dix fois, mais vingt, mais trente, en me jurant que je n'y penserais pas de la journée. Cela va pendant un quart d'heure, une demi-heure... Et, au bout de ce temps, je la revois, et ces yeux, et cette bouche, et puis des gestes qui ne sont qu'à elle, une façon tendre et vaincue qu'elle avait de pencher sa tête sur moi quand je la tenais dans mes bras; et alors, où que je sois, il faut que je m'arrête, que je m'appuie contre un mur, tant j'ai là comme une aiguille fine et pointue qui se retourne dans mon cœur. Croirez-vous que j'ai dû quitter Florence parce que je passais mon temps aux Offices, devant ce tableau de Botticelli, la *Madonna Incoronata* dont vous avez vu la photographie chez moi? Il m'est arrivé de prendre une voiture à une des extrémités de la ville, pour arriver avant la fermeture de la galerie, afin de revoir cette toile, parce que l'ange de droite, celui qui lève le voile, ah! c'est elle, c'est tellement elle, tellement son regard, ce regard qui m'a fait la plaindre si souvent et pleurer sur sa misère, quand j'aurais dû la tuer... J'ai donc quitté Florence encore et je me suis abattu sur Pise, la ville morte dont j'avais déjà goûté la taciturne douceur. Elle m'avait tant plu, cette place où se dressent le dôme, le baptistère et le campanile, avec un mur de cimetière et un débris de rempart crénelé pour l'enclore! Et cette plage du Gombo à deux heures, stérile et sablonneuse parmi les pins! Et cet Arno jaunâtre, tout lent, tout lassé!... Ma chambre donnait sur ce flot mélancolique, mais elle était pleine de soleil, chaude et claire, et j'étais arrivé là, muni d'un grand projet. La vieille maxime de ce Gœthe tant admiré jadis, m'était revenue : « Poésie, c'est « délivrance... » — « Essayons, » m'étais-je dit, et je me promis de ne quitter Pise qu'après avoir transformé ma douleur en littérature. En faisant des bulles de savon avec mes anciennes larmes, peut-être oublierais-je d'en verser d'autres. Ces bulles de savon s'enflèrent en une nouvelle que j'intitulai *Analyse*. Mais vous l'avez lue sans doute dans la *Revue parisienne*. N'est-ce pas que je n'ai rien fait de mieux? J'y ai tout mis, comme vous avez pu voir, de ces tristes amours ; tout y est exact, photographique, depuis l'histoire de la lettre jusqu'à ma jalousie pour les Saphos. Et Colette, est-elle assez prise sur le vif ? Et moi-même ?... Hélas ! mon pauvre ami, à salir ainsi l'image de celle que j'ai tant aimée, à traîner dans la fange l'idole parée autrefois des plus fraîches roses, à déshonorer mon plus cher passé de toute la force de mon cœur, si j'avais du moins gagné la paix ! Voici le résultat de ce noble effort : je n'avais pas plutôt mis à la poste le manuscrit de ce petit roman que je rentrais chez moi pour écrire à Colette et lui demander pardon... Ah ! La méthode de Gœthe, de ce sublime Philistin, de ce Jupiter suivant la formule, quelle excellente plaisanterie ! Oui. J'ai enfoncé ma plume dans ma plaie afin de prendre mon sang en guise d'encre, et je n'ai fait qu'envenimer cette plaie davantage. Je ne guérirai plus qu'avec le temps, si je guéris. Mais après tout, pourquoi guérir ?

Oui, pourquoi ? J'ai été fier, je ne le suis plus. Je me suis débattu contre cette passion qui m'abaissait, je ne me débats plus. Si j'avais un cancer à la joue, est-ce que j'en serais honteux ? J'ai un cancer à l'âme, voilà tout, et je me laisse maintenant ronger par lui, sans résister. Écoutez la suite de mon histoire. Colette n'avait pas répondu à ma lettre. Pouvais-je m'attendre qu'après ma conduite elle me dit merci? J'avais commencé de m'avilir en lui écrivant. Je continuai. J'ai connu alors une volupté inouïe et que je ne soupçonnais pas : celle de me dégrader pour elle, de mettre sous ses pieds toute ma dignité d'homme et d'artiste. Je lui écrivis une seconde fois, une troisième, une quatrième. Ma nouvelle parut, je lui écrivis encore, et des lettres, où je m'humiliais avec ivresse; des lettres qu'elle pût montrer à Salvaney, à l'immonde Aline, et leur dire : « Il m'a quittée, il m'insulte, voyez comme « il m'adore! » Combien je l'aimais, est-ce que cette insulte même n'aurait pas dû le lui montrer? — Mais non, vous ne la connaissez pas, René; vous ne savez pas comme, avec tous ses défauts, elle est orgueilleuse. Ce qu'a dû être, pour elle, ce malheureux roman, je n'ose pas y penser, et voilà pourquoi je n'ose pas non plus revenir. Dans l'état de sensibilité malade où je me trouve, affronter une scène comme celles d'autrefois ne m'est pas possible; et vivre sans Colette plus longtemps, c'est au-dessus de ce qui me reste de force. J'ai donc pris le parti de m'adresser à vous, mon cher René, pour aller en mission auprès d'elle. Je sais que vous lui avez toujours plu, qu'elle vous a de la vraie reconnaissance pour le joli rôle que vous lui avez fait; je sais qu'elle vous croira quand vous lui direz : « Claude en meurt... Ayez pitié de lui. » Dites-lui aussi, René, qu'elle n'ait plus peur de mon mauvais caractère. Le Larcher révolté qu'elle n'a pu supporter n'existe plus. Pour être auprès d'elle, pour vivre dans son ombre, l'avoir auprès de moi, je tolérerai tout, tout, vous entendez. Certes, les mois de cet hiver furent une époque de dure tristesse. Quel paradis à côté de cet enfer : l'absence! Et puis, nous avions des heures divines, des après-midi passées chez elle à nous aimer, dans son appartement de la rue de Rivoli qui donne sur le jardin des Tuileries. La vie bruissait autour de nous, et je tenais ma chère maîtresse sur mon cœur. J'avais ses yeux, j'avais sa bouche, j'avais cette caresse triste et passionnée qu'elle seule sait donner... Voyez, mon écriture s'altère rien que d'y penser. Si j'ai pu vous être ami autrefois, comme vous me le disiez, rendez-moi ce suprême service d'aller la voir, montrez-lui cette lettre, parlez-lui, attendrissez-la. Qu'elle me permette de revenir auprès d'elle et qu'elle me pardonne. Adieu, j'attendrai votre réponse avec agonie, et vous savez ce qu'il peut tenir de souffrance dans cette machine à se torturer elle-même qui s'appelle votre vieil ami.

C. L.

P. S. — Passez donc au bureau de la *Revue*,

prendre en mon nom cinq exemplaires de ma Nouvelle dont j'ai le placement ici.

———

— « Est-ce assez lui !... » se dit René après avoir lu cette étrange épître où se trouvaient comme ramassés en un faisceau les divers éléments qui formaient la personnalité composite de Claude : le goût de l'artificiel, le marivaudage en face des plus amères souffrances, et cependant une sincérité d'enfant, la plus susceptible vanité d'auteur et le plus ingénu sacrifice de toute prétention, le pouvoir de se connaître et l'impuissance à se diriger. « J'irai aux Français dès ce soir si Colette joue, » se dit René. Il acheta un journal et vit qu'elle jouait en effet. « Mais, » reprit-il, « comment me recevra-t-elle ?... » Il était si préoccupé des chances de cet accueil, et aussi des chagrins de cet ami tendrement aimé, qu'une fois arrivé à son rendez-vous, il ne put s'empêcher de raconter son inquiétude à Suzanne. Il lui fit même lire la lettre qu'elle lui rendit en lui disant :

— « Le pauvre diable !... » et elle ajouta, comme au hasard : « Vous n'avez vraiment jamais parlé de moi ensemble ? »

— « Si, une fois en passant... » répondit René, après une hésitation. Depuis qu'il était l'amant de Suzanne, les scrupules de sa discrétion lui faisaient considérer comme une indélicatesse la simple phrase qu'il avait prononcée, lors de sa visite à Claude, malheureuse phrase qui lui avait attiré la sarcastique exclamation de son ami. Suzanne se trompa sur le sens de cette hésitation et elle insista :

— « Je suis sûre qu'il t'a dit du mal de moi ? »

— « Pour cela non, » répliqua René avec assurance. Il était trop habitué aux jeux de physionomie de Suzanne pour ne pas avoir remarqué le fond d'anxiété que ses prunelles claires avaient montré en lui posant cette seconde question, et, à son tour, il demanda : — « Comme tu te défies de lui ! Pourquoi ? »

— « Pourquoi ? » dit-elle avec un sourire, « c'est que je t'aime tant, mon René, et les hommes sont si méchants... » Puis, afin de détruire entièrement l'effet que son excessive défiance pouvait avoir produit sur le jeune homme : « Tu sais, » reprit-elle, « il faut aller chez mademoiselle Rigaud. »

— « C'est bien mon intention, » dit-il, « et dès ce soir, et toi?... » interrogea-t-il, comme cela lui arrivait souvent, « que fais-tu de cette soirée ? »

— « Je vais au théâtre, moi aussi, » répondit-elle : « mais pas dans les coulisses. Mon mari me mène au Gymnase, en tête à tête... Pourquoi me fais-tu penser à cela ? J'aurai bien assez de mélancolie lorsque j'y serai. Va, mon amour, » ajouta-t-elle en le serrant dans ses bras, « aime-moi bien fort pour le temps où tu ne seras pas là à m'aimer!... »

Le poète avait encore la tête remplie de cette voix, douce comme la plus douce musique, et l'âme troublée par ces baisers, plus grisants que la liqueur la plus grisante, lorsqu'il franchit vers les neuf heures du soir la porte de l'administration du Théâtre-Français, par laquelle on monte au célèbre foyer. Il jeta un coup d'œil sur la loge du concierge, en se souvenant que cette pièce avait été une des stations du calvaire de Claude. Autrefois, quand ils arrivaient ensemble au théâtre, ce dernier ne manquait guère de dire à son jeune ami en lui montrant le casier réservé aux lettres de Colette :

— « Si je les volais pourtant, je saurais peut-être la vérité. »

— « Quel bonheur, » songea René, « de ne pas connaître cette horrible maladie du soupçon!... » Et il sourit en montant l'escalier qui tourne contre un mur tout garni de portraits d'acteurs et d'actrices du siècle dernier. Là, figé sur la toile, grimace le rictus des Scapins d'autrefois. Là, clignent des yeux les Célimènes mortes depuis des années et des années. Cette évocation de gaietés à jamais évanouies, d'amours à jamais disparues, de tout un passé de fêtes à jamais envolé, a quelque chose d'étrangement mélancolique pour les rêveurs qui sentent leur vie s'en aller, comme toute vie, et le peu que dure la joie humaine. Bien souvent René avait éprouvé cette impression de vague tristesse; il l'éprouva encore, malgré lui, au point de se hâter vers le foyer, s'attendant à y rencontrer force connaissances et à y distribuer force poignées de main. Mais il ne s'y trouvait que deux acteurs, en costumes de marquis du temps de Louis XIV, le chef chargé d'énormes perruques, les mollets pris dans des bas rouges, les pieds serrés dans des souliers à hauts talons. Ces deux personnages étaient engagés dans une discussion sur les affaires de l'État; ils ne prirent pas garde au jeune homme qui put entendre l'un d'eux, long et jaune comme un pensionnaire rongé d'envie et de bile, dire à l'autre, rubicond et replet comme un chanoine du sociétariat:

— « Tout le malheur de notre pays vient de ce que l'on ne s'occupe pas assez de politique... »

— « Quel dommage que Larcher ne soit pas là! » se dit René en écoutant cette phrase, et il s'imaginait la joie qu'elle eût causée à son ami, le « C'est énorme !... » que Claude eût poussé, selon son habitude, en frappant des mains. Tout, d'ailleurs, dans ce coin de théâtre, contribuait à évoquer pour lui ce compagnon de tant de visites. Ils s'étaient assis ensemble dans le petit foyer, maintenant vide. Ensemble ils avaient descendu les quelques marches qui mènent aux coulisses, glissé entre les portants, et pris place dans le guignol, — comme les acteurs appellent l'espèce de niche, ménagée au fond pour s'y reposer dans l'entre-deux des scènes. Colette n'était pas là, et René se décida à monter par le long escalier et les corridors interminables qui desservent les loges. Il arriva enfin devant la porte en haut de laquelle était écrit le nom de mademoiselle Rigaud; il frappa, faiblement d'abord, mais sans doute on causait dans la loge, et on ne l'entendit point. Il dut frapper plus fort : — « Entrez! » cria une voix aigre qu'il reconnut, la même qui savait si bien s'adoucir pour réciter :

Si les roses pouvaient nous rendre le baiser...

La porte ouverte, c'était une minuscule antichambre sur laquelle ouvrait un minuscule cabinet de toilette. René souleva la portière de satin noir à personnages d'or qui fermait cette antichambre; il se trouva dans la pièce étroite, en ce moment surchauffée par les lampes et par la présence de cinq personnes, cinq hommes, dont deux en frac de soirée, évidemment des gens du monde, et les trois autres des amis de l'actrice, d'un ordre un peu inférieur. L'un des deux personnages en frac était Salvaney, qui ne reconnut pas René. Lui et son camarade étaient les seuls assis, sur une chaise longue recouverte d'une ancienne robe chinoise de satin vieux rose. C'était Claude qui avait donné cette robe à Colette, lui qui avait présidé, dans les temps heureux de leurs amours, à l'arrangement de toute la loge. Il avait couru huit jours Paris pour assortir les panneaux encadrés de bambous qui paraient les murs tendus d'une étoffe grisâtre. Trois de ces panneaux représentaient des Chinoises peintes sur de la soie de nuance claire. Sur le plus large, tout en satin noir, comme la portière, des ibis blancs volaient, parmi des muguets et des fleurs de pêcher. Des éventails aux couleurs vives et des bouquets de plumes de paon, dans les intervalles, au plafond un grand dragon d'or aux yeux d'émail, achevaient de donner à ce coquet réduit son charme original. Colette était en train de faire sa figure, au milieu de ces cinq hommes, les cheveux mal noués, les bras nus dans les larges manches d'un peignoir d'une souple étoffe d'un bleu très clair. Devant elle, la table de toilette étalait, sur son tapis d'écorce d'arbre frangé, l'arsenal des boîtes de porcelaine remplies de pommade. Les poudres blanches, jaunes, roses, emplissaient d'autres boîtes, les longues épingles dites de tragédie miroitaient dans les coupes; les pattes de lièvre, rouges de fard, se mêlaient aux houppes énormes, aux crayons noirs, aux petites éponges pour le blanc. L'actrice pouvait voir qui entrait dans la vaste glace dont s'ornait le mur au-dessus de cette table. Elle reconnut l'auteur du *Sigisbée*, et se retournant à demi pour lui montrer ses mains pleines de vaseline et s'excuser ainsi de ne pas les lui tendre, elle lui jeta un regard qui fit comprendre à René combien Claude avait eu raison de ne pas revenir sans parlementaire préalable.

— « Bonjour, vous... » dit-elle. « Sans reproche, j'aurais pu vous croire mort... Je vois à votre mine que vous avez été seulement trop heureux... Je vous joue demain, vous savez... Asseyez-vous, si vous trouvez de la place... » Et, avant que René eût pu répondre un mot, elle s'était retournée vers Salvaney : « Après tout, je veux bien... Venez me prendre à midi. Aline sera là, et nous irons déjeuner tous trois avant cette visite... »

Elle jeta un second regard du côté de René, après avoir parlé. Les coins de sa bouche se rabaissaient; son charmant visage prit soudain la plus implacable expression de cruauté. C'était un défi lancé à Claude, à travers son ami le plus intime, que cette phrase. Cet ami la répéterait certainement à l'amant jaloux. C'était comme si elle eût crié, par delà l'espace, à cet homme qu'elle n'oubliait pas, malgré sa fuite et ses affronts : « Tu n'es pas là, et je m'amuse précisément de la manière qui peut le plus te faire souffrir. » Elle échangea quelques mots encore avec les autres visiteurs, recommandant à celui-ci un pauvre diable à qui elle s'intéressait, insistant auprès d'un autre pour un article de réclame à publier dans un journal, revenant à Salvaney pour l'interroger sur les chances de la prochaine course, jusqu'à ce qu'enfin, ses mains essuyées, elle se releva et elle dit :

« Et maintenant, mes petits amis, vous êtes bien gentils, mais... » et elle leur montra la porte, « je vais m'habiller et il faut me laisser... Non, pas vous, » continua-t-elle en s'adressant à René, sans prendre la peine de se cacher des autres, « j'ai deux mots à vous dire... » Et, dès qu'ils furent seuls, elle reprit, assise devant sa glace, de nouveau, et travaillant ses yeux avec un crayon : « Vous avez lu l'infamie de Claude ? »

— « Non, » fit René, « mais j'ai reçu une lettre de lui : il est le plus malheureux des hommes... »

— « Ah ! Vous ne l'avez pas lue ! » interrompit Colette. « Hé bien ! lisez-la : vous verrez quelle canaille vous avez pour ami !... Ah ! ça, » s'écria-t-elle en se retournant vers René, croisant ses bras, et toutes les flammes de la colère s'échappaient de ses yeux agrandis par le noir, qui brûlaient dans son visage tout blanc, « vous trouvez cela propre d'insulter une femme, vous ? Et qu'est-ce que je lui ai fait, à ce monsieur ? Parce que je n'ai pas voulu obéir, comme un chien, à ses caprices, rompre avec tous mes amis, mener une vie d'esclave !... Est-ce que j'étais sa femme, par hasard ? Est-ce qu'il m'entretenait ? Est-ce que je lui demandais compte de ses actions, moi ?... Et quand j'aurais eu des torts envers lui, c'était une raison pour aller raconter au public toutes les saletés qu'il a imaginées sur mon compte !... C'est une canaille, une canaille, une canaille... Vous pouvez le lui écrire de ma part, et que le jour où je le rencontrerai, je lui cracherai à la figure... Ah ! Ce monsieur m'a traitée de drôlesse et de fille !... Il la connaîtra, la drôlesse !... Elle se vengera, la fille !... Non, Mélanie, » dit-elle à l'habilleuse qui entrait, « dans un quart d'heure... je vous appellerai. »

— « Mais s'il ne vous aimait pas, » répliqua René, profitant de ce répit, « il ne se déchaînerait pas ainsi contre vous. C'est la douleur qui l'affole... »

— « Laissez-moi donc tranquille avec ces bêtises-là, » reprit Colette en haussant les épaules et de nouveau occupée devant la glace avec son crayon, « vous croyez encore au cœur de cet être-là! Mais il n'est même pas votre ami à vous, mon cher... Si vous l'aviez entendu se moquer de vos amours, vous sauriez à quoi vous en tenir sur son compte... »

— « De mes amours?... » interrogea René stupéfié.

— « Allons, » dit l'actrice en riant d'un mauvais rire, « ne jouez donc pas au plus fin avec moi, et quand vous voudrez bien placer vos confidences, choisissez quelqu'un de plus sûr que M. Larcher, votre ami. »

— « Je ne vous comprends pas, » répondit le jeune homme dont le cœur battait, « je ne lui ai jamais fait de confidences... »

— « Alors c'est lui qui a inventé que vous étiez amoureux de madame Moraines, cette jolie femme blonde, la maîtresse du vieux Desforges? Ça me le complète, » continua la cruelle actrice, avec une de ces mordantes ironies, comme en peut avoir une créature profondément atteinte dans son amour-propre. Le malheureux Claude, qui oubliait, dans ses moments de tendresse, tout ce qu'il pensait de Colette dans ses moments lucides, lui avait simplement dit le lendemain de la visite de René : « Tu sais, ce pauvre Vincy, il est pris... » — « Et par qui ? » avait-elle demandé. Il lui avait nommé madame Moraines, dont Colette savait déjà la légende, grâce à ces causeries de cabinets particuliers où les viveurs racontent aux femmes du demi-monde toutes les anecdotes, vraies ou fausses, qu'ils ont apprises sur les femmes du monde. Quand elle avait fait allusion aux amours de René avec Suzanne, l'actrice, qui ne se possédait plus, avait parlé presque au hasard, pour diffamer Larcher auprès de son ami. Voyant l'effet que produisait sa phrase sur ce dernier, elle insista. Faire du mal à celui qu'elle tenait là et dont elle voyait les traits s'altérer de douleur, c'était assouvir un peu sa haine contre l'autre, puisqu'elle savait combien le poète était cher à Claude.

— « Claude ne vous a pas parlé ainsi ! » s'écria René hors de lui, « Et s'il était là, il vous défendrait de calomnier une femme qu'il sait digne de tous vos respects. »

— « De tous mes respects ! » reprit Colette en riant plus haut encore et plus nerveusement. « Dites donc, est-ce que vous me prenez pour une autre, mon petit Vincy ? Parce qu'elle a un mari pour cacher son infamie, et manger avec elle l'argent du vieux, n'est-ce pas ?... Tous mes respects ! Parce qu'elle se fait payer plus cher que la fille du coin de la rue qui n'a pas de quoi dîner. Vous y croyez donc encore, vous, aux femmes du monde!.. Et puis vous savez, » continua-t-elle en se levant et s'avançant vers René avec fureur, et l'arrière-fond populaire de sa nature se révéla dans le tour de tête qu'elle eut pour jeter ces mots en clignant ses yeux, « vous savez, si ça vous ennuie que je vous aie dit qu'elle était votre maîtresse et celle de Desforges, allez en demander raison à Claude. Ça lui fournira de la copie, à ce joli monsieur... Ah! Vous commencez à avoir sur lui la même opinion que moi... Sans rancune, mon petit, mais il faudra soigner ça. — De tous mes respects! — Ah! ah! ah! — Non, c'est un peu trop fort. — Allons, adieu. Cette fois je m'habille pour de bon... Mélanie! » cria-t-elle en ouvrant la porte, « Mélanie!... Saluez Claude de ma part, » ajouta-t-elle par dernière ironie, « et écrivez-lui qu'on ne badine pas plus avec Colette qu'avec l'amour. » Et sur cette allusion à la pièce dont parlait Larcher dans sa lettre avec une exaltation si folle, elle poussa René hors de la loge, et, en refermant la porte, son rire éclata encore, moqueur, implacable et argentin, un rire où il y avait un peu de tout, du jeu de théâtre et de la haine satisfaite, de la moquerie de courtisane et de la vengeance de maîtresse blessée.

XVI

HISTOIRE D'UN SOUPÇON

« La méchante femme ! La méchante femme ! » se répétait René en descendant l'escalier du théâtre que remplissaient les éclats de voix de l'avertisseur, criant : « On va commencer ! » Ses jambes tremblaient sous lui, et il se demandait : « Pourquoi m'en veut-elle ? » sans comprendre qu'un quart d'heure durant il avait représenté Claude au regard de Colette. Peut-être aussi la joie de l'actrice à lui percer le cœur dérivait-elle de la rancune que nous gardent souvent les maîtresses de nos amis, quand elles ont éprouvé que nous ne leur ferons jamais la cour. La fidélité de l'homme à l'homme est un des sentiments qui blessent le plus profondément la femme. « Que lui ai-je fait? » reprenait le poète, et il était incapable de répondre à cette question, incapable aussi de ressaisir ses idées. Certaines phrases qui tombent sur notre esprit, sans préparation, nous étourdissent, comme un coup asséné brutalement sur notre tête. C'est une stupeur momentanée, un arrêt subit, même de la souffrance. René ne revint à lui tout à fait qu'en se retrouvant sur la place du Palais-Royal, grouillante de voitures. Son premier mouvement fut un accès de rage furieuse contre Claude. « L'indigne ami! » se dit-il, « comment a-t-il pu livrer mon secret à une pareille fille? Et quel secret! Qu'en savait-il? Une rougeur sur ma joue, un peu de trouble en prononçant un nom... C'en est assez pour qu'il aille déshonorer une femme qu'il connaît à peine, auprès d'une coquine dont il va proclamant partout l'infamie... » Le souvenir de la conversation où Larcher avait pu surprendre son sentiment naissant pour Suzanne ressuscita en lui, avec son moindre détail. Il se revit dans l'appartement de la rue de Varenne, et les épreuves d'imprimerie sur le divan, et la face de Claude rendue plus livide encore par la clarté glauque des vitraux. Il vit le rire qui avait grimacé sur cette face, tandis que cette bouche ironique laissait tomber ces mots : « Ah! Vous n'en êtes pas amoureux! » Il vit aussi le passage d'hésitation qui avait immobilisé cette bouche quand lui, René, avait demandé : « Alors vous savez quelque chose sur elle?... » Le même flot de mémoire lui rapporta d'autres images associées à celle-là. Il entendit la voix de Suzanne disant, dès leur troisième causerie : « Votre ami M. Larcher, je suis sûre que je ne lui suis pas sympathique. » Encore ce matin, n'avait-elle pas formulé cette défiance? Oui, elle n'avait eu que trop raison de se défier de cet homme. S'il ne l'avait accusée que d'une intrigue avec lui, René. Mais cette immonde insinuation, l'autre, qu'elle était entretenue par Desforges, il avait osé la proférer!... Ce qui rendait cette idée intolérable au poète, ce n'était pas qu'il eût une ombre d'ombre de soupçon contre sa divine maîtresse. Seulement, il sentait que Colette n'avait pas menti en prétendant tenir cette infamie de Larcher. Pour que Larcher eût répété cette atroce chose, il fallait qu'il la tînt de quelque autre bouche. Et si Suzanne avait insisté comme elle avait fait, à deux reprises, pour apprendre comment Claude parlait d'elle, c'est qu'elle se savait en proie à l'outrage de cette abominable calomnie! René aperçut en pensée ce Desforges qu'il avait rencontré une fois chez elle, ce vieux beau, avec sa tournure d'officier entraîné, son teint à la fois trop rouge et comme flétri, ses cheveux grisonnants... Et elle! Il se la figura telle qu'il l'avait tant aimée le matin encore, si blonde, si blanche, si fine, avec ses yeux bleus si purs, avec cette délicatesse de tout son être qui donnait un caractère presque idéal aux baisers les plus passionnés. Et c'était cette femme qui avait pu être salie d'un tel racontar! « Le monde est trop horrible! » dit René tout haut, « Et quant à Claude... » Il avait eu pour ce dernier une affection si vraie, et c'était cet ami, le plus cher, qui avait parlé contre sa Suzanne de cette ignoble manière, comme un goujat et comme un traître. Quel contraste avec ce pauvre ange ainsi insulté qui, le sachant, n'avait pas trouvé d'autre vengeance que de dire: « Je lui ai pardonné!... » Et toutes les autres fois qu'elle avait nommé Claude, ç'avait été pour le louer de son talent, pour le plaindre de ses fautes! Brusquement René se rappela cette autre phrase de son innocente madone: « Ce n'est pas une raison de se venger sur les autres femmes en leur faisant la cour au hasard. J'ai presque dû me fâcher un jour que je me trouvais à table à côté de lui... » — « Voilà la cause! » se dit le jeune homme avec une recrudescence de colère, « il lui a fait la cour, elle l'a repoussé, et il la diffame... C'est trop dégoûtant!... »

René avait marché, en proie à ces réflexions cruelles, jusqu'à la place de l'Opéra, et machinalement il avait tourné à droite, remontant ainsi le boulevard, sans presque s'en douter. L'amertume et le dégoût répugnaient si profondément à cette âme encore pure, que ces sensations se fondirent bientôt en une tendresse infinie pour cette femme si aimée, si admirée, si indignement traitée par le perfide Claude et par la vindicative Colette. Que faisait-elle à cette heure? Elle était là-bas, dans une loge du Gymnase, forcée par son mari d'assister à un spectacle quelconque, envahie par une mélancolie dont leur amour était la cause et en train de songer à leurs baisers... Il n'eut pas plutôt évoqué l'image de son adorable profil, qu'un besoin de la revoir réellement s'empara de lui, instinctif, irrésistible. Il arrêta un fiacre qui passait, et jeta le nom du théâtre au cocher, sans même réfléchir. Que de fois il avait été tenté ainsi, quand il savait que Suzanne passerait la soirée dans quelque endroit public, d'y aller lui-même! Il avait toujours repoussé cette tentation par un scrupule de rien faire en son absence qui fût contraire à ce qu'il lui avait promis en sa présence. D'ailleurs, la nature de son imagination se complaisait étrangement à cette scission absolue entre les deux Suzannes, celle du monde et la sienne à lui, et par-dessus tout, il redoutait la rencontre de Paul Moraines. Il avait lu *Fanny*, et il appréhendait à l'égal de la mort l'affreuse jalousie décrite dans ce beau roman. Un écrivain d'analyse, comme Claude, eût trouvé là un motif de rechercher cette rencontre avec le mari, afin de se procurer une plaie nouvelle du cœur sur laquelle braquer son microscope. Les poètes, chez qui la poésie n'a tourné ni à la corruption ni au cabotinage, possèdent un instinct qui leur fait éviter ces déshonorantes expériences. Ils respectent en eux-mêmes la beauté du sentiment. Tandis que la voiture roulait du côté du boulevard Bonne-Nouvelle, tout cet ensemble de motifs auquel René avait scrupuleusement cédé autrefois lui revint à l'esprit. Mais il avait été touché par les phrases de Colette plus profondément qu'il ne voulait, qu'il ne pouvait se l'avouer. Une vision de hideur avait passé devant ses yeux. Elle pourrait revenir, il le sentait sans se le formuler, et aussi que la présence de Suzanne était la plus sûre garantie contre ce retour. Les amoureux subissent de ces élans irraisonnés, effet dans leur cœur de l'instinct de conservation que nos sentiments possèdent, comme des êtres... La voiture roulait, et René plaidait la cause de sa désobéissance aux conventions arrêtées avec son amie sur l'emploi de sa soirée. « Mais si elle pouvait savoir ce que j'ai dû entendre, ne serait-elle pas la première à me crier : viens lire mon amour sur mon visage ? Et puis je la verrai un quart d'heure seulement et je m'en irai, lavé de cette souillure... » — « Et le mari ? » — « Il faudrait bien que je le rencontre tôt ou tard, et puisqu'il n'est plus rien pour elle !... » Madame Moraines n'avait pas manqué de servir à son amant préféré l'invraisemblable mensonge de toutes les maîtresses mariées, qui est quelquefois une vérité, — tant la femme est une créature impossible à jamais connaître, — comme le démontrent les comptes rendus des procès en séparation. René trouva dans la pensée de la délicatesse que Suzanne avait mise à prévenir ainsi jusqu'à ses plus inavouées, à ses moins légitimes jalousies, un prétexte de plus à maudire les calomniateurs de cette créature sublime. « La maîtresse de Desforges, cette femme-là ! Et pourquoi ? Pour de l'argent ? Quelle sottise ! Elle la fille d'un ministre et la femme d'un homme d'affaires ! Ce Claude ! Comment a-t-il pu ?... »

Tout ce tumulte d'idées s'apaisa par la nécessité d'agir, quand le jeune homme se trouva devant la porte du Gymnase. Il ne voulait à aucun prix que Suzanne l'aperçut. Il resta donc quelques minutes debout sur les marches, réfléchissant. L'acte venait de finir, car les spectateurs sortaient en foule. Cette circonstance fournit au poète l'idée d'une ruse très simple pour voir sa maîtresse sans en être vu : prendre un premier billet qui lui donnât le droit d'entrer, profiter de l'entr'acte pour fouiller la salle du fond des couloirs qui vont aux fauteuils d'orchestre ou de balcon, et, lorsqu'il aurait trouvé la loge de Suzanne, demander au contrôle une seconde place, d'où il pût, en toute sécurité, repaître ses yeux de cette adorable présence. Comme il débouchait dans le théâtre, il eut un moment de vive émotion à croiser un des élégants rencontrés chez madame Komof, le jeune marquis de Hère qui passa, portant à la boutonnière de son habit un brin de muguet avec de la fougère, balançant sa canne de soirée et chantonnant l'air des *Cloches*, encore à la mode : « Dans mes voyages, — que de naufrages... » d'une voix si basse qu'à peine il s'entendait fredonner lui-même. Il frôla René du coude, sans plus le reconnaître ou sembler le reconnaître que n'avait fait Salvaney. Mais déjà le poète s'était glissé jusqu'à l'entrée de l'orchestre. Il n'eut pas à chercher bien longtemps à travers la salle. Madame Moraines occupait la troisième baignoire à partir de l'avant-scène, presque en face de lui. Elle était là, seule sur le devant de la loge. Deux hommes occupaient le fond : l'un debout, jeune encore, beau garçon à la moustache forte, au teint chaudement ambré, était sans doute le mari. L'autre assis... Pourquoi le hasard, — ce ne pouvait être que le hasard, — avait-il amené dans cette loge, et ce soir-là précisément, l'homme à propos duquel l'abominable Colette avait bavé sur Suzanne? Oui, c'était bien Desforges qui se carrait sur la chaise placée derrière madame Moraines. Le poète n'hésita pas une minute à reconnaître le profil énergique du baron, ses yeux bruns si clairs dans son teint presque enflammé, son front encadré de cheveux presque blancs, sa moustache blonde. Mais pourquoi, de voir ce vieux beau parler familièrement à Suzanne, à demi retournée et qui s'éventait, tandis que Moraines lorgnait les loges avec une jumelle, fit-il du mal à René, tant de mal qu'il se retira brusquement du couloir? Pour la première fois, depuis qu'il avait eu le bonheur d'entrevoir la jeune femme, à la porte du salon de l'hôtel Komof, blonde et mince dans sa robe rouge, le soupçon venait de pénétrer en lui.

Quel soupçon? S'il avait dû l'exprimer avec des mots, il n'aurait pas pu. Et cependant?... Lorsque Suzanne lui avait parlé, le matin même, de sa soirée au Gymnase, elle lui avait dit : « J'y vais avec mon mari, en tête-à-tête... » Quel motif l'avait poussée à fausser ainsi la vérité? Certes le détail était sans importance. Mais un mensonge, petit ou grand, est toujours un mensonge. Après tout, peut-être Desforges se trouvait-il seulement en visite dans la loge, et durant l'entr'acte? Cette explication était si naturelle, si péremptoire aussi, que René l'adopta tout de suite. Il allait d'ailleurs la vérifier sans plus tarder. Il retourna au contrôle et se fit donner un des fauteuils d'orchestre du fond, à gauche. Il avait calculé que, de cette place, il aurait le plus de chance d'observer la loge des Moraines en toute liberté... La salle se remplit de nouveau, les trois coups résonnèrent, le rideau se leva. Desforges ne partit point de cette loge. Il restait assis sur le même siège du fond, penché du côté de Suzanne, échangeant des remarques avec elle... Mais pourquoi non? Sa présence ne pouvait-elle pas s'expliquer de mille manières, sans que Suzanne eût menti en s'en taisant? Pourquoi Moraines ne l'aurait-il pas invité à l'insu de sa femme? Il parlait familièrement à cette dernière, et elle lui répondait de même. Mais lui, René, ne l'avait-il pas rencontré chez elle? Un homme du monde cause, pendant le spectacle, avec une femme du monde. Est-ce que cela prouve qu'une liaison ignoble d'adultère et d'argent existe entre eux? Le poète raisonnait de la sorte, et ce raisonnement lui aurait semblé irréfutable, s'il eût constaté sur la physionomie de madame Moraines un seul de ces passages de mélancolie qu'il s'était attendu à y rencontrer. Tout au contraire, dans son élégante robe de théâtre en dentelle noire, et ses cheveux blonds coiffés d'un chapeau rose, elle lui apparaissait complètement heureuse, sans pensée aucune de derrière la tête. Elle avait une si libre façon de rire aux plaisanteries de la pièce, la gaieté de ses yeux se faisait si franche, si communicative lorsqu'elle échangeait ses réflexions avec l'un ou l'autre de ses deux cavaliers; elle croquait, avec une si gentille gourmandise, à de certains moments, les fruits glacés de la boîte posée devant elle, qu'il était impossible de soupçonner qu'elle eût accompli le matin un pèlerinage à l'asile de ses plus secrètes, de ses plus profondes amours! L'émotion du rendez-vous avait si peu laissé de trace sur ce visage, comme rayonnant de frivolité, que René en croyait à peine son propre regard. Il s'était attendu à la trouver tellement autre. Le mari non plus, avec la jovialité cordiale de son mâle visage, ne ressemblait guère à l'homme obscur, ombrageux et renfermé, que l'amant crédule s'était figuré d'après les confidences de sa maîtresse.... Le malheureux était venu chercher au théâtre un apaisement définitif du trouble où l'avait jeté le discours de Colette.

Quand il rentra rue Coëtlogon, ce trouble avait augmenté. On a dit souvent que nous ne garderions pas beaucoup d'amis si nous écoutions parler, quand nous n'y sommes pas, ceux à qui nous donnons ce titre. Il fait encore moins bon surprendre dans son naturel la femme que l'on aime. René venait d'en faire l'expérience, mais il était trop passionnément épris de Suzanne pour se rendre à cette première vision de la duplicité de sa madone.

— « Mais quoi ? » se dit-il lorsqu'il se réveilla le lendemain matin, et qu'il retrouva sur son oreiller sa sensation pénible, « elle était de bonne humeur hier au soir. Faut-il que je sois assez égoïste pour le lui reprocher ? Le baron Desforges se trouvait dans sa loge, quand elle m'avait dit qu'elle irait au théâtre en tête-à-tête avec son mari ? Elle me l'expliquera dans notre prochain rendez-vous. Son mari n'a pas la physionomie de son caractère ? Les physionomies sont sont si menteuses ! Ce Claude Larcher, m'a-t-il assez trompé, avec la câlinerie de ses gestes, avec sa figure ouverte, avec sa manière de me rendre des services et de paraître ne pas s'en souvenir !... Et puis cette ignoble trahison !... » Toute la cruauté des impressions ressenties la veille se transforma de nouveau en une rancune encore plus furieuse contre celui qui avait été, par son coupable bavardage, la cause première de ce chagrin. Dans l'excès de son injustice, René méconnaissait les plus indiscutables qualités de l'ami qui avait été son protecteur : le désintéressement absolu, la grâce à se dévouer sans retour personnel, l'absence radicale d'envie littéraire. Il ne faisait même pas à Claude cette charité d'admettre que ce dernier eût parlé à Colette légèrement, imprudemment, mais sans intention de perfidie. L'amant de Suzanne ne pouvait pas demeurer l'ami d'un homme qui s'était permis de dire contre cette femme ce que Larcher en avait dit. Voilà ce que René se répéta, durant tout le jour. Une fois rentré de la Bibliothèque, où le travail lui avait été presque impossible, il s'assit à sa table pour écrire à ce félon une de ces lettres qui ne s'effacent plus. Cette lettre une fois terminée, il la relut. Il y prenait la défense de madame Moraines en des termes qui proclamaient son amour, et maintenant plus que jamais il voulait que Claude ne fût pas en possession de son secret.

— « A quoi bon lui écrire ? » conclut-il ; « quand il reviendra, je lui dirai son fait. C'est plus digne. »

Il se préparait à déchirer ce billet dangereux lorsque Émilie entra, comme elle faisait d'habitude avant dîner, pour demander à son frère des nouvelles de son travail. Elle lut, avec sa curiosité naturelle de femme, l'adresse tracée sur l'enveloppe et elle demanda :

— « Tiens, Claude est à Venise? Tu as donc eu de ses nouvelles! »

— « Ne prononce plus jamais ce nom devant moi, » répondit René qui lacéra la lettre avec une espèce de rage froide.

— « Vous êtes brouillés ? » interrogea madame Fresneau qui gardait à Larcher un culte reconnaissant.

— « Pour toujours, » répliqua René, « ne me demande pas pourquoi... C'est le plus perfide des amis. »

Émilie n'insista plus. Elle ne s'était pas trompée à l'accent de son frère. Il souffrait, et sa rancune contre Larcher était profonde; mais, pour qu'il se tût sur les causes de cette rancune, auprès de sa sœur, il fallait qu'il s'agît entre les deux amis de toute autre chose que de discussions littéraires. Par une de ces intuitions comme la tendresse passionnée en trouve toujours à son service, Émilie devina que les deux écrivains étaient brouillés par la faute de cette femme dont René ne prononçait plus jamais le nom devant elle, de cette madame Moraines qu'elle commençait de haïr à présent, pour le même motif qu'elle l'avait d'abord tant aimée. Elle voyait, depuis quelques semaines, les joues de son frère s'amincir, ses yeux se cerner, une pâleur de lassitude s'étendre sur ce visage chéri. Quoique profondément honnête, elle était trop fine pour ne pas attribuer cette fatigue à sa véritable cause. Elle y songeait, en recopiant les fragments du *Savonarole*, comme elle avait fait ceux du *Sigisbée*; et, bien qu'elle éprouvât une admiration aveugle pour la moindre page sortie de la plume de René, toutes sortes de signes venaient lui attester la différence d'inspiration entre les deux œuvres, depuis le nombre des vers composés à chaque séance de travail jusqu'aux remaniements continuels des scènes, jusqu'à l'écriture qui avait perdu un peu de sa fermeté nerveuse. La source de fraîche, de large poésie d'où avait jailli le *Sigisbée*, semblait maintenant tarie. Qu'y avait-il de changé pourtant dans l'existence de René? Une femme y était entrée. C'était donc à l'influence de cette femme qu'Émilie attribuait cet affaiblissement momentané dans les facultés du poète. Elle allait plus loin, jusqu'à en vouloir à la redoutable inconnue des douleurs de Rosalie. Par un mirage de mémoire, familier aux âmes excessives, elle oubliait quelle part elle-même avait prise à la rupture de son frère avec la petite Offarel. C'était madame Moraines sur qui retombait toute la faute, et, aujourd'hui, cette même madame Moraines brouillait René avec le meilleur des amis, le plus dévoué, celui que la fidèle sœur préférait, parce qu'elle avait mesuré l'efficacité de cette amitié.

— « Mais comment s'y est-on pris, » songeait-elle, « puisque Claude n'est pas là?... »

Elle s'ingéniait à résoudre ce problème, tout en vaquant aux soins de son ménage, faisant répéter ses leçons au petit Constant, vérifiant les comptes du bon Fresneau, examinant boutonnière à boutonnière et pli à pli le linge de son frère. Ce dernier, lui, était enfermé dans sa chambre, où tout lui rappelait l'unique, l'adorable visite de Suzanne, et il attendait, avec une fiévreuse impatience, le jour du prochain rendez-vous. Il subissait ce travail sourd de la médisance une fois écoutée, tout pareil à un empoisonnement. On va, on vient, on ne se sait malade que par une inquiétude douloureuse et vague. Cependant le virus fermente dans le sang et va éclater en accidents formidables. Certes le jeune homme ne croyait toujours pas aux honteuses accusations portées par Colette contre Suzanne ; mais, à force de les reprendre pour les réfuter, il y avait accoutumé, comme apprivoisé son esprit. A l'instant où Colette lui avait parlé, il n'avait pas même discuté une pareille infamie. Il commençait de la discuter, se rattachant, pour ne pas sombrer dans l'abîme affreux du doute et de la plus déshonorante jalousie, aux marques de sincérité que lui avait données Suzanne. Que devint-il lorsqu'il acquit, dès le début de ce rendez-vous si désiré, la preuve, l'indéniable preuve que cette sincérité n'était pas celle qu'il croyait? Il était venu au petit appartement de la rue des Dames avec une expression de souci sur son visage qui n'avait pas échappé à Suzanne. Mais à son tendre : « Qu'as-tu ?... » il avait prétexté un injuste article paru dans un journal. Puis il avait eu presque honte de cette innocente excuse, tant sa maîtresse avait mis de grâce à lui dire :

— « Grand enfant, si tu n'avais pas d'envieux, c'est que tu n'aurais pas de succès. »

— « Parlons de toi... » avait-il répondu, et le cœur battant : « Qu'as-tu fait depuis que je ne t'ai vue ?... »

Si Suzanne l'avait observé en ce moment, elle aurait deviné avec quelle angoisse il lui posait cette question. C'était un piège, innocent, naïf, mais un piège. En trois fois vingt-quatre heures, le soupçon avait conduit cet amant enthousiaste à ce point de défiance. Mais Suzanne était, vis-à-vis de lui, exactement dans la situation où Desforges se trouvait vis-à-vis d'elle-même. Elle ne pouvait pas croire que René agît en dehors du caractère qu'elle lui connaissait. Comment eût-elle pensé que cet enfant jouât au plus fin avec elle?

— « Ce que j'ai fait? » répondit-elle. « Mais d'abord, l'autre soir, je suis allée au Gymnase avec mon mari. Heureusement nous n'avons plus rien à nous dire... J'ai pu penser à toi toute la soirée, comme si j'avais été seule, et te regretter. C'est être si seule que d'être avec lui... Tu parles des tristesses de ta vie d'artiste; si tu connaissais celles de ma vie de femme du monde et la mélancolie de ces corvées de plaisir, et celle de ces tête-à-tête! »

— « Alors tu t'es ennuyée au théâtre? » insista René.

— « Tu n'étais pas là, » dit-elle avec un sourire, et elle le regarda : « Qu'as-tu, mon amour? » Jamais elle n'avait vu à René cette physionomie amère, presque dure.

— « C'est toujours cette puérile colère contre cet article, » répliqua René.

— « Il était donc bien méchant? Où a-t-il paru? » reprit-elle, mise en éveil par son instinct de maîtresse; et comme le poète, interrogé ainsi à l'improviste, balbutiait : « Ce n'est pas la peine que tu le lises... » elle n'eut plus de doute : il avait quelque chose contre elle. Une question lui vint aux lèvres : « On t'a dit du mal de moi?... » Son esprit de diplomatie profonde eut raison de ce premier mouvement. N'y a-t-il pas un demi-aveu dans toute défiance anticipée? Les vrais innocents ignorent. Il fallait savoir ce que René avait fait lui-même depuis l'autre jour, et quelles personnes il avait vues, capables de lui parler.

— « Est-ce que tu es allé chez mademoiselle Rigaud ? » demanda-t-elle d'un air détaché.

— « Oui, » répondit René qui ne sut pas dissimuler la gêne où le jetait cette question.

— « Et elle pardonne au pauvre Claude? » continua Suzanne.

— « Non, » fit-il, et il ajouta : « C'est une bien vilaine femme, » d'un ton si amer que madame Moraines entrevit du coup une partie de la vérité. L'actrice avait certainement parlé d'elle à René. De nouveau elle fut saisie du désir de provoquer une confidence. Elle pensa que le plus sûr moyen pour arriver à ce but était d'enivrer son amant de volupté. Elle savait combien l'homme est sans résistance, contre le flot d'émotion que les caresses versent dans son cœur. Elle ferma la bouche de René d'un long baiser. Elle put voir passer dans ses yeux la flamme du sombre désir, de celui qui nous jette à la folie des sens, pour y boire l'oubli du soupçon. A l'ardeur silencieuse avec laquelle il lui rendit son baiser, et à la frénésie presque brutale de possession qui succéda, Suzanne put comprendre encore davantage que René avait dû souffrir, d'une souffrance à laquelle sa pensée, à elle, était mêlée. Il y avait, dans la fureur de cette étreinte, un peu de cette âpre colère qui avive la passion en excluant la tendresse. Quand ils se retrouvèrent aux bras l'un de l'autre, au sortir de cette crise aiguë de sensualité, la maîtresse reprit, de sa voix la plus douce, la plus propre à s'insinuer jusque dans le fond de cette âme qu'elle avait toujours connue si ouverte :

— « Quel chagrin t'a-t-on fait que tu ne me dis pas ? »

Ah! si elle eût prononcé cette phrase dès le début de leur entretien, il n'aurait pas trouvé en lui la force de se taire. Il lui aurait répété son entretien avec Colette, parmi des baisers et des larmes. Hélas! il ne souffrait pas de cet entretien en ce moment. Ce qui lui faisait un mal affreux, ce qui entrait dans son cœur comme une pointe de couteau, c'était de l'avoir surprise, elle, son idole, en flagrant délit de mensonge. Oui, elle lui avait menti; cette fois, il n'en pouvait plus douter. Elle lui avait affirmé qu'elle était allée au théâtre en tête-à-tête avec son mari, et c'était faux; qu'elle y avait été triste, et c'était faux encore. A cette interrogation où se trahissait une tendre sollicitude, pouvait-il répondre par ces deux accusations formelles, précises, irréfutables? Il ne se sentit pas l'énergie de le faire, et il se tira d'embarras en répétant sa réponse de tout à l'heure. Suzanne le regarda, et ce fut lui qui détourna les yeux. Elle soupira seulement : « Pauvre René ! » Et comme l'instant de se séparer approchait, elle ne poussa pas son enquête.

— « Il me dira tout la prochaine fois, » songeait-elle en s'en allant. Malgré qu'elle en eût, ce silence la tourmentait. Elle aimait le jeune homme d'un amour réel, quoique bien différent de celui qu'elle manifestait en paroles. Elle adorait en lui, par-dessus tout, l'amant physique; mais, si corrompue fût-elle par sa vie et par son milieu, ou peut-être à cause de cette corruption même, la noblesse d'âme du poète ne la laissait pas indifférente. Elle y trouvait cette sorte de ragoût singulier que les débauchés de l'ancienne école éprouvaient à séduire des dévotes. D'ailleurs, même les délices sensuelles de cet amour ne cesseraient-elles pas, du jour où serait brisé le cercle d'illusions qu'elle avait tracé autour de lui? Et quelqu'un avait essayé de le briser, ce cercle magique. Ce quelqu'un ne pouvait être que Colette. Tout semblait le prouver. Mais d'autre part, quelle raison l'actrice pouvait-elle avoir de la poursuivre de sa haine, elle,

Suzanne, qu'elle ne devait pas connaître, même de nom? Colette était la maîtresse de Claude. Et madame Moraines retrouvait encore ici cet homme de qui elle s'était défiée dès le premier jour. Pour que Colette eût parlé d'elle à René, il fallait que Claude eût lui-même parlé d'elle à Colette. Ici les idées de la jeune femme se confondaient. Larcher ne l'avait jamais vue avec René. Ce dernier, elle le savait par son propre témoignage, dont elle ne doutait pas, n'avait jamais fait de confidence à son ami.

— « Je suis sur une mauvaise piste, » conclut Suzanne. Elle eut beau se raisonner, elle n'arriva pas à se convaincre que son amant fût attristé à cause de ce prétendu article de journal. Un danger menaçait sa chère intrigue. Elle le sentait. Cette sensation s'aggrava encore de ce que lui dit son mari, au lendemain même du jour où elle avait constaté le trouble inexplicable de René. Sept heures allaient sonner. Suzanne se tenait seule à songer dans le petit salon qui l'avait vue envelopper le jeune homme de ses premiers fils, aussi ténus, aussi souples que ceux dont l'araignée enserre la mouche égarée dans sa toile. Il était venu, à ses cinq heures, plus de personnes que de coutume, et Desforges entre autres, qui sortait seulement. Paul Moraines parut, bruyant à son ordinaire, la gaieté peinte sur le visage, et, la prenant par la taille, — elle s'était levée nerveusement à cette brusque entrée :

— « Un baiser, » dit-il, et il l'embrassa; « deux baisers, » et il l'embrassa de nouveau, « pour me récompenser d'avoir été sage... — Oui, » ajouta-t-il en réponse à une interrogation des yeux de Suzanne, « cette visite à madame Komof, que je devais depuis si longtemps... j'en arrive. Et sais-tu qui j'ai rencontré là ?... Devine ?... René Vincy, le jeune poète. Je ne comprends pas pourquoi Desforges l'a trouvé poseur. Mais il est charmant, ce garçon-là. Il me revient, à moi... Nous avons causé longtemps... Je lui ai dit que tu serais contente de le revoir. Ai-je bien fait ? »

— « Très bien fait, » répondit Suzanne; « qui as-tu vu encore chez la comtesse ? »

Tandis que son mari lui égrenait un chapelet de noms familiers, elle pensait : « René est allé chez madame Komof. Pourquoi ?.. » Depuis le début de leurs mystérieuses relations, c'était sa première sortie mondaine. Il avait si souvent redit à sa maîtresse : « Je voudrais n'avoir ici-bas que toi et mon travail... » Et cette visite, si en dehors de tout son programme de vie depuis des mois, il la lui avait cachée, à elle, au lieu que c'était son habitude tendre de l'avertir à l'avance de ses moindres mouvements. Et il avait rencontré Paul, qui avait dû se montrer ce qu'il était, exactement le contraire du portrait tracé par sa femme! Celle-ci eut un mouvement de mauvaise humeur contre ce brave garçon qui avait commis la grande faute d'aller chez la comtesse le même jour que le poète, et elle lui dit, presque aigrement :

— « Je suis sûre que tu n'as pas écrit à Crucé pour l'Alençon... »

— « Hé bien ! J'ai écrit, » répondit Moraines d'un air de triomphe, « et tu l'auras. » Il s'agissait de vieilles dentelles, dont le collectionneur, espèce de courtier clandestin de toutes les élégances, avait parlé à Suzanne, et que cette dernière voulait se faire donner par son mari. De temps à autre, elle lui demandait ainsi quelque présent qu'elle pût montrer, et dont l'origine conjugale lui permît de dire à des amis bien choisis : « Paul est si gentil pour moi. Voyez le cadeau qu'il m'a encore fait l'autre jour... » Elle oubliait d'ajouter que l'argent de ce cadeau provenait d'ordinaire de Desforges, d'une manière indirecte, il est vrai. Quoique le baron ne s'occupât d'affaires que dans la mesure exigée par le sage gouvernement de sa fortune, il rencontrait souvent des occasions de spéculer avec une quasi-certitude, et il en faisait gracieusement profiter Moraines. C'est ainsi que récemment la Compagnie du Nord, dont Desforges était administrateur, avait racheté une ligne d'intérêt local, réputée perdue. Paul avait pu, prévenu à temps, réaliser, sur la hausse subite des actions de cette ligne, un bénéfice de trente mille francs dont une partie allait payer les précieuses dentelles. Cette petite opération financière avait même produit, par ricochet, une scène assez singulière entre la jeune femme et René. Elle l'avait interrogé, à l'un de leurs rendez-vous, sur la somme qu'avait rapportée le *Sigisbée* et elle avait ajouté :

— « Où as-tu placé tout cet argent ? »

— « Je ne sais pas, » avait dit René en riant, « ma sœur m'a acheté des obligations avec les premiers mille francs, et puis j'ai gardé le reste dans mon tiroir. »

— « Veux-tu me laisser te parler, moi aussi, comme une sœur ? » avait-elle répondu. « Nous avons un ami qui est administrateur du Nord et qui nous a donné un renseignement précieux.— Me promets-tu le secret ?... » Et elle lui avait expliqué toute la combinaison du rachat d'actions. « Donne un ordre dès demain, » avait-elle conclu, « tu gagneras ce que tu voudras .. »

— « Tais-toi ! » avait repris le poète en lui fermant la bouche avec sa main, « je sais que tu me parles ainsi par tendresse, mais je ne peux pas te laisser me donner des conseils de ce genre. Je ne m'estimerais plus. »

Il avait été si sincère en lui parlant ainsi, que Suzanne n'avait pas osé insister. Cette délicatesse lui avait bien paru un peu ridicule. Mais s'il n'avait pas eu de ces naïvetés-là, ce côté « gobeur, » comme elle disait dans cet affreux patois parisien qui déshonore même le plus beau des sentiments : la confiance, lui aurait-il plu à ce degré? C'est bien aussi cette jeunesse d'âme dont elle avait peur. Si jamais il était éclairé sur les dessous réels de sa vie, quelle révolte contre elle de ce cœur trop noble, trop incapable de pactiser avec l'honneur pour lui pardonner jamais ! Et l'éveil lui avait été donné. En songeant aux divers signes de danger constatés coup sur coup : la tristesse de René, sa colère contre Colette Rigaud, ses réticences, sa rentrée subite dans le monde, Suzanne se dit : « Ç'a été une faute de ne pas provoquer une explication tout de suite... » Aussi lorsqu'elle entra dans l'appartement de la rue des Dames à quelques jours de là, sa volonté était bien nette de ne pas commettre cette faute une seconde fois. Elle vit au premier regard que le jeune homme était plus troublé encore et plus sombre, mais elle ne fit pas semblant de remarquer ce trouble ni la froideur avec laquelle il reçut son baiser d'arrivée.

Elle eut seulement un sourire mélancolique pour dire :

— « Il faut que je te fasse un reproche, mon René ; pourquoi ne m'as-tu pas prévenue que tu irais faire une visite à la comtesse ? Je me serais arrangée de manière à t'éviter une rencontre qui a dû t'être bien pénible ? »

— « Pénible ? » répondit René avec une ironie que Suzanne ne lui connaissait pas, « mais M. Moraines a été charmant pour moi... »

— « Oui, » reprit-elle, « tu as fait sa conquête. Lui, si sarcastique d'habitude, il m'a parlé de toi avec un enthousiasme qui m'a fait mal... Est-ce qu'il ne t'a pas invité à venir à la maison ?.. Tu peux être fier. C'est si rare qu'il fasse bon accueil à un visage nouveau... Mon pauvre René, » continua-t-elle en appuyant ses deux mains sur l'épaule de son amant, et posant sa tête, de profil, sur ces deux mains, « que tu as dû souffrir de cette amabilité ! »

— « Oui, j'ai bien souffert, » répondit René d'une voix sourde. Il regardait ce gracieux visage si près du sien. Il se rappelait ce qu'elle lui avait dit au Louvre devant le portrait de la maîtresse du Giorgione : « Mentir avec une physionomie si pure !... » — Elle lui avait menti cependant. Et qui lui prouvait qu'elle ne lui eût pas menti toujours ? Il avait, en proie aux tourments de la défiance et depuis la rencontre de Paul, subi un assaut d'affreuses hypothèses. Le contraste avait été trop fort entre l'accueil que lui avait fait Moraines et le caractère de mari tyrannique décrit par Suzanne : « Pourquoi m'a-t-elle trompé sur ce point encore? » s'était demandé René, qui était venu chez madame Komof sans but bien précis, mais avec l'espérance secrète, au fond de lui, qu'il entendrait parler de Suzanne par les gens de son monde. Ceux-là du moins devaient la connaître ! Hélas ! D'avoir causé avec Moraines lui avait suffi pour le jeter de nouveau dans le pire abîme du doute. Une vérité lui était devenue évidente : Suzanne s'était servie de son mari comme d'un épouvantail afin de n'avoir pas à le recevoir chez elle, lui, René? Pourquoi? sinon qu'elle avait un mystère à cacher dans sa vie. Quel mystère?... Colette s'était par avance chargée de répondre à cette question. Sous l'influence de cet horrible soupçon, René avait conçu un projet d'une exécution très simple, et dont le résultat lui parut devoir être décisif : profiter de l'invitation du mari pour demander à Suzanne d'aller chez elle. Si elle disait oui, c'est qu'elle n'avait rien à dissimuler; si elle disait non?... Et le jeune homme, en qui revenaient toutes ces pensées, continuait à regarder ce visage adoré, sur son épaule. Comme chacun de ces traits si fins remuait en lui une rêverie ! Ces prunelles d'un bleu frais et clair, combien il avait eu foi en elles ! Ce front d'une coupe si noble, de quelles pensées délicates il l'avait cru habité ! Cette bouche menue et sinueuse, avec quel tendre abandon il l'avait écoutée parler !... Non, ce qu'avait raconté Colette n'était pas possible !... Mais pourquoi ces mensonges, un premier, un second, un troisième?... Oui, elle lui avait menti trois fois. Il n'y a pas de mensonges insignifiants. René le sentait, à cette minute, et que la confiance subit, comme l'amour, la grande loi du tout ou rien. Elle est ou elle n'est pas. Ceux qui ont dû la perdre le savent trop.

— « Mon pauvre René... » répéta la voix de Suzanne. Elle le voyait dans cet état d'extrême tristesse, où, d'être plaint, amollit le cœur, l'ouvre tout entier.

— « Oui, bien pauvre, » reprit le jeune homme qui venait d'être remué par cette marque de pitié reçue au moment où il en éprouvait le plus intime besoin, et, la regardant jusqu'au fond des yeux : « Écoute, Suzanne, j'aime mieux tout te dire. J'ai bien réfléchi. Cette vie que nous menons ensemble ne peut pas durer. J'en suis trop malheureux... Elle ne suffit pas à mon amour... Te voir ainsi, furtivement, une heure aujourd'hui, une heure après-demain et ne rien savoir de ce que tu fais, ne rien partager de ton existence, c'est trop cruel... Tais-toi, laisse-moi parler... Il y avait une grosse objection à ce que je fusse reçu chez toi, ton mari... Hé bien ! je l'ai vu. J'ai supporté de le voir. Nous nous sommes donné la main. Puisque c'est fait, permets-moi du moins d'avoir les bénéfices de cet effort... Je le sais, ce n'est pas fier, ce que je te dis là, mais je ne suis plus fier... Je t'aime... Je sens que je vais me mettre à nourrir sur toi des idées mauvaises... Je t'en supplie, permets-moi d'aller chez toi, de vivre dans ton monde, de te voir ailleurs qu'ici, où nous ne nous rencontrons que pour nous posséder... »

— « Pour nous aimer, » interrompit-elle en se séparant de lui, et secouant sa tête, « ne blasphème pas... » et, se laissant tomber sur une chaise : « Ah ! mon beau rêve, ce rêve que tu avais compris cependant, auquel tu semblais tenir comme moi, d'un amour à nous, rien qu'à nous, sans aucun de ces compromis qui te faisaient horreur comme ils me font horreur... c'en est donc fini !... »

— « Ainsi tu ne veux pas me permettre d'aller chez toi comme je te le demande ? » insista René.

— « Mais c'est la mort de notre bonheur que tu veux de moi, » s'écria Suzanne; « tel que je te connais, si délicat, si sensible, tu ne te supporteras pas dans mon intimité. Tout te blessera... Tu ne le connais pas, ce monde où je suis obligée de vivre, et combien tu es peu fait pour lui. Et puis, tu me tiendras responsable de tes désillusions. Renonce à cette fatale idée, mon amour, renonces-y, je t'en conjure. »

— « Qu'avez-vous donc à cacher dans votre vie que vous ne voulez pas que je voie? » interrogea le jeune homme, qui la regarda de nouveau fixement. Il ne se rendait pas compte que Suzanne, en lui parlant, n'avait qu'un but : lui faire dire la raison de cet inattendu désir de bouleverser leurs relations, — et ce devait être la même raison qui l'avait rendu triste l'autre jour, la même qui l'avait conduit chez madame Komof si soudainement. Elle ne se méprit point au sens de l'interrogation de René, et elle lui répondit, avec la voix brisée d'une victime qu'une injustice écrase :

— « Comment, René, c'est toi qui me parles ainsi?... Mais non. Quelqu'un t'a empoisonné le cœur... Ce n'est pas de toi que viennent de semblables idées... Mais viens chez moi, mon ami, viens-y tant que tu voudras... Quelque chose à te cacher de ma vie, moi qui aimerais mieux mourir que de te faire un mensonge!... »

— « Mais alors pourquoi m'as-tu menti l'autre jour? » s'écria René. Vaincu par le désespoir qu'il croyait lire dans ces beaux yeux, désarmé par l'offre qu'elle venait de lui faire, incapable de garder plus longtemps le secret de sa peine, il éprouvait ce besoin de dire ses griefs qui équivaut, dans une querelle avec une femme, à passer sa tête au lazzo.

— « Moi, je t'ai menti!... » répondit Suzanne.

— « Oui, » insista-t-il, « quand tu m'as dit que tu étais allée au théâtre en tête-à-tête avec ton mari. »

— « Mais j'y suis allée... »

— « Moi aussi, » interrompit René; « il y avait quelqu'un d'autre dans ta loge. »

— « Desforges! » fit Suzanne; « mais tu es fou, mon pauvre René, tu es fou... Il est venu nous rendre visite dans un entr'acte et mon mari l'a gardé jusqu'à la fin de la pièce. Desforges! » continua-t-elle en souriant, « mais ce n'est personne... Je n'ai seulement pas songé à t'en parler... Voyons, sérieusement, tu ne peux pas être jaloux de Desforges?... »

— « Tu étais si gaie, si heureuse, » reprit René d'une voix qui cédait déjà.

— « Ingrat, » dit-elle, « si tu avais pu lire au dedans de moi! Mais c'est cette nécessité de toujours dissimuler qui fait le malheur de ma vie, et te voir, toi, me la reprocher! Non, René, c'est trop dur! C'est trop injuste!... »

— « Pardon ! Pardon ! » s'écria le jeune homme que le naturel parfait de sa maîtresse remplissait d'une irrésistible évidence. « C'est vrai ! Quelqu'un m'a empoisonné le cœur, cette Colette... Que tu avais raison de te défier de Claude ! »

— « Je ne me suis pas laissé faire la cour par lui, » dit Suzanne, « les hommes ne pardonnent pas cela. »

— « Le misérable ! » reprit le poète avec violence, et comme pour se débarrasser de ses angoisses en les disant : « Il a su que je t'aimais.. Comment ?... Parce que j'étais gauche, embarrassé, la seule fois où je lui ai parlé de toi... Il me connaît si bien !... Il a tout supposé et tout dit à sa maîtresse, et d'autres infamies... Mais non, je ne peux pas te les répéter. »

— « Répète, mon ami, répète, » insista Suzanne. Elle avait sur son visage en ce moment le fier et résigné sourire des innocents qui marchent à la mort ; elle continua : « On t'a dit que j'avais eu des amants avant toi ? »

— « Si ce n'était que cela, » fit René.

— « Quoi, alors, mon Dieu ? » reprit-elle. « Que m'importe d'ailleurs ce que l'on t'a dit, mais que toi, mon René, tu aies pu le croire !... Allons, confesse-toi, tout de même, pour ne rien garder sur le cœur. J'ai au moins le droit d'exiger cela. »

— « C'est vrai, » répondit le jeune homme, et aussi honteux que si c'eût été lui le coupable, il balbutia plutôt qu'il ne prononça les mots suivants : « Colette m'a dit tenir de Claude que tu étais... Non ! je ne peux pas l'articuler... enfin, que Desforges... »

— « Encore Desforges, » interrompit Suzanne en souriant avec une douce ironie, « mais c'est trop comique !... » Elle ne voulut pas que René formulât l'accusation qu'elle devinait maintenant. Sa dignité de maîtresse ne devait pas descendre à une telle discussion. « On t'a dit que Desforges avait été mon amant, qu'il l'était encore, sans doute... Mais ce n'est même plus infâme, tant c'est bouffon. — Pauvre vieil ami, lui qui m'a connue haute comme cela... Il était toujours chez mon père. Il m'a vue grandir. Il m'aime comme sa fille. Et c'est cet homme-là !... Non, René, jure-moi que tu ne l'as pas cru... Est-ce que j'ai mérité que tu me juges ainsi ?... »

XVII

ÉVIDENCES

Il y a, dans cette étrange maladie morale de la jalousie, des périodes délicieuses : celles de l'entre-deux des accès. Pour quelques jours, ou pour quelques heures, les sensations de l'amour reprennent leur divine saveur, comme celles de la vie dans une convalescence. Suzanne avait si bien convaincu René de la folie de ses soupçons, qu'il voulut rivaliser de générosité avec elle. Cette permission d'aller rue Murillo, demandée si instamment, il refusa d'en profiter. Deux ou trois phrases prononcées avec un certain regard et un certain tour de tête prévaudront toujours contre les pires défiances d'un amant épris, à moins qu'il n'ait vu des yeux de sa tête une preuve de la trahison — et encore?... Mais ici les éléments dont se composait ce premier soupçon étaient si fragiles! Et ce fut avec une bonne foi absolue que le jeune homme dit à sa maîtresse, elle-même véritablement ravie de ce résultat inespéré :

— « Non, je n'irai pas chez toi... J'étais fou de vouloir rien changer à notre amour. Nous sommes si heureux dans ce mystère... »

— « Oui, jusqu'à ce qu'un méchant te fasse douter de moi, » répondit-elle. « Promets-moi seulement de tout me dire. »

— « Je te le jure, mon amour; » répliqua-t-il, « mais je te connais maintenant, et je suis sûr de moi. »

Il le disait et il le croyait. Suzanne le crut aussi; et elle s'abandonna au charme de cette reprise de bonheur, en comprenant bien qu'elle aurait une seconde bataille à livrer, lors du retour de Claude. Mais ce dernier pouvait-il en dire plus qu'il n'en avait dit? D'ailleurs elle serait prévenue de ce retour par René, et si la première entrevue des deux hommes n'aboutissait pas à une rupture définitive entre eux, il serait temps d'agir. Elle mettrait son amant en demeure de briser avec Claude ou de cesser de la voir. Elle était d'avance sûre de la réponse. Le poète, lui, malgré ses protestations, se sentait sans doute moins maître de lui, car son cœur battit avec une émotion singulière lorsque sa sœur lui dit à brûle-pourpoint, une semaine environ après la scène avec Suzanne, et comme il rentrait de la Bibliothèque :

— « Claude Larcher est revenu.. »

— « Et il a osé se présenter ici ? » s'écria René.

— « C'est moi qui l'ai reçu, » fit Émilie, et, visiblement embarrassée, elle ajouta : « Il m'a demandé quand il te trouverait ? »

— « Il fallait lui répondre : Jamais » interrompit le jeune homme.

— « René ! » répondit Émilie, « un si vieil ami et qui t'a été si bon, si dévoué, est-ce que je pouvais ?... J'aime mieux ne rien te cacher, » continua-t-elle, « je lui ai demandé ce qu'il y avait entre vous. Il m'a paru si étonné, oui, si douloureusement étonné... Non, cet homme-là n'a rien fait contre toi, René, je te le jure. C'est un malentendu... Je lui ai dit de venir demain matin, qu'il serait sûr de te trouver. »

— « De quoi te mêles-tu ? » reprit René avec emportement, « est-ce que je t'ai chargée de t'occuper de mes affaires ? »

— « Comme tu me parles ! » dit Émilie

que l'accent de son frère venait de frapper au cœur, et les larmes lui étaient venues aux yeux.

— « Allons, ne pleure pas, » fit ce frère, honteux de sa brusquerie, « cela vaut peut-être mieux ainsi. Je verrai Claude. Je le lui dois. Mais ensuite, je ne veux plus jamais que son nom soit prononcé devant moi. Entends-tu, jamais, jamais... »

En dépit de cette apparente fermeté de rancune, le poète eut bien de la peine à s'endormir durant cette nuit qui le séparait de cette entrevue. Il ne doutait pas de l'issue cependant. Mais il avait beau se raidir dans ses ressentiments contre son ancien ami, il ne pouvait arriver à le haïr. Il avait trop sincèrement aimé cet être singulier, si attachant, quand il ne déplaisait pas du premier coup, par sa bonne foi dans la mobilité, par son tour d'esprit original, par ses défauts mêmes qui ne faisaient de tort qu'à lui, et surtout par une espèce de générosité native, indestructible et invincible. Au moment de rompre pour toujours, René se rappelait la façon délicate dont l'auteur connu avait accueilli ses premiers essais... Claude, alors très pauvre, était répétiteur à l'institution Saint-André, lorsque René lui-même y était écolier de sixième. Dans cette honnête et pieuse maison, une légende entourait ce professeur excentrique. Des élèves prétendaient l'avoir rencontré qui se promenait en voiture découverte avec une femme très jolie et habillée de rose. Puis Claude avait disparu de la pension. René l'avait retrouvé, témoin de Fresneau lors du mariage d'Émilie, et à demi célèbre déjà. Ils avaient causé. Claude lui avait demandé à voir ses vers. Avec quelle indulgence de frère aîné l'écrivain de trente ans avait lu ces premiers essais! Comme il avait tout de suite traité son jeune confrère en égal! Avec quelle finesse de jugement il avait appliqué à ces ébauches les procédés de la grande critique, celle qui encourage un artiste et lui indique ses fautes, sans l'en écraser. Et puis était survenue l'histoire du *Sigisbée*, à l'occasion duquel Claude s'était dévoué à René comme si lui-même n'eût pas été auteur dramatique. Le poète connaissait assez la vie littéraire pour savoir que la simple bienveillance, d'une génération à la suivante, est chose rare. Son rapide succès lui avait déjà fait éprouver cette sensation, la plus amère peut-être des années d'apprentissage : l'envie rencontrée chez les maîtres que l'on admire le plus, à l'école desquels on s'est formé, à qui l'on voudrait tant offrir son brin de laurier. Chez Claude Larcher le goût du talent des autres était aussi instinctif, aussi vivant que s'il n'eût pas eu déjà quinze années de plume. Et cette amitié plus que précieuse, unique, allait sombrer!... Mais était-ce sa faute, à lui, René, qui se retournait dans son lit, prenant et reprenant ses souvenirs l'un après l'autre? Pourquoi Larcher avait-il parlé à l'atroce Colette comme il avait fait? Pourquoi avait-il trahi son jeune ami, son frère cadet? Pourquoi?... Cette douloureuse question conduisait René à des idées dont il se détournait instinctivement. Le célèbre « Calomniez, calomniez, il en reste toujours quelque chose » de Basile, traduit une des plus tristes et des plus indiscutables vérités sur le cœur humain. Certes René se serait méprisé de douter de Suzanne après leur explication. Mais il y a un résidu empoisonné de méfiance que laisse dans l'âme tout soupçon, même dissipé, et si le jeune homme avait osé regarder jusqu'au fond de son être, il en aurait trouvé la preuve dans la curiosité maladive qu'il ressentait d'apprendre par Claude lui-même les raisons complètes de la mensongère accusation lancée contre sa maîtresse. Cette curiosité, les réminiscences d'une si longue liaison, une espèce d'appréhension de revoir un homme qui, par sa situation d'aîné, avait toujours eu barre sur lui, si l'on peut dire, tout contribuait à diminuer la colère de l'amant blessé. Il s'efforçait de la retrouver en lui, comme au soir où il arpentait l'avenue de l'Opéra en sortant de la loge de Colette,—et il n'y parvenait pas. Comme tous les gens qui se savent faibles, il voulut mettre tout de suite un événement irréparable entre lui et Claude, et, quand ce dernier, introduit par Françoise, dès les neuf heures du matin, s'approcha les mains tendues, avec un « bonjour, René, » le poète garda sa main, à lui, dans sa poche. Les deux hommes restèrent un moment debout en face l'un de l'autre, et très pâles. Le visage de Larcher, hâlé par le voyage, offrait cette physionomie contractée qui révèle les ravages de l'idée fixe. Sous le coup de l'insulte, ses yeux s'étaient enflammés. René le connaissait emporté jusqu'à la folie, et il put croire que cette main dont il avait refusé l'étreinte se lèverait pour un soufflet. La volonté fut plus forte que l'orgueil offensé, et Claude reprit, d'une voix où tremblait la fureur contenue :

— « Vincy, ne me tentez pas... Mais non, vous êtes un enfant, c'est à moi d'avoir de la raison pour deux... Allons! Allons!... Écoutez, René, je sais tout, vous comprenez, tout, oui, tout... Je suis venu hier. Votre sœur m'a dit que vous étiez brouillé avec moi et bien d'autres choses qui ont commencé de m'éclairer. Votre silence m'avait frappé au cœur. Je vous avais cru l'amant de Colette. L'imbécile! Elle n'a heureusement pas deviné que c'était là le point où m'atteindre... En sortant de chez vous, j'ai couru chez elle. Je l'ai trouvée, et seule. J'ai appris là l'infamie qu'elle avait commise et ce qu'elle vous avait dit dans sa loge. Elle triomphait, la coquine. Alors j'ai pris le vrai parti... » Et il se mit à marcher de long en large, dans la chambre, absorbé dans le souvenir de la scène qu'il évoquait, et comme oublieux de son interlocuteur : « Je l'ai battue, mais battue... comme un manant. Que cela m'a fait du bien! Je l'avais jetée par terre, et je frappais, je frappais! Elle criait: Pardon! Pardon! Ah! je l'aurais tuée — avec délices! Et qu'elle était belle avec ses cheveux défaits, ses seins qui sortaient de sa robe de chambre déchirée! Elle s'est roulée à mes pieds ensuite, mais c'est moi qui n'ai pas voulu et qui suis parti... Elle pourra montrer les noirs de son corps à son amant de cette nuit, et raconter qui les lui a faits!... Que cela soulage quelquefois d'être une brute!... » Puis, s'arrêtant brusquement en face de René: « Et tout cela parce qu'elle avait touché à vous!... Oui ou non, » insista-t-il avec son même accent de colère, « est-ce à cause de ce que vous a dit cette fille que vous êtes brouillé avec moi?... »

— « C'est à cause de cela, » répondit René froidement.

— « Très bien, » reprit Claude en s'asseyant, « alors nous pouvons causer. Pas de malentendus entre nous, n'est-ce pas? Vous me permettrez donc de poser tous les points sur tous les *i*. Si j'ai bien compris, cette gredine de Colette vous a dit deux choses. Procédons par ordre... Voici la première : je lui aurais raconté que vous êtes l'amant de madame Moraines... Excusez-moi, » insista-t-il sur un geste du poète. « De vous à moi, et quand il s'agit de notre amitié, je me moque des solennelles conventions du monde qui défendent de nommer une femme. Je ne suis pas du monde, moi, et je la nomme... Première infamie. Colette vous a menti. Je lui avais dit ceci exactement, — je me rappelle ma phrase comme si c'était d'hier; je regrettais mes paroles en les prononçant : — Je crois que le pauvre René devient amoureux de madame Moraines... — Je ne savais rien que votre émotion quand vous m'aviez parlé de cette femme. Mais Colette vous avait vu soupant à côté d'elle et très empressé. Nous avons plaisanté, comme on plaisante sur ces hypothèses-là, sans y attacher d'autre importance, moi du moins... C'est égal. Vous étiez mon ami. Votre sentiment pouvait être sérieux, il l'était. J'ai eu tort, et je vous en demande pardon, là, franchement, et malgré l'affront que vous venez de m'infliger, — sur la foi de la dernière des filles, à moi, votre meilleur, votre plus vieil ami. »

— « Mais, malheureux! » s'écria René, « puisque vous saviez, vous, que c'était une fille, pourquoi m'avez-vous vendu à elle? Et encore, si vous n'aviez parlé que de moi, je vous pardonnerais... »

— « Passons à ce second point, » interrompit Claude avec sa même voix méthodique et résolue, « c'est-à-dire au second mensonge. Elle vous a raconté que je lui avais appris les relations de madame Moraines et de Desforges. C'est faux. Elle les savait, depuis longtemps, par tous les Salvaneys avec qui elle a dîné, soupé, flirté et le reste... Non, René, s'il y a un reproche que je m'adresse, à moi, ce n'est pas d'avoir causé de madame Moraines avec elle, je ne lui en ai rien dit qu'elle ne connût mieux que moi... C'est de ne pas en avoir parlé à cœur ouvert avec vous, lorsque vous êtes venu chez moi. Je n'ignorais rien des turpitudes de cette Colette du monde, et je ne vous les ai pas dénoncées, quand il en était temps encore!... Oui, je devais parler, je devais vous avertir, vous crier : Courtisez cette femme, séduisez-la, ayez-la, ne l'aimez pas... Et je me suis tu! Ma seule excuse, c'est que je ne la jugeais pas assez désintéressée pour entrer dans votre vie comme elle l'a fait... Je me disais : il n'a pas d'argent, il n'y a pas de danger... »

— « Ainsi, » s'écria René qui se contenait à

peine depuis que Claude avait commencé de parler de Suzanne en de pareils termes, « vous croyez aux infamies que Colette m'a rapportées sur madame Moraines et le baron Desforges? »

— « Si j'y crois? » répondit Larcher en regardant son ami avec étonnement. « Suis-je donc un homme à inventer une histoire comme celle-là sur une femme? »

— « Lorsqu'on a fait la cour à cette femme, » dit le poète en prononçant ces mots très lentement, et leur donnant l'intonation du plus pur mépris, « et qu'elle vous a repoussé, c'est bien le moins pourtant qu'on la respecte!... »

— « Moi! » s'écria Claude, « moi! j'ai fait la cour à madame Moraines! Moi! moi! moi!... Je comprends, elle vous l'a dit... » Il éclata de son rire nerveux... « Quand nous racontons de ces traits-là dans nos pièces, on nous accuse de les calomnier, les gueuses! Les calomnier! Comme si c'était possible! Toutes les mêmes. Et vous l'avez crue!... Vous avez cru de moi, Claude Larcher, cette vilenie que je déshonorais une honnête femme, par vengeance d'amour-propre blessé? Voyons, René, regardez-moi bien en face. Est-ce que j'ai la figure d'un hypocrite? Est-ce que vous m'avez jamais connu tel? Vous ai-je prouvé que je vous aimais? Hé bien! Je vous donne ma parole d'honneur que celle-là vous a menti, comme Colette. Elle a voulu nous brouiller, comme Colette. Ah! Les scélérates! Et j'étais là-bas, je mourais de douleur, et pas un mot de pitié parce qu'entre deux baisers cette drôlesse, pire que les autres, m'avait accusé d'une saleté!... Oui, pire que les autres. Elles se vendent, pour du pain; et celle-là, pourquoi? Pour un peu de ce misérable luxe des parvenus d'aujourd'hui. »

— « Taisez-vous, Claude, taisez-vous, » dit René d'une voix terrible. « Vous me tuez. » Une tempête de sentiments s'était déchaînée en lui, soudaine, furieuse, indomptable. Il ne doutait pas que son ami ne fût sincère, et cette sincérité, jointe à l'accent de conviction avec lequel Claude avait parlé de Desforges, imposait au malheureux amant une vision de la fausseté de Suzanne, si douloureuse qu'il ne put pas la supporter. Il ne se possédait plus, et s'élançant sur son cruel interlocuteur, il le saisit par les revers de son veston et les lui secoua si fort qu'un parement de l'habit se déchira: « Quand on vient affirmer des choses pareilles à un homme sur la femme qu'il aime, on lui en donne des preuves, entendez-vous, des preuves, des preuves... »

— « Vous êtes fou, » repartit Claude en se dégageant, « des preuves, mais tout Paris vous en donnera, mon pauvre enfant! Ce n'est pas une personne, c'est dix, c'est vingt, c'est trente, qui vous raconteront qu'il y a sept ans les Moraines étaient ruinés. Qui a placé Moraines dans une compagnie d'assurances? Desforges. Il est administrateur de cette compagnie, comme il est administrateur du Nord, député, ancien conseiller d'État, que sais-je? Mais c'est un personnage énorme que Desforges, sans qu'il en ait l'air, et qui peut suffire à bien d'autres dépenses! Qui trouvez-vous là quand vous allez rue Murillo? Desforges. Quand vous rencontrez madame Moraines au théâtre? Desforges... Et vous croyez que le lascar est un homme à filer l'amour platonique avec cette femme jolie et mariée à son cocquebin de mari? C'est bon pour vous et moi, ces bêtises-là. Mais un Desforges!... Ah! çà, où avez-vous donc vos yeux et vos oreilles quand vous êtes chez elle? »

— « Je n'y suis allé que trois fois, » dit René.

— « Que trois fois? » répéta Claude, et il regarda son ami. Les plaintives confidences d'Émilie, la veille, ne lui avaient laissé aucun doute sur les rapports de Suzanne et du jeune homme. Cette imprudente exclamation lui fit entrevoir quel caractère singulier ces rapports avaient dû revêtir. « Je ne vous demande rien, » continua-t-il; « il est arrêté que l'honneur nous ordonne de nous taire sur ces femmes-là, comme si l'honneur véritable ne consisterait pas à dénoncer au monde entier leur infamie. On épargnerait tant d'autres victimes!... Des preuves? Vous voulez des preuves. Mais cherchez-en vous-même. Je ne connais que deux moyens pour savoir les secrets d'une femme : ouvrir ses lettres ou la faire suivre. Soyez tranquille, madame Moraines n'écrit jamais... Faites-la filer... »

— « Mais c'est ignoble ce que vous me conseillez là! » s'écria le poète.

— « Il n'y a rien de noble ou d'ignoble en amour, » répliqua Larcher. « Moi qui vous parle, je l'ai bien fait. Oui, j'ai mis des agents aux trousses de Colette!... Une liaison avec une coquine, mais c'est la guerre au couteau, et vous regardez si le vôtre est propre... »

— « Non, non, » répondit René en secouant la tête, « je ne peux pas. »

— « Alors, suivez-la vous-même! » continua l'implacable logicien, « je connais mon Desforges. C'est quelqu'un, ne vous y trompez pas, Je l'ai pioché autrefois, quand je croyais encore à cette sottise, l'observation, pour avoir du talent. Cet homme est un étonnant mélange d'ordre et de désordre, de libertinage et d'hygiène. Leurs rendez-vous doivent être réglés, comme tout dans sa vie : une fois par semaine et à la même heure, pas trop près du déjeuner, ça troublerait sa digestion ; pas trop près du dîner, ça gênerait ses visites, son bezigue au cercle. Espionnez-la donc. Avant huit jours vous saurez à quoi vous en tenir. Je voudrais vous dire que j'ai des doutes sur l'issue de cette enquête!... Ah! mon pauvre enfant, et c'est moi qui vous ai jeté dans cette fange! Vous aviez une vie si heureuse ici, et je suis venu vous prendre par la main pour vous mener dans ce monde infâme où vous avez rencontré ce monstre. Et si ce n'avait pas été celle-là, ç'aurait été une autre... Tous ceux que j'aime, je leur fais du mal!... Mais dites-moi donc que vous me pardonnez! J'ai besoin de votre amitié, voyez-vous. Allons, un bon mouvement... » Et comme Claude tendait les mains au jeune homme, ce dernier les prit, les serra de toute sa force et se laissa tomber sur un fauteuil, le même où Suzanne s'était assise, en fondant en larmes et s'écriant :

— « Mon Dieu! que je souffre!... »

Claude avait donné huit jours à son ami. Quatre ne s'étaient pas écoulés que René arrivait à l'hôtel Saint-Euverte par une fin d'après-midi, le visage si bouleversé que Ferdinand ne put se retenir d'une exclamation en lui ouvrant la porte :

— « Mon pauvre monsieur Vincy » dit le

brave domestique, « est-ce que vous allez être comme Monsieur, à vous brûler le sang ? »

— « Mon Dieu ! Que se passe-t-il ? » s'écria Claude quand René entra dans le fameux « souffroir. » L'écrivain était assis à sa table, qui travaillait en fumant. Il jeta sa cigarette, et, à son tour, son visage exprima l'anxiété la plus vive.

— « Vous aviez raison, » dit René d'une voix étranglée, « c'est la dernière des femmes. »

— « L'avant-dernière, » interrompit Claude avec amertume, et, parodiant le mot célèbre de Chamfort : « il ne faut pas décourager Colette... Mais qu'avez-vous fait ? »

— « Ce que vous m'avez conseillé, » répondit René avec une âpreté d'accent singulière, « et c'est moi qui viens vous demander pardon d'avoir douté de vous... Oui, je l'ai épiée. Quelles sensations ! Un jour, deux jours, trois jours... Rien. Elle a fait des visites, couru des magasins, mais Desforges est venu rue Murillo chacun de ces jours-là ! Quand je le voyais entrer, du fond de mon fiacre qui stationnait au coin de la rue, j'avais des sueurs d'agonie... Enfin, aujourd'hui, à deux heures, elle sort en voiture. Mon fiacre la suit. Après deux ou trois courses, sa voiture arrête devant Galignani, vous savez, le libraire anglais, sous les arcades de la rue de Rivoli. Elle en descend. Je la vois qui parle à son cocher, et le coupé qui repart à vide. Elle marche quelques pas sous les arcades. Elle avait une toilette sombre. — Si je la lui connais, cette toilette!... — Mon cœur battait. J'étais comme fou. Je sentais que je touchais à une minute décisive. Je la vois qui disparaît sous une porte cochère. J'entre derrière elle. Je me trouve dans une grande cour avec une espèce de passage à l'autre extrémité. La maison avait une autre sortie rue du Mont-Thabor. Je fouille du regard cette dernière rue... Non. Elle n'aurait pas eu le temps de filer... A tout hasard, je m'installe, surveillant la porte. Si elle avait là un rendez-vous, elle ne sortirait point par où elle était entrée. J'ai attendu une heure et quart dans une boutique de marchand de vins, juste en face. Au bout de ce temps, je l'ai vue reparaître, un double voile sur la figure... Ah! ce voile et cette démarche! C'est comme la robe, je les connais trop pour m'y tromper... Elle était sortie, elle, par la rue du Mont-Thabor. Son complice devait s'échapper par la rue de Rivoli. J'y cours. Après un quart d'heure, la porte s'ouvre et je me trouve face à face, vous devinez avec qui?... Avec Desforges! Cette fois, je la tiens, la preuve!... Ah! la coquine!... »

— « Mais non! Mais non! » répondit Claude, « c'est une femme, et toutes se valent. Voulez-vous que je vous rende confidence pour confidence, c'est-à-dire horreur pour horreur? Vous savez comme Colette me traitait quand je lui mendiais un peu de pitié? Je l'ai battue, l'autre soir, comme un portefaix, et voici ce qu'elle m'écrit. Tenez... » et il tendit à son ami un billet qu'il avait, ouvert devant lui, sur sa table. René le prit machinalement, et il put lire les lignes suivantes :

Deux heures du matin.

Tu n'es pas venu, m'amour, et je t'ai attendu jusqu'à maintenant. Je t'attendrai encore aujourd'hui toute la journée, et ce soir, chez moi, depuis l'heure où je rentrerai du théâtre. Je suis de la première pièce et je me dépêcherai. Je t'en supplie, viens m'aimer. Pense à ma bouche. Pense à mes cheveux blonds. Pense à nos caresses. Pense à celle qui t'adore, qui ne peut se consoler de t'avoir fait de la peine et qui te veut, comme elle t'aime — follement,

Ta petite COLETTE.

— « Pour une lettre d'amour, c'est une lettre d'amour, hein? » dit Larcher avec une espèce de joie féroce. « C'est plus cruel que le reste, d'être aimé ainsi, parce que l'on s'est conduit comme un Alphonse ! Mais, je n'en veux plus, ni d'elle, ni d'aucune autre... Je hais l'amour maintenant, et je vais m'amputer le cœur. Faites comme moi. »

— « Est-ce que je le peux ? » répondit René. « Non ! Vous ne savez pas ce que cette femme était pour moi !... » Et tout d'un coup, s'abandonnant à toutes les fureurs de la passion qui grondaient en lui, il commença de gémir, la face convulsée, versant des pleurs, tordant ses mains. « Vous ne le savez pas, ni combien je l'ai aimée, ni combien j'ai cru en elle, ni ce que je lui ai sacrifié ! Et puis cette chose hideuse, elle, dans les bras de ce Desforges ! Ah !... » — et il fut comme secoué par une nausée. « Elle m'aurait trompé avec un autre seulement, avec un homme à qui je pourrais penser avec haine, avec rage, — mais sans ce dégoût... Voyez, je ne peux même pas être jaloux de celui-là... — Pour de l'argent ! Pour de l'argent !... » Et se levant et serrant le bras de Claude avec frénésie : « Il est administrateur du Nord, vous me l'avez dit... Hé ! bien ! savez-vous ce qu'elle m'a proposé l'autre jour ?... De me faire gagner de l'argent d'après ses conseils... Moi aussi, j'aurais été entretenu par le baron... C'est tout naturel, n'est-ce pas, que le vieux paie tout, et la femme, et le mari, et l'amant de cœur! — Ah! si je pouvais!... Elle va être à l'Opéra ce soir : si j'y allais? Si je la prenais par les cheveux et si je lui crachais au visage, là, devant son monde, en leur criant à tous qu'elle est une fille, la plus dégradée, la plus malpropre des filles?... » Puis se laissant retomber sur sa chaise et fondant en larmes : « Elle m'a pris... si vous aviez vu, heure par heure!... Vous m'aviez bien dit de me méfier des femmes! Mais quoi! Vous aimiez une Colette, une actrice, une créature qui avait eu des amants avant vous! Au lieu qu'elle!... Il n'y a pas une ligne de son visage qui ne jure que c'est impossible, que j'ai rêvé... C'est comme si j'avais vu mentir les anges... Oui, je tiens la preuve, la preuve certaine... Elle descendait ce trottoir de la rue du Mont-Thabor, avec ce même pas... Pourquoi ne lui ai-je pas couru dessus, là, dans cette rue, au seuil de cette porte infâme? Je l'aurais étranglée de mes mains, comme une bête... Ah! Claude, mon bon Claude! et moi qui ai pu vous en vouloir à cause d'elle!... Et l'autre! J'ai marché sur le plus noble cœur, je l'ai piétiné, pour aller vers ce monstre!... Ce n'est que justice, j'ai tout mérité!... Mais qu'est-ce qu'il y a donc dans la nature qui puisse produire de pareils êtres?... »

Longtemps, longtemps, cette lamentation continua. Claude l'écoutait, la tête appuyée sur sa main, sans rien répondre. Il avait souffert, et il savait que de crier sa souffrance soulage. Il plaignait le malheureux enfant qui sanglotait, de tout son cœur, et l'analyste lucide qui était en lui ne pouvait se retenir d'observer la différence entre la sorte de désespoir propre au poëte et celui qu'il avait éprouvé lui-même, tant de fois, dans des circonstances semblables. Il ne se souvenait pas d'avoir jamais, même à ses pires heures, agonisé ainsi sans se regarder mourir, au lieu que René lui donnait le spectacle d'une créature vraiment jeune et sincère, qui ne tient pas un miroir à la main pour y étudier ses larmes. Ces étranges réflexions sur la diversité de la forme des âmes ne l'empêchèrent pas d'avoir mieux qu'une sympathie, une émotion profonde dans la voix, pour reprendre enfin, lorsque René s'arrêta de sa plainte :

— « Notre cher Henri Heine l'a dit : L'amour, c'est la maladie secrète du cœur... Vous en êtes à la période d'invasion... Voulez-vous le conseil d'un vétéran du lazaret? Bouclez votre malle et mettez des lieues et des lieues entre vous et cette Suzanne... Un joli nom et bien choisi ! Une Suzanne qui se ferait payer par ses vieillards !... A votre âge, vous guérirez vite... J'ai bien guéri, moi. Si je sais comment et quand, par exemple !...

J'en suis encore stupéfié... Mais voilà trois jours que je n'aime plus Colette !... En attendant, je ne veux pas vous laisser seul ; venez dîner avec moi. Nous boirons sec et nous ferons de l'esprit. Cela venge des misères du cœur... »

René était tombé, au sortir de sa lamentation, dans cette espèce de coma moral qui succède aux grands éclats de douleur. Il se laissa conduire, comme un halluciné, par la rue du Bac, puis la rue de Sèvres et le boulevard, jusqu'à ce restaurant Lavenue qui fait le coin de la gare Montparnasse, et que hantèrent longtemps plusieurs peintres et sculpteurs célèbres de notre époque. Les deux écrivains s'installèrent dans un cabinet particulier que désigna Claude, et sur la glace duquel il retrouva vite le nom de Colette, gravé gauchement entre des vingtaines d'autres. Il montra ce souvenir d'anciennes soirées à son ami, puis, se frottant les mains et répétant : « Il faut ironiser son passé, » il ordonna un menu des plus compliqués, il demanda deux bouteilles du Corton le plus vieux, et, durant tout le dîner, il ne cessa d'émettre ses théories sur les femmes, tandis que son compagnon mangeait à peine et regardait dans son souvenir le divin visage auquel il avait tant cru ! Était-ce bien possible qu'il ne rêvât point, que sa Suzanne fût une de celles dont Claude parlait avec tant de mépris ?

— « Surtout, » disait ce dernier, « ne vous vengez pas. La vengeance sur l'amour, voyez-vous, c'est comme de l'alcool sur du punch qui brûle. On s'attache aux femmes par le mal qu'on leur fait, autant que par celui qu'elles nous font. Imitez-moi, pas le moi d'autrefois, celui d'aujourd'hui, qui boit, qui mange, qui se moque de Colette, comme Colette s'est moquée de lui. L'absence et le silence, voilà l'épée et le bouclier dans cette bataille. Colette m'écrit, je ne lui réponds pas. Elle est venue rue de Varenne. Porte close. Où je suis ? Ce que je fais ? Elle n'en sait rien. Voilà qui les enrage plus que tout le reste. Une supposition. Vous partez demain matin pour l'Italie, l'Angleterre, la Hollande, à votre choix. Suzanne est là, qui vous croit en train de communier pieusement sous les espèces de ses mensonges, et vous êtes, vous, dans votre angle de wagon, à regarder fuir les fils du télégraphe et à vous dire : — A deux de jeu, mon ange. — Et puis, dans trois jours, dans quatre ou dans cinq, l'ange commence à s'inquiéter. Il envoie un domestique, avec un billet, rue Coëtlogon. Et le domestique revient : — M. Vincy est en voyage ! — En voyage ?... Et les jours se succèdent, et M. Vincy ne revient pas, il n'écrit pas, il est heureux ailleurs. Que je voudrais être là, pour voir la tête du Desforges, quand elle passera sur lui sa colère. Car avec ces équitables personnes, c'est toujours à celui qui reste de payer pour celui qui s'en va. Mais qu'avez-vous?... »

— « Rien, » dit René à qui Claude venait de faire mal en prononçant le nom haï du baron, « je pense que vous avez raison, et je quitterai Paris demain sans la revoir... »

C'est sur une phrase pareille que les deux amis se séparèrent. Claude avait voulu reconduire son ami jusqu'à la rue Coëtlogon. Il lui serra la main devant la grille, en lui répétant :

— « J'enverrai Ferdinand dès le matin s'informer de l'heure où vous partez. Le plus tôt sera le mieux, et sans la revoir, surtout, sans la revoir! »

— « Soyez tranquille, » répondit René.

— « Le pauvre enfant! » songea Claude en remontant la rue d'Assas. Il marchait lentement du côté des fiacres qui stationnent le long de l'ancien couvent des Carmes, au lieu de reprendre le chemin de sa propre maison. Il se retourna pour vérifier si réellement son compagnon avait disparu. Il s'arrêta quelques minutes, en proie à une visible hésitation. Il regarda le cadran de la guérite de l'inspecteur, et put y voir que l'aiguille marquait dix heures un quart.

— « Le théâtre commence à huit heures et demie, le temps de changer de costume... Bah! » continua-t-il tout haut en se parlant à lui-même... « Je serais trop bête de manquer une nuit pareille... Cocher, cocher, » et il réveilla l'homme endormi sur le siège du fiacre dont le cheval lui avait semblé le plus rapide, « rue de Rivoli, au coin de la statue de Jeanne d'Arc, et allez bon train. »

Le fiacre détala et croisa le coin de la rue Coëtlogon. « Il pleure maintenant, » se dit Claude, « s'il me voyait, tout de même, aller chez Colette!... » Il ne se doutait guère qu'à peine rentré chez lui, le jeune homme avait demandé à sa sœur stupéfiée qu'on lui préparât son costume de soirée. La pauvre Émilie voulut l'interroger ; elle fut accueillie par un « je n'ai pas le temps de causer... » si sec et si dur qu'elle n'osa pas insister. C'était un vendredi, et René, comme il l'avait dit à Claude, savait que Suzanne était maintenant à l'Opéra. Il avait calculé que c'était sa soirée de quinzaine. Pourquoi l'idée de la revoir sans plus tarder, s'était-elle emparée de lui, avec tant de force, qu'il bouscula sa sœur tour à tour et Françoise? Allait-il réaliser sa menace et insulter sa perfide maîtresse en public? Ou bien voulait-il repaître ses yeux de cette beauté si menteuse, une dernière fois avant son départ? Il avait pu, l'autre semaine, quand il courait au Gymnase après l'entretien avec Colette, se raisonner et discuter son soudain projet. L'analogie extérieure de cette démarche avec celle d'aujourd'hui lui fit mieux sentir, tandis que la voiture l'emportait vers l'Opéra, combien tout avait changé en lui et autour de lui, et en si peu de temps. Avec quelle espérance il se rendait au théâtre alors, et maintenant sur quelle pensée de désespoir! Et pourquoi cette démarche?... Il se posa cette question en gravissant l'escalier, mais il se sentait poussé par une force supérieure à tout calcul, à tout désir. Depuis qu'il avait vu Suzanne entrer dans la maison de la rue du Mont-Thabor et en sortir, il agissait comme un automate. Lorsqu'il s'assit dans son fauteuil d'orchestre, le ballet de *Faust*, que l'on donnait ce soir-là, était sur le point de s'achever. La première impression de la musique sur ses nerfs tendus fut un attendrissement presque morbide; des larmes affluèrent à ses yeux, si abondantes qu'elles brouillaient le verre de sa lorgnette, quand il la braqua sur la portion de la salle où se trouvait la baignoire de Suzanne, — cette baignoire où elle lui était apparue si divinement pudique et jolie au lendemain de la soirée chez la comtesse Komof, ni plus pudique ni plus jolie que maintenant... Elle se tenait sur le devant, dans une toilette bleue cette fois, avec des perles autour de son cou délicat et des diamants dans ses cheveux blonds. Une autre femme, que René n'avait jamais vue, était assise auprès d'elle, brune toute en blanc et parée de bijoux. Trois hommes s'apercevaient dans l'ombre de la loge. L'un était inconnu du poète, les deux autres étaient Moraines et Desforges. Oui, le malheureux les tenait tous les trois sous ses yeux : cette femme vendue à ce viveur âgé, et ce mari qui en profitait. — Du moins, René le croyait ainsi. — Ce tableau d'infamie changea son attendrissement en fureur. Tout se réunissait pour l'affoler : l'indignation de rencontrer tant de grâce idéale sur le visage de cette Suzanne qui, cette après-midi encore, s'échappait, furtive, d'un rendez-vous immonde, la jalousie physique, portée à son comble par la présence du rival heureux, enfin une espèce d'impuissante humiliation à retrouver cette perfide maîtresse, heureuse, admirée, dans l'éclat de sa royauté mondaine, tandis qu'il était là, lui, sa victime, à mourir de douleur, sans l'avoir châtiée !

Le ballet fini, et quand l'entr'acte commença, René en était arrivé à cette crise de la colère que le langage quotidien appelle si justement la rage froide. Durant ces minutes-là, et par un contraste analogue à celui qui s'observe dans certains accès de folie lucide, la frénésie de l'âme s'accompagne d'une complète domination des nerfs. L'homme peut aller et venir, sourire et causer, il a toutes les apparences du calme, et, au dedans de lui, c'est un tourbillon d'idées meurtrières. Les pires audaces alors semblent toutes naturelles, et aussi les pires cruautés. Une idée avait traversé le cerveau du poète : aller dans cette loge où trônait madame Moraines, et lui dire tout son mépris ! Comment ? Il ne s'en inquiétait guère. Ce qu'il savait, c'est qu'il lui fallait se soulager, quoi qu'il dût en résulter. En suivant le couloir, à ce moment rempli d'élégants de tous âges, il était à ce point aliéné de lui-même, qu'il heurta plusieurs personnes sans seulement y prendre garde ni prononcer un mot d'excuse. Il demanda enfin à l'ouvreuse de lui indiquer la sixième baignoire à partir de l'avant-scène à droite.

— « Celle de M. le baron Desforges ? » dit cette femme.

— « Parfaitement, » répondit-il « il paie aussi le théâtre, » pensa-t-il, « c'est trop naturel !... » Mais déjà on lui avait ouvert la porte, il avait traversé le petit salon qui précédait la loge proprement dite, il voyait Moraines se retourner, lui sourire avec sa franche et simple physionomie, et l'excellent homme lui secouait la main à l'anglaise, en lui disant, comme s'ils fussent habitués à se rencontrer chaque jour :

— « Vous allez bien ?... » Et, interpellant sa femme qui avait aperçu René sans que rien, sur son visage, marquât le moindre étonnement : « Ma bonne amie, » fit-il, « Monsieur Vincy... »

— « Mais je n'ai pas oublié Monsieur, » répondit Suzanne en saluant le visiteur d'une gracieuse inclinaison de la tête, « bien qu'il paraisse, lui, m'avoir oubliée... »

La parfaite aisance avec laquelle cette phrase fut prononcée, le sourire qui la souligna, l'obligation honteuse de serrer la main à ce mari qu'il considérait comme un souteneur légal, et de saluer le baron Desforges en même temps que les autres personnes présentes dans la loge, tous ces petits détails contrastaient trop fortement avec la fièvre intérieure du jeune homme pour qu'il n'en demeurât pas, quelques minutes, comme déconcerté. La vie mondaine est ainsi. Des scènes tragiques s'y produisent, mais sans éclat et parmi les fausses amabilités des conversations, les habituels compromis des manières et le futil décor du plaisir, Moraines avait offert un siège à René derrière Suzanne, et celle-ci le questionnait sur ses goûts musicaux, avec autant d'apparente indifférence que si cette visite n'eût pas eu pour elle une signification redoutable. Desforges et Moraines causaient avec l'autre dame. René les entendait faire des remarques sur la composition de la salle. Il n'était pas habitué, lui, à cette maîtrise de soi qui permet aux femmes du monde de parler chiffons ou musique avec une dévorante anxiété au fond de leur cœur. Il balbutiait des réponses aux phrases de Suzanne, sans comprendre lui-même ce qu'il disait. A une seconde, et comme elle se penchait un peu de son côté, il respira le parfum d'héliotrope qu'elle employait d'ordinaire. Cette impression remua en lui le souvenir des baisers qu'il lui avait donnés. Il osa enfin la regarder. Il vit ces lèvres sinueuses, ce teint rosé, ces prunelles bleues, ces cheveux blonds, ces épaules et cette gorge où sa bouche avait erré, dont ses mains retenaient dans leur paume la forme divine. Ses yeux exprimèrent alors une sorte de sauvage délire dont madame Moraines eut presque peur. Elle avait bien compris, rien qu'à l'apparition du jeune homme, qu'il se passait quelque chose d'extraordinaire ; mais elle était sous le regard de Desforges, et il s'agissait de ne pas commettre une seule faute. D'autre part, la moindre imprudence de René pouvait la perdre. Toute sa vie dépendait d'un geste, d'un mot du jeune homme, et elle le savait si instinctif qu'il était capable de prononcer ce mot, de faire ce geste! Elle prit l'éventail et le mouchoir de dentelle qu'elle avait posés sur le devant de la loge, et elle se leva en passant sa main sur son front :

— « J'ai trop chaud ici, » fit-elle, en s'adressant au poëte qui s'était levé en même temps qu'elle... « Voulez-vous venir dans le petit salon, nous y serons mieux pour causer. »

Quand ils furent assis tous deux sur le canapé de cette étroite antichambre, elle lui dit à voix haute :

— « Y a-t-il longtemps que vous n'avez vu notre amie madame Komof? » Puis, à voix basse : « Qu'as-tu, mon amour? Que se passe-t-il? »

— « Il y a, » répondit René en étouffant sa voix, « que je sais tout, et que je suis venu vous dire que vous êtes la dernière des femmes... Ce n'est pas la peine de me répondre... Je sais tout, vous dis-je, je sais à quelle heure vous êtes allée dans la maison de la rue du Mont-Thabor et à quelle heure vous en êtes sortie, et qui vous y avez retrouvé... Ne mentez pas; j'étais là, je vous ai vue. C'est la dernière fois que je vous parle, mais vous entendez : vous êtes une misérable, une misérable... »

Suzanne s'éventait tandis qu'il lui jetait ces phrases terribles. L'émotion du coup qu'elles lui portaient ne l'empêcha pas de sentir qu'il fallait à tout prix couper court à cette scène avec cet amant affolé, qui visiblement ne se possédait plus. Elle se pencha du côté de la loge et elle appela son mari :

— « Paul, » dit-elle, « voyez donc si la voiture

est avancée... Je ne sais pas ce que j'ai, si c'est la chaleur de la salle, mais je viens d'avoir un étourdissement... Vous m'excuserez, monsieur Vincy? »

— « C'est extraordinaire, » disait Moraines au poète, qui dut sortir de la loge avec le mari, « elle avait été si gaie ce soir... Mais ces salles de théâtre sont trop mal aérées... Elle aura été désolée de n'avoir pu causer avec vous davantage, elle admire tant votre talent! Revenez nous voir... A bientôt, cher monsieur... »

Et il secoua de nouveau avec sa force habituelle la main du jeune homme, qui le regarda disparaître du côté du vestibule où se tenaient les valets de pied attendant leurs maîtres. Les premières mesures du cinquième acte de *Faust* commençaient à se faire entendre. Il eut un nouvel accès de rage qui se soulagea par ce mot jeté presque à voix haute dans le couloir, maintenant désert :

— « Ah! Je me vengerai! »

XVIII

LE PLUS HEUREUX DES QUATRE

Suzanne connaissait trop bien le coup d'œil du baron Desforges pour s'imaginer que la scène de la loge lui eût échappé tout entière. Qu'en avait-il saisi? Que pensait-il? C'étaient pour elle deux questions d'une importance capitale. Il lui fut impossible d'y répondre durant les minutes qu'ils mirent, elle appuyée à son bras et lui la soutenant comme s'il l'eût réellement crue souffrante, depuis la baignoire jusqu'au bas de l'escalier qui donne sur le portique réservé aux voitures. Le visage du baron était demeuré impénétrable. Elle-même ne se sentait pas la force d'employer ses facultés habituelles d'observation. La comédie de son malaise n'avait été qu'à moitié jouée, tant le coup subit de cet entretien avec René l'avait frappée d'épouvante et aussi de douleur. Elle avait pu craindre que le jeune homme, évidemment hors de lui, ne fît un éclat et ne la perdît à jamais. En même temps, sa passion très sincère, très vivante, avait saigné de ce terrible outrage et de cette découverte plus terrible encore. Tandis que, relevant sa robe à traîne, elle assurait sur les marches ses souliers de satin bleu, elle était secouée d'un frisson, comme il arrive au sortir d'un mortel danger que l'on a eu pourtant le courage de braver. Elle souriait à demi, avec des lèvres frémissantes dans un visage qu'envahissait la pâleur. Ce fut un véritable soulagement pour elle que de s'asseoir dans l'angle de son coupé où son mari prit place auprès d'elle. Devant lui, du moins, elle n'avait pas besoin de se dominer. Au moment où le cheval partit, elle se pencha, comme pour un dernier salut. La clarté d'un bec de gaz portait en plein sur le masque du baron qui exprimait maintenant sa vraie pensée. Suzanne ne s'y méprit pas une seconde :

— « Il sait tout... » dit-elle. « Que devenir ?... »

Le coupé avait disparu depuis un instant que

Desforges était encore là, qui tiraillait sa moustache, — signe chez lui d'une préoccupation extrême. Comme il faisait beau, il n'avait pas commandé sa voiture. C'était son habitude, par les temps secs, de marcher jusqu'à son cercle favori, rue Boissy-d'Anglas, depuis l'endroit où il avait passé la soirée, même quand cet endroit était un petit théâtre situé à l'autre extrémité des boulevards. Tout en fumant son cigare, le troisième de la journée, — le docteur Noirot n'en permettait pas davantage, — il aimait à traverser Paris, son Paris qu'il se piquait avec raison de connaître et de goûter comme personne. Ce n'était pas un cosmopolite que Desforges, il avait en horreur les voyages, ce qu'il appelait « la vie de colis. » Cette promenade à pied le soir, c'était son délice. Il en profitait pour « faire sa caisse, » — c'était un de ses mots, — pour repasser en esprit les divers incidents de la journée, et mettre en parallèle ses recettes d'un côté, ses dépenses de l'autre : « Avoir fait du massage, de l'escrime, du cheval le matin... » Colonne des recettes, c'était emmagasiner de la santé. « Avoir bu du bourgogne à dîner, ou du porto rouge, son péché mignon, ou mangé des truffes, ou aimé Suzanne... » Colonne des dépenses... Quand il s'était permis un petit excès contraire aux règles très réfléchies de sa conduite, il pesait avec soin le pour et le contre, et il concluait par un « ça valait » ou « ça ne valait pas la peine... » motivé comme un arrêt de justice. Et puis ce Paris, où il habitait depuis sa plus lointaine enfance, lui était toujours une occasion de souvenir. Le cynisme se joignait en lui à la finesse, et il ne pratiquait pas que l'épicuréisme des sens. Il professait l'art de jouir des bonnes heures en se les rappelant. Dans telle maison, il avait eu des rendez-vous avec une charmante maîtresse; telle autre lui remémorait des dîners exquis en compagnie fine. « Il faut se faire quatre estomacs, comme les bœufs, pour ruminer, » disait-il, « ils n'ont que cela de bon, je le leur ai pris. » Mais quand la voiture des Moraines fut partie, par ce soir de mois de mai qui était pourtant bien tiède, bien doux, et quoique la journée eût été pour lui particulièrement heureuse jusqu'à la visite de René Vincy dans la baignoire, il commença sa promenade sur les impressions les plus tristes et les plus amères. Suzanne ne s'y était pas méprise. Il savait tout. Cette entrée du poète l'avait saisi d'autant plus, que, cette après-midi même, en sortant de la maison de ses rendez-vous par la rue de Rivoli, il s'était trouvé nez à nez avec le jeune homme qui l'avait regardé fixement : « Où diable ai-je vu cette figure-là ? » s'était vainement demandé Desforges. « Où avais-je la tête ? » s'était-il dit quand Paul

Moraines avait nommé René Vincy à Suzanne. Tout de suite, à la physionomie du visiteur, il avait flairé un mystère. Quand Suzanne avait passé dans l'arrière-salon, il s'était placé de manière à suivre l'entretien du coin de l'œil. Sans entendre ce que disait le poète, il avait deviné à l'expression de ses yeux, aux plis de son front, au geste de sa main, qu'il faisait une scène à Suzanne. La fausse indisposition de cette dernière ne l'avait pas dupé un quart de minute. Il était de ceux qui ne croient aux migraines des femmes que sous bénéfice d'inventaire. Le tremblement de la main de sa maîtresse sur son bras, en descendant l'escalier, avait achevé de le convaincre ; et, maintenant, en traversant la place de l'Opéra, au lieu de s'extasier comme d'ordinaire sur la vaste perspective de l'avenue éclairée depuis peu à l'électricité ou sur la façade du théâtre qu'il déclarait préférer à toutes les Notre-Dame, il se formulait à lui-même les vérités les plus mortifiantes.

— « J'ai été mis dedans, » se disait-il, « à mon âge ! Voilà qui est un peu fort... et pour qui ? » Toutes les circonstances se combinaient pour lui rendre cette humiliation plus cruelle : la perfection de ruse avec laquelle Suzanne l'avait trompé, sans qu'il pût concevoir un soupçon, un seul ;
— la soudaineté foudroyante de la découverte ;

— la qualité de son rival enfin, un petit jeune homme, un écrivailleur de hasard! Vingt détails lui revenaient, pêle-mêle, et les uns plus désolants que les autres : la piteuse et gauche mine qu'il avait trouvée au poète lors de leur unique rencontre, le lendemain de la soirée à l'hôtel Komof; des rêveries de Suzanne, depuis inexplicables, et auxquelles il avait pris à peine garde, des allusions faites par elle à des visites du matin chez le dentiste, au Louvre ou au Bon-Marché. Et il avait tout avalé, lui, le baron Desforges! « J'ai été trop bête! » se répéta-t-il à voix haute. « Mais comment a-t-elle pu?... » Ce qui achevait de l'accabler, c'était de ne pas comprendre la façon dont elle s'y était prise, même à cet instant où l'attitude de René dans la loge ne lui laissait aucun doute. Non, il n'y avait pas de doute possible. Pour qu'il se fût permis cette scène, et que Suzanne l'eût prise de la sorte, il fallait qu'elle fût sa maîtresse. « Mais comment? » se demandait-il, « elle ne l'a pas reçu chez elle, je l'aurais su par Paul. Elle ne l'a pas vu dans le monde. Il ne va nulle part... » Il dit encore une fois : « J'ai été trop bête!... » Et il ressentit un véritable mouvement de colère contre celle qui était la cause du trouble pénible auquel il était en proie. Il avait dépassé le café de la Paix, et il dut écarter deux femmes qui l'abordaient avec des discours infâmes. « Ma foi, » se dit-il, « elles se valent toutes !... » Il fit encore quelques pas et s'aperçut qu'il avait laissé son cigare s'éteindre. Il le jeta d'un geste presque violent : « Et les cigares sont comme les femmes... » Puis il haussa les épaules, en constatant ce mouvement de puérile humeur : « Frédéric, mon ami, » lui murmura la voix intérieure, « vous avez été une bête et vous continuez... » Il tira un second cigare de son étui, le fit craquer à son oreille, et avisa un bureau de tabac où l'allumer. Le Havane se trouvait par hasard être délicieux. Le baron en aspira la fumée en connaisseur : « J'avais tort, » pensa-t-il, « voilà qui ne trompe pas... »

Cette sensation agréable commença de changer le cours de ses idées. Il regarda autour de lui. Il était en ce moment presque à l'extrémité du boulevard. Les passants allaient et venaient, comme en plein jour. Les voitures filaient, rapides. Le gaz éclairait d'une manière presque fantastique les feuillages nouveaux des arbres. A droite, au fond, la Madeleine dressait sa masse sombre, et le ciel bleuissait, plein d'étoiles. Ce tableau parisien amusa les yeux du baron qui reprit ses réflexions avec un esprit un peu plus rasséréné : « Ah ! çà, » se demanda-t-il, « serais-je jaloux ? » Il lui arrivait d'ordinaire, quand on citait devant lui un exemple de cette triste passion, de hocher la tête et de dire : « On fait la cour à votre maîtresse... Mais c'est un hommage rendu à votre bon goût. » — « Moi, jaloux ! Ce serait complet ! » Quand nous nous sommes dressés à jouer dans le monde un certain personnage, pendant des années, nous le jouons aussi pour nous tout seuls, et en tête à tête avec nous-mêmes. Desforges eut honte de cette faiblesse, — comme un officier, envoyé en mission, la nuit, en temps de guerre, rougit d'avoir peur, et refuse d'admettre en lui cette sensation : « Ce n'est pas vrai, » se répondit le baron à lui-même, « je ne suis pas jaloux. » Il ramassa toute sa pensée et se figura Suzanne entre les bras de René. Il eut un léger chatouillement de vanité heureuse à constater que cette image, si elle ne lui était pas agréable, ne lui donnait pas non plus cette crise de souffrance aiguë qui est la jalousie. Par contraste, il revit l'entrée du poète dans la loge, son visage altéré, l'indomptable frénésie de douleur dont frémissait tout son être. C'était là un vrai jaloux, et dans la pleine crise de la funeste manie. L'antithèse entre le calme relatif qu'il venait de constater en lui et le désespoir de son rival, fut une telle flatterie pour l'orgueil du baron qu'il eut une seconde de réelle volupté. Il se surprit à prononcer son mot familier, celui qu'il tenait de son père, l'habile spéculateur, qui le tenait lui-même

de sa mère, une belle et forte Normande associée à la fortune du premier baron Desforges, le préfet du grand empereur : « De la jugeotte!... »
— « Et pourquoi serais-je jaloux? En quoi Suzanne m'a-t-elle trompé? Est-ce que j'attendais d'elle un amour comme cela qu'a dû rêver ce benêt de poète? A cinquante ans passés, que lui demandais-je? D'être aimable? Elle l'a été. De me faire un intérieur à côté du mien, de quoi tuer mes soirées? Elle me l'a fait. Hé bien! alors?... Elle a rencontré un garçon jeune, robuste, qui ne se ménage pas, avec une peau fraîche et qui sent bon, une jolie bouche. Elle se l'est payé. Elle ne pouvait cependant pas me demander de le lui offrir... Mais de nous deux, le cocu, c'est lui!... » Il était devant la porte de son cercle quand il se formula cette conclusion à la gauloise. La brutalité du mot qui lui était venu à l'esprit le soulagea une seconde. « C'est égal, » pensa-t-il, « que dirait Crucé? » L'adroit collectionneur lui avait autrefois vendu un faux tableau à un prix exorbitant, et Desforges nourrissait à son égard, depuis lors, cette espèce d'estime rancunière que les hommes très fins gardent à ceux qui les ont joliment dupés. Il se représenta le petit salon du club, et le futé personnage racontant l'aventure de Suzanne et de René aux deux ou trois collègues choisis parmi les plus envieux. Cette idée fut odieuse

au baron, au point qu'elle l'empêcha de monter l'escalier, et il marchait dans la direction des Champs-Élysées en la combattant : « Bah ! ni Crucé ni les autres n'en sauront rien. C'est encore heureux qu'elle n'ait pas choisi pour amant tel ou tel de ces gommeux d'aujourd'hui... » Et il se retourna pour regarder les fenêtres du cercle de la rue Royale qui donnent sur la place de la Concorde, — tout éclairées. « Au lieu de cela, elle a pris quelqu'un qui n'est pas du monde, que je ne rencontre jamais, et elle ne l'a ni présenté ni patronné. Il faut lui rendre cette justice qu'elle y a mis des formes... Tout à l'heure encore, si elle était si tremblante, c'est à cause de moi... Pauvre petite !... »

— « Oui, pauvre petite !... » reprit-il en continuant son monologue intérieur sous les arbres de l'avenue. « Cet animal est capable de lui faire expier durement son caprice. Était-il assez en colère, ce soir ? Quel manque de goût et de savoir-vivre ! Et dans ma loge !... Quelle ironie !... Si ce brave Paul n'était pas le mari que j'ai formé, elle était perdue. Et puis voilà le secret de nos rendez-vous entre ses mains. Il va falloir quitter la rue du Mont-Thabor !... Non ! Ce garçon-là est inhabitable !... » C'était une de ses expressions favorites. Il eut un nouveau mouvement d'humeur, contre le poète cette fois ; mais comme il se piquait d'être un homme d'esprit et de ne pas trop se duper lui-même, il s'interrompit dans cet accès : « Je vais lui en vouloir d'être jaloux de moi, maintenant. Ce serait un comble... Pensons plutôt à ce qu'il peut faire? Du chantage? Non. C'est trop jeune encore... Un article dans quelque journal? Un poète à prétentions sentimentales!... Ce ne doit pas être son genre... S'il pouvait se brouiller avec elle, par indignation?... Ce serait trop beau! Un pauvre diable, à cet âge-là, qui a de l'argent comme un crapaud des plumes, et sous la main une maîtresse jolie, amoureuse, avec tous les raffinements de l'élégance autour d'elle, et gratis, il y renoncerait!... Allons donc... Mais s'il lui demande de rompre avec moi et qu'elle soit assez folle de lui pour céder?... » Il eut la vision, immédiate et précise, des dérangements que cette rupture amènerait dans sa vie : « D'abord plus de Suzanne, et où en trouverai-je une autre, si charmante, si spirituelle, qui ait cette allure, et mes habitudes?... Et puis, que d'emplois de soirée à organiser, sans compter que je n'ai pas à Paris de meilleur ami que cet excellent Paul !... » Il eut besoin, pour se rassurer contre ces tristes éventualités, de se rappeler les liens d'intérêt qui le rendaient indispensable au ménage Moraines. « Non, » conclut-il, au moment même où il arrivait devant la porte de son hôtel du Cours-la-Reine, « elle ne me sacrifiera pas, il ne la lâchera pas, et tout s'arrangera... Tout s'arrange toujours... »

Cette assurance et cette philosophie n'étaient sans doute pas aussi sincères que l'aurait voulu la vanité d'homme fort qui était la seule petitesse du baron, car il montra, pour la première fois de sa vie, une impatience injuste à l'égard du remarquable valet de chambre, son élève, qui présidait, depuis des années, à sa toilette de nuit. Pourtant, s'il restait en lui, avec la préoccupation de la conduite à tenir, plus de froissements intimes qu'il ne consentait à se l'avouer, cet aimable égoïste n'en dormit pas moins ses sept heures d'affilée, comme toutes les nuits. Parmi les principes d'hygiène systématique d'après lesquels il s'exerçait à vieillir, le respect de son propre sommeil venait en première ligne. Grâce à une vie, modérément, continuement active, grâce à une nourriture surveillée, grâce à une régularité absolue dans le lever et le coucher, grâce au soin, comme il disait encore, « de se déshabiller à minuit le cerveau de toute idée noire, » il avait conquis une si parfaite habitude de reposer à heure fixe qu'il aurait fallu l'annonce d'une nouvelle Commune, — la plus gênante des contrariétés qu'il prévît, — pour le tenir éveillé. Quand il ouvrit les yeux, le lendemain, les idées rafraîchies par cette excellente nuit, ce qui pouvait lui rester d'irritation était si bien dissipé qu'il se rappela les événements de la veille avec un sourire.

— « Je suis sûr qu'*il* n'en a pas fait autant... » se dit-il, en songeant aux heures d'insomnie que René avait dû traverser, « ni Suzanne... » elle était si bouleversée la veille, « ni Moraines ». Une indisposition de sa femme mettait ce brave garçon aux cent coups. « Quel joli titre de comédie : Le plus heureux des quatre !... — Je le placerai, ce mot-là... » Sa plaisanterie le divertit lui-même, et quand le docteur Noirot lui eut répété, au cours de son massage : « Le faciès de monsieur le baron est excellent ce matin, et quels muscles !... C'est souple, c'est robuste, c'est ferme, des muscles de trente ans... » l'impression du bien-être acheva d'abolir en lui presque toute amertume. Il n'eut qu'une seule idée : comment empêcher que la scène de la veille changeât quoi que ce fût à une existence si confortable, si bien adaptée à sa chère personne ?... Il y pensait en buvant son chocolat, au sortir du massage : une espèce de mousse légère et parfumée que son valet de chambre battait avec un tour de main étudié chez un maître. Il y pensait, en galopant au Bois par le plus limpide ciel de printemps. Il y pensait, assis à la table du déjeuner, vers midi et demi, en face de sa vieille parente qui dirigeait toute une partie de sa maison : la lingerie, l'argenterie, les comptes des domestiques, en attendant qu'elle devînt la sœur de charité de ses infirmités dernières. Sa conclusion fut pour le grand mot de toute politique sage, tant privée que publique : Attendre ! « Il faut laisser le petit jeune homme faire des sottises et se couler tout seul... Soyons très aimable et n'ayons rien vu... » Il se rendait rue Murillo de pied, vers deux heures, en ruminant cette résolution. Il s'arrêta devant la devanture d'un magasin d'antiquités qu'il connaissait bien, et il y remarqua une montre Louis XVI, en or ciselé, avec un encadrement de roses et une miniature exquise : « Voilà, » songea-t-il, « un excellent moyen de lui prouver que je suis pour le *statu quo*. » Il paya ce gentil bibelot un prix très raisonnable et se félicita doublement de cet achat, quand il vit, à son entrée dans le petit salon où se tenait Suzanne, combien la jeune femme attendait sa visite avec angoisse. Ses yeux meurtris et sa pâleur révélaient qu'elle avait dû passer la nuit à bâtir des plans pour sortir de l'impasse où la scène avec René l'avait acculée. A la manière dont elle le regarda, le baron comprit qu'elle n'espérait pas avoir échappé à sa perspicacité. Ce fut comme un suprême hommage qui finit de panser la blessure de son amour-propre, et il éprouva un réel plaisir à lui tendre l'écrin où se trouvait enfermée la petite montre, en lui demandant :

— « Ceci vous plaît-il ? »

— « Ravissant, » dit Suzanne, « et ce berger et cette bergère... ils sont vivants. »

— « Oui, » reprit Desforges, « ils ont l'air de chanter la romance de l'époque :

> « *J'ai tout quitté pour l'ingrate Sylvie,*
> « *Elle me quitte et prend un autre amant...* »

Il avait dû jadis quelques jolis succès de salon à une voix de ténor fine et bien manœuvrée, il fredonna le refrain de la célèbre complainte, avec une variante de sa façon :

> « *Chagrins d'amour ne durent qu'un moment,*
> « *Plaisirs d'amour durent toute la vie...* »

— « Si vous voulez mettre ce berger et cette bergère sur un coin de votre table, ils y seront mieux que chez moi... »

— « Que vous me gâtez ! » répondit Suzanne, un peu embarrassée.

— « Non, fit Desforges, je me gâte moi-même... Ne suis-je pas votre ami avant tout ? » Puis, lui baisant la main, il ajouta d'un ton sérieux, et qui contrastait avec son badinage : « Et vous n'en aurez jamais de meilleur... »

Et ce fut tout. Un mot de plus, et il compromettait sa dignité. Un mot de moins, et Suzanne pouvait le croire sa dupe. Elle éprouva, pour la délicatesse avec laquelle il venait de la traiter, un mouvement de reconnaissance, — d'autant plus sincère que cette délicatesse lui permettait de ne plus penser qu'à René. Ç'avait été là un comble d'anxiété durant son insomnie de la nuit : comment ménager l'un en gardant l'autre, maintenant que les deux hommes s'étaient vus, s'étaient pénétrés? Rompre avec le baron? Elle y avait pensé, mais comment faire? Elle se trouvait prise au piège des mensonges qu'elle faisait à son mari depuis plusieurs années. Leur train de vie ne pouvait se soutenir sans le secours de son amant riche. Briser avec lui, c'était se condamner tout de suite à chercher une relation du même genre, ou bien à tomber plus bas encore, dans cette prostitution payée comptant, chez les procureuses, que la chronique attribuait à telle ou telle femme de sa connaissance. D'un autre côté, garder Desforges, c'était rompre avec René. Jamais le baron ne comprendrait qu'en aimant le poète elle ne lui volait rien. Est-ce que les hommes admettent jamais de pareilles vérités? Et voici que celui-là était assez spirituel, assez bon, pour ne pas même lui parler de ce qu'il avait pu remarquer. Jamais, en payant pour elle les notes les plus lourdes, il ne lui avait paru aussi généreux qu'à cette minute où il lui permettait, par son attitude, de se livrer tout entière au soin de reconquérir son jeune amant, des baisers duquel elle ne pouvait, elle ne voulait pas se passer.

— « Il a raison, » se dit-elle quand Desforges fut parti, « c'est mon meilleur ami... » et, tout de suite, avec cette admirable facilité d'espérance que possèdent les femmes, lorsqu'un premier bonheur les surprend, elle voulut croire que les choses s'arrangeraient aussi aisément de l'autre côté. Étendue sur la chaise longue du petit salon, et tandis que ses doigts maniaient distraitement la jolie montre, sa pensée s'appliqua tout entière au poète et au procédé qu'il convenait d'employer pour le reprendre. Il s'agissait de préciser la situation et de la regarder bien en face. Que savait René? Il l'avait renseignée lui-même sur ce premier point : il l'avait vue sortir de la maison de la rue du Mont-Thabor, et il en avait vu sortir Desforges. Or le baron, par prudence, ne s'en allait jamais par la même porte que sa maîtresse. Donc René connaissait l'existence des deux entrées. L'avait-il vue, elle, laisser sa voiture et marcher jusqu'à celle de ces entrées qui donnait sur la rue de Rivoli? C'était bien probable. Si le seul hasard l'eût fait se rencontrer avec elle, d'abord, puis avec le baron, il n'eût rien pu conclure de ces deux rencontres. Non. Il l'avait épiée, suivie. Poussé par quelle influence? Elle l'avait quitté au commencement de la semaine, à leur dernière entrevue, si rassuré, si tendre, si heureux! Il n'y avait qu'une cause possible à une reprise de soupçon assez violente pour aller jusqu'à l'espionnage : le retour de Claude. Elle eut un mouvement de haine contre ce personnage. « Si c'est à lui que je dois cette nouvelle alerte, il me le paiera... » songea-t-elle. Mais elle revint aussitôt au danger qui, pour l'instant, lui importait plus que sa rancune contre l'imprudent Larcher. Le fait était là, positif : pour une raison ou pour une autre, René avait surpris le secret de ses rendez-vous avec Desforges, et la douleur avait été si forte que, sur-le-champ, il avait dû la lui crier. Que d'amour dans cette folle démarche à l'Opéra qui avait failli la perdre. Au lieu de lui en vouloir elle l'en chérissait davantage. C'était une preuve de passion, donc un signe de sa puissance sur le jeune homme. Non, un amant qui aime avec cette frénésie n'est pas difficile à ramener. Il fallait seulement qu'elle le vît, qu'elle lui parlât, qu'elle lui expliquât de vive voix cette visite rue du Mont-Thabor. Elle pouvait être allée tout simplement chez une amie malade, qui fût aussi l'amie de Desforges. Mais la voiture renvoyée devant Galignani?... — Elle avait eu envie de marcher quelques pas. Mais les deux entrées?... — Tant de maisons honnêtes sont ainsi !... Elle connaissait trop, par expérience, les côtés confiants du caractère de René pour douter qu'il se laissât convaincre. Sur le premier moment, il avait été terrassé par une évidence qui corroborait ses soupçons. Aujourd'hui déjà il devait douter, plaider en lui-même la cause de son amour... Elle en était là de ses raisonnements lorsqu'on lui annonça que sa voiture était avancée. Le désir de s'emparer à nouveau de René la possédait si complètement, elle était d'autre part si persuadée que sa présence enlèverait les dernières résistances, qu'un projet soudain se saisit d'elle : pourquoi n'essaierait-elle pas de retrouver le jeune homme tout de suite? Oui, pourquoi, maintenant qu'elle n'avait plus rien à craindre de Desforges? Dans les brouilles du cœur, les plus rapides raccommodements sont les meilleurs... Aurait-il en lui la force de la repousser, si elle lui arrivait, dans ce petit intérieur témoin de sa première visite, s'offrant à lui comme alors, lui apportant cette nouvelle et indiscutable preuve d'amour, lui disant : « Tu m'as outragée, calomniée, torturée... je n'ai pu supporter ni tes doutes ni ta douleur... me voici ! » Elle n'eut pas plutôt conçu la possibilité de cette démarche décisive qu'elle s'y attacha comme à un moyen sûr d'échapper à l'angoisse qui la torturait depuis la veille. Elle s'habilla d'une manière si rapide, que sa femme de chambre Céline en demeura étonnée, et cependant elle n'avait jamais été plus jolie qu'avec la robe de printemps grise et claire qu'elle avait choisie : une robe un peu serrée aux jambes, comme on les portait cette année-là, souple fourreau qui la dessinait tout entière. Et, sans hésiter, elle jeta le nom de la rue Coëtlogon à son cocher. Cette femme si calculatrice, si préoccupée de tout ménager, en était arrivée là !

— « Pour une fois !... » se disait-elle, tandis que son coupé traversait Paris, « j'arriverai plus vite... » Les sèches idées de prudence avaient bien vite fait de céder la place à d'autres : « Pourvu que René soit chez lui ?... Mais il y est. Il attend une lettre de moi, un signe quelconque de mon existence. » C'était à peu près la même question qu'elle se posait et pour y répondre dans les mêmes termes, lors de sa première visite en mars, deux mois et demi auparavant. Elle put mesurer, à la différence des émotions ressenties, quel chemin elle avait parcouru depuis cette époque. Dans ce temps-là, elle courait vers le logis du jeune homme, attirée par le plus fougueux des caprices, mais un caprice seulement. Aujourd'hui, c'était bien l'amour qui brûlait son sang de ses fièvres, l'amour qui a faim et soif de l'être aimé, l'amour qui ne voit plus que lui au monde, et qui marcherait vers son désir sous la gueule d'un canon chargé, sans trembler. Oui, elle aimait avec son corps, avec son esprit, avec tout son être; elle le sentait à la fureur d'impatience où la jetait le train de sa voiture, pourtant rapide, à son épouvante que sa démarche se trouvât vaine. Elle reconnut la grille qui fermait l'entrée de la ruelle, avec une émotion extrême. C'était maintenant un coin vert et frais, grâce aux beaux arbres dont le feuillage frémissait derrière le mur du jardin, à droite, sous la caressante lumière de cette gaie après-midi du mois de mai. Non, elle n'était pas aussi troublée l'autre fois, quand elle avait demandé au concierge si M. Vincy était à la maison. Il y était cette fois encore. Elle sonna, et, comme l'autre fois, le tintement de la clochette lui résonna jusqu'au fond du cœur. Elle entendit une porte s'ouvrir, des pas s'avancer, tout légers, tout lestes. Elle se souvenait de l'approche de gendarme écoutée jadis à cette même place. Ce n'était pas la bonne qui venait lui ouvrir maintenant, ce n'était pas non plus René. Elle connaissait si bien le bruit particulier de sa démarche. Elle pressentit qu'elle allait se trouver devant la sœur de son amant, cette Émilie dont l'absence avait favorisé son autre visite. Elle n'eut pas le temps de raisonner sur les désavantages de cet incident inattendu. Déjà madame Fresneau, — c'était bien elle — avait entr'ouvert la porte et montré un visage qui ne laissa plus de doute à Suzanne, tant était grande la ressemblance entre la sœur et le frère. Émilie, elle non plus, n'hésita pas sur l'identité de la visiteuse, et, sans doute, les nouvelles souffrances de René durant ces derniers jours, jointes aux révélations de Claude durant leur entretien, avaient exaspéré son antipathie contre madame Moraines, car elle ne put dissimuler une expression d'hostilité passionnée, et elle répondit à la demande de la jeune femme, du ton le plus pincé :

— « Non, madame, mon frère n'est pas là... » Puis, son affection de sœur lui suggérant une ruse subite pour prévenir toute question sur l'heure possible de la rentrée de René, elle ajouta : « Il est parti en voyage ce matin même... »

Que cette réponse fût un mensonge, le concierge s'était comme chargé de le démontrer à l'avance. Mais que ce mensonge fût une soudaine invention d'Émilie, cela, Suzanne ne pouvait pas le penser. Elle dut croire et elle crut que madame Fresneau obéissait à une consigne donnée par son frère. Elle n'essaya pas d'en savoir davantage, et se contenta de dire en s'inclinant un : « Madame... » où la grâce parfaite de la mondaine prenait la seule revanche qui lui fût permise sur la maussaderie presque impolie de la bourgeoise. Mais cette grâce n'empêcha point qu'elle n'éprouvât plus qu'un désappointement, une réelle douleur. Que l'étrange accueil d'Émilie s'expliquât ou non par des indiscrétions de René, elle ne se le demandait même pas. Elle se disait : « Il ne veut plus me revoir ; » et cette idée lui perçait le cœur. Quand elle fut dans la rue, elle se retourna pour jeter un coup d'œil sur la fenêtre de cette chambre où elle s'était donnée à son amant, pour la première fois. Cette première fois, elle s'était, en s'en allant, retournée de même, et elle avait pu le voir, lui, debout derrière le rideau à moitié relevé. Ne se remettrait-il pas à cette place, pour la regarder partir, quand sa sœur lui aurait dit qui venait de sonner à la porte ? Elle attendit cinq minutes, debout sur ce coin de trottoir, et ce lui fut comme un nouveau malheur que ces rideaux demeurassent baissés. Elle monta dans son coupé, en proie à toutes les agitations d'une femme qui aime véritablement et qui change de projet à chaque seconde. Après des débats infinis avec elle-même, elle se décida, elle qui n'écrivait jamais, à écrire au poète le billet suivant :

Samedi, cinq heures.

Je suis allée rue Coëtlogon, René, et votre sœur m'a dit que vous étiez en voyage. Mais je sais que ce n'est pas vrai. Vous étiez là, à deux pas de moi, qui ne vouliez pas me recevoir, dans cette chambre dont chaque meuble devrait pourtant vous rappeler une heure où vous ne pouvez pas douter que j'aie été sincère. Quelle raison avais-je de vous mentir alors? Je vous en supplie, voyez-moi, ne fût-ce qu'une minute. Venez lire dans mes yeux ce dont vous m'aviez juré de ne plus douter, que vous êtes mon tout, ma vie, mon ciel. Depuis hier soir, je ne vis plus. Vos horribles paroles me résonnent toujours dans les oreilles. Non, ce n'est pas vous qui les avez prononcées. Où auriez-vous pris tant d'amertume, presque de haine?... Ah! Comment avez-vous pu me condamner ainsi sans m'entendre, sur la foi d'un soupçon dont vous aurez honte, quand je vous en aurai fait toucher au doigt la misère? Oui, je devrais vous en vouloir, être indignée contre vous, mais je n'ai dans le cœur que tendresse pour toi, mon René, que désir d'effacer de ton âme tout ce que les ennemis de notre bonheur ont pu y graver. Cette démarche, si contraire à ce qu'une femme se doit à elle-même, je m'étais tant réjouie de la faire, tu ne pouvais pas douter du sentiment qui me l'inspirait. Ne me réponds pas. Je sens, même en t'écrivant, combien une lettre est impuissante à montrer le cœur. Je t'attendrai après-demain lundi, à onze heures, dans *notre asile*. J'aurais le droit de te dire que je veux t'y voir, car un accusé a toujours le droit de se défendre. Je ne te dirai qu'un mot : Viens-y, si tu as vraiment aimé, ne fût-ce qu'un jour, celle qui ne te ment pas, qui ne t'a jamais menti, qui ne te mentira jamais, je te le jure, mon unique amour.

Quand Suzanne eut terminé cette lettre, elle la relut. Un dernier instinct de diplomatie l'avait fait hésiter devant la signature. Elle était si complètement prise qu'elle en eut honte, et elle écrivit son nom au bas de ce billet, image exacte de l'étrange situation morale où elle s'était laissé entraîner. Elle y mentait une fois de plus, en jurant qu'elle ne mentait pas, et rien n'était plus vrai, plus spontané, moins artificiel que l'émotion qui lui dictait cette tromperie suprême, après tant d'autres. Elle sonna, et, contre toute prudence encore, elle donna au valet de pied cette lettre dont une seule phrase pouvait la perdre, pour qu'il la fît porter tout de suite rue Coëtlogon, par un commissionnaire. Depuis ce moment, et durant les trente-six heures qui la séparaient du rendez-vous qu'elle avait fixé, elle vécut dans un état de surexcitation nerveuse dont elle ne se serait jamais crue capable. Cette femme, si maîtresse d'elle-même et qui s'était engagée dans cette aventure, comme elle se maintenait dans le monde, depuis des années, avec le machiavélisme d'une rouée, se sentait impuissante à suivre, à former aucune espèce de projet pour la conduite qu'elle tiendrait avec son amant. Elle devait, ce samedi soir, dîner dans le monde. Elle fit sa toilette, ce qui ne lui était jamais arrivé, comme une somnambule, sans même se regarder dans la glace. Elle ne trouva pas un mot à dire, durant tout ce dîner, à son voisin, qui était l'inévitable Crucé. Sous prétexte que son malaise de la veille continuait, elle avait demandé son coupé pour dix heures. Elle rentra sans prendre garde aux discours que lui tenait son mari, dont la présence lui était intolérable ; c'était à cause de lui, et parce qu'il restait à la maison le dimanche, qu'elle avait dû reculer jusqu'au lundi le rendez-vous avec René. Si seulement ce dernier consentait à ce rendez-vous ? Avec quelle angoisse, tout en abandonnant son manteau au domestique, elle regarda le plateau où l'on déposait le courrier du soir. L'écriture du poète n'était sur aucune enveloppe. Tout ce triste dimanche, elle le passa au lit, accablée soi-disant par la migraine ; en réalité, elle essayait de rassembler ses idées pour le cas où il ne la croirait pas, quand elle lui expliquerait la visite rue du

Mont-Thabor, par l'histoire de l'amie malade... Mais il y croirait. Elle n'admettait pas qu'il n'y crût point. Cela lui était trop douloureux. Sa fièvre de désir et d'angoisse, d'espérance et d'appréhension, fut portée à son comble le lundi matin, tandis qu'elle montait l'escalier de la maison de la rue des Dames. Si René l'attendait, caché comme d'habitude derrière la porte à demi tirée, c'est que son billet avait suffi à le toucher. Elle était sauvée... Mais non. Elle vit cette porte fermée. Sa main tremblait, en glissant la clef dans la serrure. Elle entra dans la première chambre, qui était vide et les volets clos. Elle s'assit dans l'ombre de cette pièce dont chaque détail lui parlait d'un bonheur si récent, — si lointain ! C'était le salon d'une bourgeoise rangée, avec des fauteuils et un canapé en velours bleu que des carrés de guipure au crochet protégeaient à la hauteur de la tête. Les quelques livres que René avait apportés montraient dans l'étagère leurs dos réguliers et bien épousseté. L'ordre méticuleux de la respectable madame Raulet avait même veillé à ce que la pendule de bronze doré, représentant une Pénélope, fût remontée avec exactitude. Suzanne écoutait le battement du balancier remplir le silence de cette chambre. Les secondes passaient, puis les minutes, puis les quarts d'heure, et René ne venait pas. Il ne viendrait pas. Cette femme, habituée, depuis sa première jeunesse, à toujours aller jusqu'au bout de son désir, subit, à cette évidence, un véritable accès de désespoir. Elle se mit à pleurer comme une enfant, et de vraies larmes qui tombaient, tombaient, sans qu'elle songeât à jouer la comédie, cette fois. Elle voulut écrire, puis, quand elle eut trouvé du papier dans le buvard que son amant laissait sur la table du milieu, ouvert l'encrier, pris la plume, elle repoussa tous ces objets en se répétant : « A quoi bon? » et, pour laisser une trace de son passage, si René venait après son départ, elle posa sur cette table ce mouchoir parfumé avec lequel elle avait essuyé ses larmes amères. Elle se dit : « Il aimait ce parfum!... » Auprès de ce mouchoir, elle mit aussi ses gants qu'il lui boutonnait toujours à leurs fins de rendez-vous; et elle partit, la mort dans le cœur, après être allée dans la chambre à coucher où le lit dormait sous son couvre-pied de dentelle. Qu'elle avait été heureuse dans cette chambre! Était-ce bien possible que ces heures-là fussent passées — et pour toujours?

XIX

TOUT OU RIEN

Quand le commissionnaire avait apporté la lettre de Suzanne rue Coëtlogon, la famille Fresneau était à table. Françoise entra, tenant l'enveloppe élégante entre ses gros doigts rouges, et, rien qu'au visage de René au moment où il déchira cette enveloppe, Émilie devina de qui venait le message. Elle trembla. Elle avait bien eu, poussée par la vue du farouche désespoir de son frère, le courage de refuser la porte à l'inconnue dans laquelle son instinct avait deviné la dangereuse femme, cause certaine de ce désespoir, celle dont Claude

Larcher lui avait parlé, lors de sa visite, comme de la plus perverse créature. Mais de dire au jeune homme ce qu'elle avait fait, elle le remettait d'heure en heure, incapable maintenant de braver sa colère. Le regard que René jeta sur elle, après la lecture de cette lettre, lui fit baisser les yeux, toute rougissante. Fresneau, qui était en train de démembrer un poulet avec une habileté rare, — il devait cette science, invraisemblable chez lui, à son rôle de découpeur, durant sa jeunesse, chez son père, le chef d'institution, — en demeura immobile, avec une aile piquée au bout de sa fourchette. Puis il eut peur d'avoir été lui-même remarqué par sa femme, et il se justifia de la stupeur peinte sur sa figure, en disant avec un gros rire :

— « Voilà un couteau qui coupe comme le talon de ma grand'mère. »

Sa plaisanterie se perdit dans un silence qui dura jusqu'à la fin du dîner, silence menaçant pour Émilie, inexplicable pour Fresneau, inaperçu pour René qui avait la gorge serrée et ne toucha pas à un seul plat. Françoise avait à peine fini d'enlever la nappe, et de poser, sur la toile cirée à personnages, le pot à tabac près du carafon de liqueur, que déjà le poète avait passé dans sa chambre, après avoir demandé à la bonne une lampe pour écrire.

— « Il a l'air fâché ?... » interrogea le professeur.

— « Fâché ?... » répondit Émilie. « Ce sera sans doute quelque idée pour son drame qui lui sera venue à l'esprit, et qu'il aura voulu noter tout de suite... Mais c'est si mauvais de travailler aussitôt après le dîner... Je vais le lui dire... »

Tout heureuse d'avoir imaginé ce prétexte, la jeune femme passa, elle aussi, dans la chambre de son frère. Elle le trouva qui commençait de griffonner une réponse au billet de Suzanne, sans même attendre la lumière, dans le crépuscule. Il comptait sans aucun doute sur cette venue de sa sœur, car il lui dit brusquement, et d'une voix où grondait sa sourde colère :

— « Te voilà !... Il est venu quelqu'un me voir aujourd'hui à qui tu as refusé la porte, en racontant que j'étais en voyage ?... »

— « René, » dit Émilie en joignant les mains, « pardonne-moi, j'ai cru bien faire... C'est vrai, dans l'état où je te voyais, j'ai eu peur pour toi de la présence de cette femme. » Et, trouvant dans l'ardeur de sa tendresse la force de dire toute sa pensée : « Cette femme, » répéta-t-elle, « c'est ton mauvais génie... »

— « Il paraît, » reprit le poète avec une rage concentrée, « que tu me prends toujours pour un enfant de quinze ans... Oui ou non ? suis-je chez moi ici? » continua-t-il en éclatant. « Si je ne suis pas chez moi, dis-le, et je vais habiter ailleurs. J'en ai assez, entends-tu, de cette tutelle... Occupe-toi de ton fils et de ton mari, et laisse-moi vivre à ma guise... »

Il vit sa sœur rester devant lui, toute pâle, comme écrasée par la dureté de l'accent avec lequel il lui avait parlé. Il eut honte lui-même de son emportement. C'était une telle injustice que de faire expier à la pauvre Émilie la douleur qui le rongeait! Mais il n'était pas à une de ces minutes où l'on revient sur un tort semblable, et, au lieu de se jeter dans les bras de celle qu'il avait si cruellement frappée à sa place la plus sensible, il quitta la pièce, fermant la porte avec violence; il prit son chapeau dans l'antichambre; et, de la place où elle était demeurée, les jambes brisées, Émilie put l'entendre qui sortait de l'appartement. Le brave Fresneau, qui, après avoir été surpris par l'éclat de la voix de René, avait entendu, lui aussi, le bruit de sa sortie, entra dans la chambre à son tour, afin d'apprendre ce qui se passait. Il aperçut sa femme, dans la pénombre, comme morte. Et il lui saisit les mains en lui disant : « Qu'arrive-t-il?... » d'une façon si affectueuse qu'elle se tapit contre sa poitrine, en sanglotant :

— « Ah! mon ami, je n'ai que toi au monde!... »

Elle pleurait, la tête sur l'épaule de l'excellent homme, qui ne savait plus s'il devait maudire ou bénir son beau-frère, tant il était à la fois désespéré de la douleur de sa femme et touché du mouvement qui l'avait précipitée vers lui :

— « Voyons, » disait-il, « sois raisonnable. Raconte-moi ce qu'il y a eu entre vous. »

— « Il n'a pas de cœur, il n'a pas de cœur, » fut la seule réponse qu'il put obtenir.

— « Mais si ! mais si !... » répondait-il, et il ajouta cette parole profonde, avec la lucidité que les sentiments vrais donnent aux moins perspicaces : « Il sait trop combien tu l'aimes, voilà tout, et il en abuse... »

Tandis que Fresneau consolait Émilie de son mieux, sans lui arracher pourtant le secret de sa discussion avec le poète, ce dernier marchait à travers les rues, en proie à une nouvelle attaque du chagrin qui, depuis la veille, lui dévorait l'âme. Suzanne avait eu raison de penser qu'une voix plaiderait en lui contre ce qu'il savait, contre ce qu'il avait vu. Qui donc a pu aimer et être trahi, sans l'entendre, cette voix qui raisonne contre toute raison, qui nous dit d'espérer contre toute espérance ? C'en est fini de croire et pour toujours. Comme on voudrait douter au moins ! Comme on regrette, à l'égal d'une époque heureuse, les jours, si cruels pourtant, où l'on n'en était encore qu'au soupçon, mais pas à l'atroce, à l'intolérable certitude! Hélas! René aurait payé de son sang l'ombre de l'ombre d'un doute, et plus il reprenait tous les détails qui l'avaient mené à l'évidence, plus cette évidence s'enfonçait dans son cœur. « Mais si elle avait fait une visite innocente?... » hasardait la voix de l'amour... Innocente? Et se serait-elle cachée de sa voiture pour entrer? Serait-elle partie par l'autre porte, voilée, marchant de ce pas et fouillant la rue de ce regard qu'elle avait pour s'en aller de ses rendez-vous avec lui? Et puis l'apparition de Desforges presque aussitôt, à l'autre sortie!... Et toutes les preuves fournies par Claude s'accumulaient : l'opinion du monde, la ruine des Moraines à une époque, la place procurée au mari, l'offre que Suzanne lui avait adressée à lui-même de lui faire gagner de l'argent, et ses mensonges avérés. « Quelles preuves puis-je avoir plus fortes, » se disait-il, « à moins de les surprendre couchés dans le même lit?... » Cette formule ravivait en lui l'affreuse image des caresses séniles promenées sur ce beau corps, et il fermait les yeux de douleur. Puis il pensait à la visite de sa maîtresse rue Coëtlogon, au billet qu'il avait là, dans sa poche : « Et elle ose me demander de me voir!... Que peut-elle vouloir me dire?... Oui, j'irai à ce rendez-vous, et ce sera là ma vengeance, de l'insulter comme Claude insulte Colette !... Non, » continuait-il, « ce serait m'abaisser jusqu'à elle ; la vraie vengeance, c'est de l'ignorer. Je n'irai pas... » Il était ballotté de l'une à l'autre de ces deux idées, et il se sentait impuissant à choisir, tant son appétit de revoir Suzanne était profond, et tant était sincère sa résolution de ne pas retomber dans le piège de ses mensonges. Son anxiété devint si grande qu'il voulut demander conseil à Claude. Alors seulement il s'étonna que cet ami fidèle n'eût pas envoyé prendre des nouvelles dès le matin, comme il l'avait annoncé.

— « Allons-y, mais, si tard, ce sera une visite inutile, » se disait René en gagnant la rue de Varenne et l'hôtel Saint-Euverte. Il était environ dix heures et demie du soir quand il sonna à la grande porte. Il vit de la lumière, à une des fenêtres de l'appartement occupé par l'écrivain. Claude était chez lui en effet, contre toute probabilité. René le trouva qui se tenait, cette fois, dans la première des trois pièces du haut, le fumoir. Une lampe à globe rose éclairait d'un joli jour cette pièce étroite, qu'un grand morceau de tapisserie décorait, et une photographie représentant le *Triomphe de la mort*, attribué à Orcagna. Dans un coin la flamme bleuâtre de l'esprit-de-vin brûlait sous une bouilloire. La théière avec ses deux tasses à thé, un flacon de vin d'Espagne et des bouchées au foie gras, sur un plateau de porcelaine, témoignaient que l'hôte de ce tranquille logis attendait quelqu'un. De petites cigarettes russes à long bout de papier dans une coupe, les favorites de Colette, indiquèrent assez à René qui était ce quelqu'un. Il n'aurait pas osé y croire cependant sans le visible embarras de son ami, qui finit par lui dire, avec un sourire un peu honteux :

— « Ma foi, j'aime mieux que vous le sachiez : *canis reversus ad vomitum suum.* — Oui, j'attends Colette. Elle doit venir après le théâtre. Vous serait-il désagréable de la rencontrer?... »

— « Franchement, fit René, « j'aime mieux ne pas la voir. »

— « Et vous, » interrogea Claude, « où en êtes-vous?... » Et, quand le poète lui eut raconté, en quelques mots, sa situation actuelle, la scène à l'Opéra, la visite de Suzanne, puis la demande de rendez-vous par lettre, il reprit : « Que vous répondre? Avec ma faiblesse actuelle, est-ce que j'ai qualité pour vous parler? Qu'importe? J'y vois bien juste pour moi, tout en me laissant choir à chaque pas, comme un aveugle. Pourquoi n'y verrais-je pas juste pour vous, qui aurez peut-être plus d'énergie que je n'en ai? Vous êtes plus jeune, et surtout vous n'êtes pas tombé encore… Voici. Êtes-vous décidé à devenir, comme moi, un maniaque d'érotisme, un insensé qui va dans la vie où le conduit son sexe, un avili lucide, — c'est la pire espèce?… Alors courez à ce rendez-vous. Suzanne ne vous donnera pas une raison, pas une… Mais, malheureux, après ce que vous lui avez dit, si elle était innocente, vous lui feriez horreur et elle ne voudrait plus vous voir!… Elle est venue chez vous. Pourquoi? Pour vous tenir là, dans votre chambre et vous mettre sa beauté sur les sens. Elle vous appelle, où? Précisément dans l'endroit où vous pourrez le moins résister à cette beauté… Elle vous dira ce que disent les femmes, dans ces circonstances… Des mots… Des mots et encore des mots… Mais vous la verrez, vous entendrez le frisson de sa jupe… Et puis quelle poudre de cantharides que la trahison! Vous le saurez, quand vous vous jetterez sur elle, comme une bête… et, adieu les reproches!… Tout sera effacé, — pour dix minutes. Mais après?… Vous avez vu mon courage d'hier. Regardez bien mes lâchetés d'aujourd'hui, et dites-vous, comme l'autre devant l'ivrogne en train de vomir au coin de la borne : Voilà pourtant où j'en serai dimanche!… Après tout, si vous ne vous sentez pas capable de vous passer d'elle, s'il vous faut de ce vin-là, comme à cet ivrogne, dussiez-vous être malade à en mourir, cette lâcheté est une solution. Moi, je l'ai prise. Saoulez-vous de cette femme. Votre amour ou vous, vous y resterez. Nous allons bien au mauvais lieu quand la luxure nous démange. Suzanne sera votre mauvais lieu, comme Colette est le mien... Seulement, rappelez-vous ce que je vous aurai dit ce soir : c'est la fin de tout... Du talent? je n'en ai plus... De l'honneur? où le placerais-je maintenant que j'ai pardonné ce que j'ai pardonné?... Ah! » conclut-il avec un accent déchirant, « vous êtes encore à temps de vous sauver. Vous êtes en haut de l'escalier qui mène à l'égoût, entendez le cri d'un malheureux qui est en bas et qui en a jusqu'aux épaules... Et maintenant, adieu, si vous voulez ne pas voir Colette... Pourquoi vous a-t-elle dit ce qu'elle vous a dit?... Vous ne saviez rien, et quand on ne sait rien, c'est comme si ce n'était pas... Encore adieu, aimez-moi, René, et plaignez-moi. »

— « Non, » se disait le poète en rentrant chez lui, « je ne descendrai pas dans cette fange... » Pour la première fois peut-être, depuis qu'il assistait, en témoin attristé, aux douloureuses amours de Claude, il comprenait vraiment de quel mal son misérable ami était atteint. Il venait de découvrir, chez lui même, la monstruosité sentimentale qui dégradait l'amant de Colette : l'union du plus entier mépris et du plus passionné désir physique pour une femme, définitivement jugée et condamnée. Oui, après tout ce qu'il savait, il désirait encore Suzanne, il désirait cette gorge palpée par Desforges, cette bouche baisée par Desforges, toute cette beauté que la débauche du viveur vieillissant n'avait pu que souiller, sans la détruire. C'était cette chair blonde et blanche qui troublait son sang, plus rien que cette chair! Voilà où en était descendu son noble amour, son culte pour celle qu'il avait d'abord appelée sa Madone. S'il cédait à cet immonde désir, une première fois, Claude avait raison, tout était fini. La nausée devant les abîmes de corruption où se débattait son ami avait été si forte qu'elle lui rendit l'énergie de se dire : « Je me donne ma parole d'honneur de ne pas aller rue des Dames lundi, » et, cette parole, il sut la tenir. A l'heure même où Suzanne l'attendait dans le petit salon bleu, frémissante de désir et désespérée, il frémissait, lui aussi, mais enfermé dans sa chambre, et se répétant : « Je n'irai pas, je n'irai pas... » Il songeait à son ami, et il reprenait : « Pauvre Claude! » sentant à plein cœur toute la détresse de ce vaincu de la luxure, vaincu dans la lutte qu'il engageait à son tour. Il se plaignait en plaignant la victime de Colette, et cette pitié aidait son courage, comme aussi les habitudes religieuses prolongées si tard dans sa vie. Il avait cessé de pratiquer, depuis qu'il avait cessé d'être pur; et il s'était laissé gagner par cette amosphère de doute que tout artiste moderne traverse plus ou moins, avant d'en revenir au christianisme, comme à la seule source de vie spirituelle. Mais, au moment même du doute, le muscle moral développé par la gymnastique de l'enfance et de l'adolescence continue à déployer sa force : dans cette résistance au plus pressant appel du désir physique, le neveu et l'élève de l'abbé Taconet retrouvait cette énergie à son service. Quand les douze tintements de midi eurent sonné à la pendule de la rue Coëtlogon, en même temps qu'ils sonnaient à la pendule de la rue des Dames, il se dit : « Suzanne est rentrée chez elle... Je suis sauvé. »

Il ne l'était pas, et son impuissance à suivre dans sa pleine rigueur le conseil donné par Claude aurait dû lui en être la preuve. Ni ce lundi, ni les jours qui suivirent, il ne se décida nettement, bravement, à quitter cette ville où respirait cette femme, dont il se croyait, dont il se voulait délivré. Il se donnait, pour rester à Paris, toutes sortes de prétextes spécieux : « Je suis aussi loin d'elle, dans cette chambre, que je le serais à Venise ou à Rome, puisque je n'irai pas chez elle et qu'elle ne viendra pas ici .. » En réalité il attendait, — il n'aurait su dire quoi. Mais il sentait que cette passion était trop ardente pour s'éteindre de la sorte. Une rencontre aurait lieu entre Suzanne et lui. Comment? Où? Qu'importait, elle aurait lieu. Il ne s'avouait pas cette lâche et secrète espérance. Mais elle était si bien en lui qu'il ne quittait plus son logement de la rue Coëtlogon, toujours prêt à recevoir une nouvelle lettre, à se voir l'occasion d'une démarche suprême. La lettre n'arrivait pas. Aucune démarche n'était tentée, et il se mangeait le cœur. Quelquefois ce désir de se retrouver en face de Suzanne, qu'il subissait sans l'admettre, s'exaspérait au point de le jeter subitement à sa table, et là, il écrivait à l'adresse de cette infâme des pages de l'amour le plus effréné. Sa rage intérieure se donnait carrière en des lignes folles où il l'insultait et l'idolâtrait, où il entremêlait les mots de tendresse aux paroles de haine. C'est alors que les lamentations de Claude retentissaient de nouveau dans son souvenir, et il lacérait ce papier, confident de la plainte insensée qu'il étouffait en lui. Il se couchait sur des idées de désespoir, pensant à la mort comme au seul bienfait qu'il pût désirer maintenant. Il se levait sur des idées pareilles. L'éclat du jour, si radieux dans ce renouveau de toute la nature, lui était intolérable, et le poète qui survivait en lui, malgré tout, aspirait vers cette heure du crépuscule, où la détresse de la lumière s'accorde trop bien avec la détresse intime. Car, dans les ténèbres commençantes, il pouvait goûter la douceur des larmes. C'était l'heure aussi que sa pauvre sœur redoutait pour lui davantage. Ils s'étaient réconciliés dès le lendemain de leur dispute :

— « Tu es fâché contre moi, toujours ? » était-elle venue lui demander, avec cette grâce dans le retour, propre à la véritable tendresse.

— « Non, » avait-il répondu, « tous les torts étaient à moi ; mais je t'en conjure, si tu ne veux pas me revoir injuste et mauvais comme l'autre jour, ne me parle plus jamais de ce dont tu m'as parlé... »

— « Plus jamais, » avait-elle dit, et elle tenait sa promesse. Cependant elle voyait son frère dépérir, ses joues se creuser encore, et surtout un feu sombre brûler au fond de ses yeux, qui lui faisait peur ; et c'est pour cela qu'à cette heure dangereuse de la fin du jour, elle venait s'asseoir auprès de lui. Fresneau était au Luxembourg qui promenait Constant. Elle avait trouvé un prétexte pour rester à la maison. Elle prenait la main de ce frère adoré, et cette muette caresse attendrissait l'infortuné, démesurément. Il répondait à cette étreinte, sans parler non plus. Cette détente dans une émotion plus douce durait jusqu'à la minute où l'idée de Desforges ressuscitait en lui, soudaine. Il le voyait possédant Suzanne. Il disait à Émilie: « Laisse-moi... » Elle lui obéissait dans l'espérance de l'apaiser. Elle partie, il se jetait sur le lit où Suzanne lui avait appartenu, et la jalousie lui tordait le cœur dans sa tenaille brûlante. Ah! Quelle agonie!

Combien de jours s'étaient écoulés ainsi? A peine sept, mais qui lui avaient paru infinis, comme sa souffrance. En regardant le calendrier, vers le matin du huitième, il vit que la fin du mois de mai approchait. Les habitudes de régularité bourgeoise qui avaient toujours présidé à sa vie le décidèrent, bien que la démarche lui fît horreur, à se rendre jusqu'à l'appartement de la rue des Dames. Il voulait régler le compte de la propriétaire et donner congé. Il choisit l'après-midi pour cette visite, afin d'être bien sûr qu'il ne rencontrerait pas Suzanne. « Comme si elle ne m'avait pas déjà oublié... » se disait-il. Que devint-il, en trouvant, sur la table du petit salon, non seulement le mouchoir et les gants, mais un billet plié, avec cette suscription: « Pour M. d'Albert, » qu'elle avait laissé là, au cours d'une seconde visite? Il l'ouvrit, ce billet, avec des mains si tremblantes qu'il lui fallut cinq minutes pour en lire les quelques phrases, dont plusieurs mots avaient été à demi effacés par les larmes.

———

Je suis revenue ici, mon aimé! C'est dans notre asile et au nom des souvenirs qui doivent s'y trouver, pour toi comme pour moi, que je te supplie encore une fois de me revoir. Dis, ne songeras-tu pas à moi, dans ce cher asile, sans ces horribles passages de haine que j'ai vus dans tes yeux? Souviens-toi de la tendresse que je t'ai montrée ici, là où tu es en lisant ces lignes. Non! je ne peux pas vivre si tu doutes de ce qui est la seule vérité, la seule de ma vie. Je te le répète, je ne suis ni indignée, ni froissée, je suis désespérée; et si tu ne le sens pas, c'est que je ne peux plus rien te faire sentir, parce qu'à cette minute il n'y a dans mon âme que mon amour et ma douleur. Adieu, mon aimé!... Que de fois je t'ai dit ces mots sur le pas de cette porte! Et puis j'ajoutais: Au revoir... Et, maintenant, il faudrait que ce fût adieu vraiment, sur mes lèvres et dans mon cœur. Mais se peut-il que ce soit à jamais et ainsi?...

———

— « Adieu, mon aimé! » se répéta le jeune homme. Il eut beau se raidir là contre : ces mots si simplement tendres, la vue de ces murs, l'idée que Suzanne était venue là, sans espérance de l'y revoir, comme en pèlerinage vers les heures passées, tout contribuait à le jeter dans un état de sensibilité folle, qu'il combattait vainement. « Son aimé! » se redit-il soudain avec fureur, « et elle se donnait à l'autre pour de l'argent!... Que je suis lâche!... » Pour échapper au frisson de regret qui l'envahissait dans cette solitude, il sortit de la pièce brusquement, et il alla sonner à la porte de madame Raulet. Le mielleux visage de la logeuse d'amour apparut dans l'entre-bâillement de cette porte. Elle fit entrer le jeune homme dans son petit salon à elle, garni avec le reste des meubles qu'elle n'avait pu disposer dans l'autre. Quand il lui annonça qu'il quittait l'appartement pour toujours, sa physionomie trahit une contrariété non jouée :

— « Mais la petite note n'est pas prête... » répondit-elle.

— « J'ai tout le temps, » reprit René. Il ajouta, craignant de subir dans la chambre d'où il sortait un nouvel assaut de désespoir : « Si je ne vous dérange pas, j'attendrai ici... »

Quoiqu'il ne fût guère en humeur d'observation, il ne put s'empêcher de remarquer que, durant les vingt minutes qu'il passa ainsi à l'attendre, madame Raulet avait trouvé le temps de changer de toilette. Au lieu du peignoir de chambre en cotonnade rayée dans lequel elle l'avait reçu, elle revenait, vêtue d'une jolie robe de grenadine noire, taillée pour la soirée ; — dans le haut du corsage, les bandes d'étoffe alternaient avec des bandes de guipure à travers lesquelles se devinait la blanche peau de la coquette veuve. Elle avait dans les yeux un éclat plus vif, aux joues une couleur plus rouge que d'habitude, et, après avoir déployé sur la table cette note demandée, dont l'écriture témoignait que la prudente personne y avait pensé d'avance, elle dit :

— « Vous m'excuserez d'avoir tardé. Je ne me sentais pas bien. J'ai de telles palpitations au cœur!... Tenez!... » Elle prit la main du jeune homme qu'elle posa sur sa gorge, avec un demi-sourire, sur lequel la pire naïveté ne se serait pas trompée. Elle avait deviné la rupture entre le faux d'Albert et sa maîtresse, rien qu'aux deux visites solitaires de la jeune femme. Le congé significatif de René avait fini de l'éclairer, et elle avait eu l'idée d'en profiter, soit qu'il lui plût réellement avec sa beauté mâle et fine, soit qu'elle entrevît des avantages analogues à ceux que lui rapportaient déjà l'étudiant et le commis. Elle était encore fraîche et se croyait très séduisante. Mais, lorsqu'elle eut fait le geste de porter à sa poitrine la main de son locataire et qu'elle le regarda, elle vit dans ses yeux à lui une si méprisante froideur, mélangée d'un tel dégoût, qu'elle lâcha cette main. Elle reprit la note, et tâcha de couvrir sa confusion par un flot de paroles, expliquant tel ou tel détail d'un compte augmenté fantastiquement, que le poète ne daigna pas vérifier. Il lui remit la somme qu'il lui devait, par moitié en papier, par moitié en or. L'échec humiliant de sa tentative amoureuse n'avait pas aboli chez elle la force du calcul, car elle vérifia les billets bleus en les regardant à contre-jour, et, comme elle comptait les louis d'or, elle les examina l'un après l'autre. Une pièce ne lui ayant pas semblé de poids, elle la fit tinter, puis, après quelque hésitation :

— « Je vais être obligée de vous en demander une autre... » dit-elle.

Cette double impression d'éhontée luxure et de basse cupidité s'accordait si bien avec les pensées de René, qu'il éprouva, pendant le quart d'heure qu'il mit à porter de l'appartement dans son fiacre les quelques objets intimes épars dans les trois pièces, cette gaieté terrible, appelée si âprement et si justement par un humoriste la « gaieté d'un croque-mort qui s'enterre lui-même. » Quand la voiture roula, cette voiture de place cahoteuse, au drap taché, où il faisait comme le déménagement lamentable de ce qui avait été son bonheur, cette cruelle gaieté tomba pour laisser la place à la mélancolie la plus navrée. Il reconnaissait chaque détour du chemin qu'il avait accompli tant de fois dans l'extase du désir, qu'il n'accomplirait plus jamais. Le ciel pesait gris et bas, sur la ville. C'était, depuis la veille, une de ces reprises inattendues de l'hiver comme il s'en produit souvent à Paris vers le milieu du printemps, et qui donnent des frissons de froid à la jeune verdure. Quand le fiacre traversa la Seine qui coulait, si morne, si verte, le malheureux la regarda et il songea :

— « Il est pourtant facile d'en finir... »

Il chercha dans sa poche le billet de Suzanne, après ce mouvement de désespoir, comme pour se convaincre lui-même de la réalité de son malheur. Il prit aussi le mouchoir et le respira — longtemps; — il mania les gants, et il y retrouva la forme des doigts qu'il avait tant aimés. Il sentit qu'il était allé, dans sa résistance à la tentation, jusqu'aux dernières limites de sa force, et, quand il fut tout seul dans sa chambre, après cette nouvelle crise aiguë de sa peine, il dit tout haut :

— « Je ne peux plus... »

Tranquillement, presque automatiquement, il ouvrit un tiroir de son bureau, et il y prit, enveloppé dans sa gaine de peau de daim, un revolver de poche que sa sœur lui avait donné, pour les soirs où il rentrait du théâtre. Il fit jouer la batterie à vide. Il chercha le paquet des cartouches, et il en soupesa une. — Pauvre machine humaine, qu'il faut peu de chose pour tout endormir! — Il chargea le pistolet, défit sa chemise, trouva de sa main gauche la place où battait son cœur et il appuya le canon sur sa poitrine.

— «Non,» dit-il tout haut encore, «pas avant d'avoir essayé.»

Cette parole correspondait à une pensée qui l'avait assiégé à plusieurs reprises, qu'il avait toujours repoussée comme folle, et qui, maintenant, avec la netteté propre aux idées dans les minutes de délibération suprême, prenait forme et corps devant lui. Il remit le pistolet dans le tiroir, s'assit dans son fauteuil, — le fauteuil de Suzanne, — et il se laissa rouler dans cet abîme de la rêverie tragique où les images se dessinent avec un relief extraordinaire, où les raisonnements se font rapides comme dans la fièvre, où s'élaborent les résolutions désespérées. «Mon aimé..» se répétait-il, en se ressouvenant de ce que Suzanne lui avait écrit dans le billet. Oui, malgré ses mensonges, malgré la comédie qu'elle lui avait jouée, et dont il repassait en esprit les innombrables scènes, malgré cette abjection de son intrigue avec Desforges, elle l'avait vraiment, elle l'avait passionnément aimé. Sans la sincérité de cet amour, leur histoire commune était-elle intelligible une minute? Quel autre mobile avait pu la jeter à lui? Ce n'était pas l'intérêt? René était si pauvre, si humble, si au-dessous d'elle. Ni la gloriole de séduire un auteur à la mode? Elle-même avait exigé que leur liaison demeurât secrète. Ni la coquetterie? Elle ne l'avait pris à aucune rivale, elle ne s'était pas disputée, jour par jour, semaine par semaine. Oui, si monstrueux que fût cet amour, mélangé à cette corruption, à cette fourberie, elle l'avait aimé, elle l'aimait encore. Cette âme, dont la lèpre morale l'avait consterné d'horreur, demeurait pourtant capable d'une sincérité. Quelque chose s'agitait en elle, qui valait mieux que sa vie, mieux que ses actions. René consentait enfin à écouter la voix qui plaidait pour sa maîtresse, et il regardait bien en face cette vénalité dont la découverte l'avait terrassé. Son entrée à l'hôtel Komof, et ses premières impressions puériles d'aristocratie, la possession de Suzanne et la grâce des moindres détails de sa parure, en lui révélant le décor du grand luxe et sa minutie raffinée, l'avaient initié à bien des mystères. Le mirage de haute vie évoqué par ses premiers rêves naïfs de poète et de bourgeois, s'était dissipé à ses yeux pour lui laisser une vision presque juste des effrayantes prodigalités que comporte une opulente existence à Paris. A l'heure présente, et tandis que son amour, qui voulait vivre, s'appliquait à justifier Suzanne, à la comprendre du moins, à découvrir en elle de quoi ne pas la mépriser entièrement, il entrevoyait, grâce à cette connaissance plus vraie du monde, le drame intime qui s'était joué dans sa maîtresse... Claude le lui avait dit en propres termes : « Il y a sept ans, les Moraines étaient ruinés... » Ruinés! Ces trois syllabes se traduisaient maintenant pour le jeune homme par l'exacte image de ce qu'elles comportent de renoncements et d'abaissements. Suzanne avait grandi dans le luxe et pour le luxe. C'était son atmosphère, c'était sa vie. Son mari, ce Marneffe en habit noir, — le poète continuait à juger ainsi le pauvre Paul, — avait dû, le premier, la pousser dans la voie funeste. Desforges s'était présenté. Elle avait cédé. Elle n'aimait pas... Et quand elle avait aimé, pouvait-elle briser sa chaîne?... Oui, elle le pouvait, en lui proposant, à lui, René, de tout quitter, tous les deux, pour vivre ensemble, à jamais!...

— « Tout quitter?... Tous les deux?... Pour vivre ensemble?... » Il se surprit à prononcer ces mots, comme dans un songe. Mais était-ce trop tard? Cette offre de tout sacrifier à leur amour, de tout abolir du passé, sinon cet amour, d'y enfermer, d'y emprisonner leur être entier, tout le présent et tout l'avenir, s'il allait la faire, à Suzanne, lui, maintenant? S'il allait lui dire : « Tu me jures que tu m'aimes, que cet amour est la seule vérité de ton cœur, la seule. Prouve-le-moi. Tu n'as pas d'enfants, tu es libre. Prends ma vie et donne-moi la tienne. Pars avec moi et je te pardonne, et je crois en ton cœur?... » — « Je deviens fou, » fit-il en rejetant toute son âme en arrière, lorsque ce projet se présenta devant lui, si précis qu'il voyait Suzanne, là, qui l'écoutait... Fou? mais pourquoi?... Les phrases lues dans sa jeunesse sur le rachat des prostituées par l'amour, idée si profondément humaine qu'elle a tenté les plus grands artistes, lui remuèrent dans la pensée. La plus divine figure de courtisane amoureuse qui ait jamais été peinte, l'Esther de Balzac, avait tant séduit ses rêves d'autrefois, et chez les natures comme la sienne, en qui les impressions littéraires précèdent les autres, celles de la vie, des rêves pareils ne s'en vont pas tout à fait du cœur... Il aimait Suzanne, et Suzanne l'aimait. Pourquoi n'essaie-rait-il pas, au nom de ce sentiment sublime, de l'arracher, elle, à l'infamie où elle gisait, de s'arracher, lui, à ce gouffre noir de la mort vers lequel il se sentait attiré ? Pourquoi ne lui apporterait-il pas cette occasion unique de réparer les hideuses misères de sa destinée ?... Mais elle, que répondrait-elle ?... « Je saurai enfin si elle m'aime, » reprenait René. — « Oui, si elle m'aime, avec quelle ardeur elle saisira ce moyen d'échapper au bagne de luxe où elle est enchaînée ! Et si elle dit non ?.. » Un frémissement d'épouvante le secoua tout entier à cette pensée... « Il sera temps d'agir alors, » conclut-il. La tempête déchaînée par la subite invasion de ce projet dura près de trois heures. Le jeune homme s'y abandonnait sans comprendre que son parti était pris d'avance, et que ces allées et venues de ses idées ne faisaient que déguiser à ses propres yeux le sentiment qui dominait en lui par-dessus tout : l'appétit, le besoin furieux de ravoir sa maîtresse. Quand ce plan d'une fuite en commun eût été plus insensé, plus impraticable, plus contraire à toute espérance de succès, il s'y serait livré comme au plus raisonnable, au plus facile, au plus assuré, parce que c'était en effet le seul qui conciliât l'ardeur irrésistible de son amour et les exigences de dignité sur lesquelles son honneur encore vierge ne transigerait du moins jamais.

— « A l'action... » se dit-il enfin. Il s'assit à sa

table, pour écrire à Suzanne un billet, dans lequel il lui demandait d'être chez elle le lendemain, à deux heures de l'après-midi. Il courut lui-même jeter cette lettre à la boîte, et il éprouva, en rentrant, cette détente qui suit les résolutions définitives. Lui qui s'était, durant la semaine et après son premier, son sauvage accès de violence, senti incapable de la plus faible énergie, jusqu'à n'avoir pu rouvrir le manuscrit de son *Savonarole*, il se mit sur-le-champ à tout préparer, comme si la réponse de Suzanne ne pouvait pas être douteuse. Il compta la somme d'argent enfermée dans son tiroir : un peu plus de cinq mille francs. C'était de quoi suffire aux premiers embarras. Et ensuite?... Il calcula de quel capital il avait le droit de disposer dans la fortune de la famille, restée indivise entre sa sœur et lui. La grande affaire était de passer les deux premières années, durant lesquelles il terminerait son drame et le ferait jouer. Il publierait, aussitôt après, son roman, que le succès de sa pièce pousserait comme une vague pousse une vague, puis son recueil de vers. Un horizon de travaux et de triomphes se développait devant lui. De quel effort ne serait-il pas capable, soutenu par cet élixir divin : le bonheur, et par la volonté de rendre à Suzanne ce luxe qu'elle lui aurait sacrifié? Sa sœur le surprit, quand elle rentra, qui rangeait des papiers, classait des livres, mettait à part des gravures.

— « Que fais-tu là ?... » demanda-t-elle.

— « Tu vois, » répondit-il, « je me dispose à partir. »

— « A partir ?... »

— « Oui, » reprit-il, « je compte aller en Italie. »

— « Et quand cela ? » fit Émilie stupéfaite.

— « Mais sans doute après-demain. »

Il était de bonne foi dans sa réponse. Il avait calculé qu'il faudrait à Suzanne environ vingt-quatre heures pour ses préparatifs à elle, si elle se décidait. Si elle se décidait ? Ce seul doute sur l'issue de sa démarche lui faisait maintenant tant de mal qu'il ne le discutait même pas. Depuis la scène de l'Opéra, où il l'avait laissée pâle et comme foudroyée dans l'ombre de l'arrière-loge, il s'était imposé la plus surhumaine contrainte, en endiguant le flot de ses désirs passionnés. Son espérance soudaine était comme une brèche ouverte, par laquelle ce flot se précipitait, furieux, effréné, d'un jet si violent qu'il renversait, emportait tout. Sa folie alla, par cette matinée qui précéda l'entrevue, jusqu'à passer chez deux ou trois marchands d'objets de voyage de l'avenue de l'Opéra, pour y examiner des malles. Depuis le départ de Vouziers, personne, dans la famille Vincy, n'avait quitté Paris, même pour vingt-quatre heures. Il n'y avait, rue Coëtlogon, comme instruments d'emballage, que deux vieux coffres mangés aux vers, et trois valises de cuir délabrées de vétusté. Ces soins matériels, qui donnaient comme une réalité concrète aux chimères du jeune homme, trompèrent la fièvre de son attente jusqu'à l'heure du rendez-vous. L'hallucination du désir avait été si forte que la vue des circonstances réelles ne se produisit en lui qu'au moment où il entra dans le petit salon de la rue Murillo. Tout restait à faire.

— « Madame va venir... » avait dit le domestique, en le laissant seul dans cette pièce. Il n'y était pas revenu depuis le jour où il lisait ses vers les plus choisis à celle qu'il considérait alors comme une madone. Etait-ce, de la part de cette dernière, une suprême ruse que ces cinq minutes d'abandon, avant leur entretien, dans cet endroit, si rempli pour lui de souvenirs? Ils se dressèrent en effet devant lui, ces souvenirs, mais pour le remuer d'une tout autre émotion que celle dont se flattait Suzanne. Ce cadre d'élégance, tant admiré jadis, lui faisait horreur maintenant. Il lui semblait qu'une vapeur d'infamie flottait autour de ces objets, dont beaucoup avaient dû être payés par Desforges. Cette horreur accrut encore en lui la volonté d'arracher celle qu'il aimait à ce passé de honte, et, quand elle apparut sur le seuil de la porte, ce n'est pas la tendresse qu'elle rencontra dans ses yeux, mais le fixe, l'implacable éclat de la résolution prise. Quelle résolution? De tous deux elle était la plus émue à présent, la plus incapable de se maîtriser. La blancheur de sa longue robe de dentelle faisant ressortir les teintes jaunies de son visage, épuisé par l'anxiété de ces derniers jours. Elle n'avait pas eu besoin d'avoir recours au crayon noir pour cerner ses yeux, comme il arrive aux comédiennes du monde aussi bien qu'aux autres; ni d'étudier le geste par lequel, à la vue du jeune homme, elle mit la main sur son cœur, en s'appuyant au mur, afin de ne pas tomber. Au premier regard, elle avait compris qu'il lui faudrait livrer une rude bataille pour le reconquérir, et tout son être tremblait. Il y eut entre les deux amants un de ces passages de silence où il semble que l'on entende frémir le vol de la destinée, tant ils sont redoutables et solennels. La durée de celui-ci fut intolérable pour la malheureuse, qui le rompit la première en disant d'une voix très basse :

— « Mon René, que tu m'as fait souffrir!... »
Et, s'avançant vers lui, folle d'émotion, elle lui prit les deux mains et s'abattit sur sa poitrine,

cherchant ses lèvres pour un baiser. Il eut l'énergie de la repousser.

— « Non, » disait-il, « je ne veux pas... »

— « Ah ! » gémit-elle en se tordant les bras, « tu y crois donc toujours, à ces abominables soupçons !... Et tu n'es pas venu, et tu m'as condamnée ainsi sans m'entendre !... Et quelles preuves avais-tu pourtant ?... De m'avoir vue sortir d'une maison !... Et pas un doute en ma faveur, pas une seule des vingt hypothèses qui pouvaient plaider pour moi !... Si je te disais pourtant que dans cette maison habite une amie malade, que j'étais allée voir ce jour-là ?... Si je te disais que la présence de l'autre personne, dont la vue t'a rendu fou, avait la même cause ? Si je te le jurais sur ce que j'ai au monde de plus sacré, sur... »

— « Ne jurez pas, » interrompit René durement, « je ne vous croirais pas, je ne vous crois pas... »

— « Il ne me croit pas, même maintenant ; mon Dieu ! Que faire ? » Elle marchait, à travers la chambre, en répétant : « Que faire ? Que faire ? » Durant toute cette semaine, elle avait tourné et retourné cette idée qu'il pouvait cependant être assez irrité contre elle pour ne pas la croire. Qu'il lui restât un soupçon, un seul, et elle était perdue. Il la suivrait de nouveau ou la ferait suivre. Il saurait qu'à chaque visite à la maison de la prétendue amie, elle se rencontrait avec Desforges, et ce serait à recommencer? A quoi bon continuer de mentir, alors? Et puis, elle en avait assez de tant de tromperies. Maintenant que la plus sincère des passions grondait dans son cœur, elle éprouvait le besoin de dire à son amant la vérité, toute la vérité, mais, en la lui disant, de lui crier aussi cette passion, et, cette fois, il faudrait bien qu'il entendît ce cri suprême, et qu'il y crût. Et, comme hors d'elle : « C'est vrai, » dit-elle, « je te mentais... tu veux tout savoir, tu sauras tout... » Elle s'arrêta une minute, et passa les mains sur son visage, avec égarement... Hé bien! Non! Elle se sentait incapable de se confesser ainsi... Il la mépriserait trop, et, imaginant, à mesure qu'elle parlait, une espèce de compromis incohérent entre son besoin de sincérité et l'épouvante que René la prît en dégoût, elle continuait : « C'est une affreuse histoire, vois-tu... Mon père mort... Des lettres à racheter avec lesquelles des misérables pouvaient salir sa mémoire... Il fallait de l'argent, beaucoup... Je n'avais rien... Mon mari me repoussait... Alors, cet homme... J'ai perdu la tête, et puis il m'a tenue, il me tient par ce secret !... Ah! ne sens-tu pas que je ne t'ai menti que pour t'avoir, que pour te garder?... »

Tandis que ces mots se pressaient au hasard sur sa bouche, René la contemplait. Cette histoire de l'honneur de son père ainsi sauvé n'était qu'un nouveau mensonge; il le comprenait, il le voyait. Mais ce dernier cri, poussé avec une ardeur presque sauvage, n'en était pas un. Et que lui importait le reste ? Il allait savoir si cet amour, la seule sincérité dont elle se réclamât maintenant, aurait la force de triompher de tout ce qui n'était pas lui.

— « Tant mieux! » répondit-il. « Oui, tant mieux si vous êtes l'esclave d'un infâme passé qui vous accable! Tant mieux, si cette dépendance à l'égard de cet homme vous fait cette horreur!... Vous me dites que vous m'avez aimé, que vous m'aimez, que vous ne m'avez menti que pour me garder?... Cet amour, je vous apporte l'occasion de m'en donner une preuve après laquelle je n'aurai plus le droit de douter. Ce passé, je viens vous offrir de l'effacer à jamais, tout entier, d'un coup... Moi aussi, je vous aime, Suzanne, ah! profondément! Ce que j'ai ressenti quand j'ai dû apprendre ce que j'ai appris, voir ce que j'ai vu, ne me le demandez pas. Si je n'en suis pas mort, c'est que l'on ne meurt pas de désespoir. Je suis prêt cependant à tout oublier, à tout pardonner, pourvu que je sache, pourvu que je sente que vraiment vous m'aimez. Je suis libre et vous êtes libre aussi, puisque vous n'avez pas d'enfants. Je suis prêt, moi, à tout quitter pour vous, et je viens vous demander si vous êtes prête à en faire autant. Nous irons ensemble où vous voudrez : en Italie, en Angleterre, dans un pays où nous soyons sûrs de ne rien retrouver de ce qui fut votre vie d'autrefois. Et cet autrefois, je l'abolirai. J'en trouverai la force dans ma croyance en votre cœur, après ce que vous aurez fait. Je me dirai : — Elle ne me connaissait pas, et, du jour où elle m'a connu, rien n'a plus existé pour elle que son amour. — Mais d'accepter cet abject partage, que vous m'arriviez au sortir des bras de cet homme et salie par ses baisers ; ou bien, si vous rompez avec lui, d'être là, misérable, à me défier de cette rupture, à jouer auprès de vous ce rôle avilissant d'espion que j'ai joué une fois déjà ?... Non, Suzanne, ne me le demandez pas. Nous en sommes venus au point où nous devons être l'un pour l'autre ou tout ou rien, des amants qui trouvent dans leur amour de quoi se faire une famille, une patrie, un monde, ou des étrangers qui ne se connaissent plus. — A vous de choisir... »

Il avait parlé avec l'énergie concentrée d'un homme qui s'est pris la main et qui s'est fait le serment d'aller jusqu'au bout de sa volonté. Si insensée que fût cette proposition au regard d'une Parisienne habituée à ne rencontrer la passion que sous une forme conciliable avec les exigences et les commodités de la vie sociale, Suzanne n'eut pas une minute de doute. René s'exprimait dans la pleine vérité de son cœur, mais cette vérité comportait un tel excès d'amour qu'elle ne douta pas non plus de son triomphe final sur les révoltes et sur les folies du jeune homme.

— « Ah! » répondit-elle toute frémissante, « que tu es bon de me parler ainsi! Que tu m'aimes! Que tu m'aimes! Oui, que tu m'aimes!... » Elle frissonnait en prononçant ces mots, et penchait un peu sa tête, comme si le bonheur de cette évidence eût été presque impossible à soutenir. « Dieu! que c'est doux!... » dit-elle encore. Puis, s'avançant vers lui, et lui prenant la main, presque avec timidité cette fois, pour la lui serrer d'une pression lente : « Enfant que tu es, que viens-tu m'offrir?... S'il ne s'agissait que de moi, comme je te dirais : Prends toute ma vie, et tu ne sais pas comme j'y aurais peu de mérite!... Mais la tienne, est-ce que je peux l'accepter? Tu as vingt-cinq ans et j'en ai plus de trente. Ferme les yeux et vois-nous dans dix ans... Je suis une vieille femme et tu es encore un jeune homme... Et alors?... Et puis ton travail, cet art auquel tu es si attaché que j'en ai été jalouse? — Pourquoi te le cacher maintenant? — Il te faut Paris pour écrire... Je te verrais triste auprès de moi... Je te verrais m'aimant par devoir, par pitié, malheureux, esclave!... Non, je ne le supporterais pas!... Mon amour, quitte ce projet insensé, dis que tu me pardonnes sans cela, dis-le, mon René, dis-le!... »

Elle s'était rapprochée du jeune homme à mesure qu'elle parlait, appuyant sa gorge contre lui, cherchant sa bouche. Il sentit, avec un tressaillement de désir à la fois, et une nausée contre le plan de séduction attesté par ce détail, qu'elle n'avait pas de corset. Il la prit par le poignet, et le lui tordit en la rejetant loin de lui, durement :

— « Ainsi tu ne veux pas, » dit-il avec exaltation, « répète-moi que tu ne veux pas...»

— « Je t'en supplie, mon René, » reprit-elle avec des larmes dans sa voix et dans ses yeux, « ne me repousse pas... Mais puisque nous nous aimons, ah! soyons heureux!... Prends-moi comme je suis, avec toutes les misères de ma vie... C'est vrai... J'aime le luxe, j'aime le monde, j'aime ce Paris que tu hais... Non, je n'aurai pas le courage de tout quitter, de tout briser... Prends-moi ainsi, puisque tu sais bien, puisque tu sens que je te dis vrai quand je te jure que je t'aime, comme je n'ai jamais aimé... Ah! Garde-moi!...

Je serai ton esclave, ta chose. Tu m'appelleras, je viendrai. Tu me chasseras, je m'en irai... Ne me regarde pas avec ces yeux, je t'en conjure, laisse fondre ton cœur!... Quand tu es venu à moi, est-ce que je t'ai demandé si tu avais une autre maîtresse? Non, je n'ai eu qu'une idée : te rendre heureux. Si je t'ai tout caché des tristesses de mon existence, dis! comment peux-tu m'en vouloir? Vois, je suis par terre devant toi, et je te supplie... » Elle s'était jetée à ses pieds, en effet. Que lui importait la prudence maintenant, et la possibilité de l'entrée d'un domestique? Et elle s'attachait à ses vêtements, en se traînant sur les genoux. Elle était admirable de beauté, les yeux fous, son ardent visage éclairé par tous les feux de la passion, et montrant à plein la sublime courtisane qu'elle avait toujours été, mais voilée. Les sens de René étaient bouleversés, mais un souvenir cruel lui revint tout d'un coup, et il lui jeta, comme une insulte, avec un ricanement :

— « Et Desforges?... »

— « N'en parle pas, » gémit-elle, « n'y pense pas! Si je pouvais le renvoyer, le mettre à la porte, est-ce que tu crois que j'hésiterais? Ne sens-tu pas que je suis prise? Mon Dieu! mon Dieu! on ne torture pas une femme ainsi... non, » ajouta-t-elle d'un air sombre, toujours à genoux, mais immobile et baissant la tête : « Non, je ne peux pas... »

— « Alors, accepte ce que je t'ai offert, » dit René, « il en est temps encore... Fuyons ensemble... »

— « Non, » reprit-elle d'un air plus sombre. « Non, je ne peux pas non plus... Vois, il me serait si facile de te promettre et de ne pas tenir !... Mais j'ai trop menti... » Elle s'était levée. La crise de nerfs qu'elle venait de traverser avait sa réaction, et elle répéta d'une voix épuisée : « Je ne peux pas non plus... Je ne peux pas... »

— « Et que voulais-tu donc de moi ? » s'écria-t-il avec un accent furieux. « Pourquoi te traînais-tu à mes pieds tout à l'heure ? Un laquais de plaisir, voilà ce que je serais pour toi ?... Un jeune homme chez qui tu irais te débarbouiller des caresses du vieux !... Ah !... » et, la colère l'emportant, à la brutalité du langage il joignit celle du geste, et il marcha sur elle, le poing levé, avec un visage si terrible qu'elle crut qu'il allait la tuer. Elle reculait, livide d'épouvante, les mains tendues.

— « Pardon, pardon, » disait-elle éperdue. « Ne me fais pas mal, ne me fais pas mal ! »

Elle s'abrita ainsi derrière une table sur laquelle se trouvait, parmi d'autres menus objets, une photographie du baron dans un cadre de velours.

Les yeux de René s'étaient détournés de Suzanne, il luttait contre la tentation monstrueuse de frapper cette femme sans défense. Il n'eut pas plutôt vu le portrait qu'il eut un rire d'insensé. Il le saisit, et la prenant, elle, par les cheveux, il lui frotta ce portrait sur la bouche, cruellement, au risque de l'ensanglanter, et, continuant de rire comme un fou, il répétait :

— « Tiens, voilà ton amant ! voilà ton amant, ton amant, ton amant !... »

Puis il jeta le cadre à terre et il le piétina. Il ne se fut pas plutôt livré à cette action de démence qu'il eut honte de lui-même. Il regarda Suzanne, une dernière fois, les cheveux épars, les yeux fixes, écrasée de terreur dans le coin de la chambre. Il ne prononça pas un mot, et il sortit, sans qu'elle eût eu, elle, la force d'articuler une parole.

XX

L'ABBÉ TACONET

Deux jours après cette scène terrible, et comme le ciel du mois de mai s'était de nouveau fait pimpant, bleu et tiède, Claude Larcher se trouvait, vers les deux heures de l'après-midi, accoudé au balcon de l'appartement de Colette qui donnait sur le jardin des Tuileries. Il venait de passer plusieurs nuits à la suite chez sa maîtresse. Les deux amants s'étaient repris d'un de ces caprices qui sont d'autant plus fougueux dans les liaisons de ce genre et plus avides, que le souvenir des querelles de la veille s'y mélange à la certitude de la brouille du lendemain. L'homme et la femme se donnent alors sans réserve. Il semble que la longue suite des plaisirs, jadis goûtés en commun, ait comme façonné leurs corps l'un pour l'autre, et auprès de ces renouveaux de possession ardente, presque frénétique, toute autre volupté perd sa saveur. Claude réfléchissait à cette loi singulière des habitudes amoureuses, en achevant un cigare dont la vapeur s'azurait au gai soleil. Il regardait les voitures se croiser dans la rue, et, sous les feuillages légers du jardin, le défilé des promeneurs. Il s'étonnait lui-même de la parfaite béatitude où ces quelques jours d'assouvissement l'avaient plongé. Ses jalousies douloureuses, ses trop légitimes fureurs, le juste sentiment de sa dégradation, tout s'abolissait parce que Colette avait fait ses volontés et consigné à la porte Aline aussi bien que Salvaney. Cela ne durerait pas, il le savait trop ; mais la présence de cette femme lui procurait une félicité si entière qu'elle détruisait ses craintes pour l'avenir, comme ses rancunes pour le passé. Il fumait son cigare avec une lenteur paisible, et par instant il se retournait pour la voir, elle, à travers la fenêtre ouverte, qui, vêtue d'une robe chinoise toute rose et brodée de fleurs d'or, — la sœur de celle de la loge, — se balançait sur un fauteuil canné à bascule. Au bout de ses pieds chaussés de bas d'une soie rose comme celle de la robe, elle remuait, en se balançant, des mules marocaines, garnies, elles aussi, de broderies. Le fumoir, celui-là même où avait eu lieu la scène de la lettre, était rempli de fleurs. Aux murs se voyaient toutes sortes de souvenirs qui se rapportaient à la carrière de l'artiste : des aquarelles représentant des intérieurs de loges, des tambourins de cotillon, des photographies et des couronnes. Un chat très petit, un angora blanc, dont un œil était bleu, l'autre noir, jouait avec une balle, renversé sur le dos, tandis que Colette continuait de se balancer, tantôt souriant à Claude à travers les bouffées d'une cigarette russe, tantôt lisant un journal qu'elle tenait à la main, et elle fredonnait une adorable romance de Richepin, récemment mise en musique par un étrange compositeur du nom de Cabaner :

« *Un mois s'ensauve, un autre arrive.*
« *Le temps court comme un lévrier...* »

— « Mon Dieu ! » songeait l'écrivain en écoutant ces couplets du seul poète de notre âge qui ait su rivaliser de grâce avec les divines chansons populaires, « ces vers sont bien beaux, le ciel est bien bleu, ma maîtresse est bien jolie... Au diable l'analyse !... »

La jeune femme interrompit cette calme rêverie d'amant heureux, en jetant un léger cri. Elle s'était levée de son fauteuil, tenant le journal dans sa main qui tremblait. Après avoir examiné, suivant son habitude, la troisième page, celle où se trouvent les nouvelles de théâtre, elle avait passé à la seconde, puis à la première, et ce qu'elle venait d'y lire l'avait bouleversée, car elle balbutiait, en tendant la feuille à Claude :

— « C'est trop horrible !... »

Claude, épouvanté lui-même par cette agitation fébrile et soudaine, saisit le journal, et il y lut, sous la rubrique : *Échos de Paris* :

« On nous apporte, au moment de mettre sous presse, une nouvelle qui affectera profondément le monde littéraire. M. René Vincy, l'auteur applaudi du *Sigisbée*, vient d'attenter à ses jours dans son appartement de la rue Coëtlogon. M. René Vincy s'est tiré un coup de pistolet dans la région du cœur. Hâtons-nous de dire, pour rassurer les nombreux admirateurs du jeune poète, que cette tentative n'aura pas de suites fatales. Notre sympathique confrère s'est en effet grièvement blessé, mais la balle a pu être extraite, et les nouvelles sont des plus rassurantes.

« On se perd en conjectures sur le mobile de cet acte de désespoir. »

— « Ah! Colette, » s'écria Claude, « c'est toi qui l'as tué! »

— « Non, » gémit l'actrice, hors d'elle-même, « ce n'est pas possible... Il ne mourra pas... Tu vois, le journal assure qu'il va mieux... Ne dis pas cela! Je ne m'en consolerais pas... Est-ce que je savais, moi? Je t'en voulais si fort... Tu avais été si dur... J'aurais tout fait pour me venger... Mais vas-y, cours-y... Tiens, ton chapeau, tes gants, ta canne. — Pauvre petit René, je lui enverrai des fleurs. Il les aimait tant... Et tu crois que c'est à cause de cette femme?... »

Tout en parlant, avec cette incohérence où se trahissait à la fois son émotion de bonne fille malgré tout, et son enfantillage de comédienne, elle avait achevé d'habiller son amant, et elle le poussait vers la porte.

— « Et où te retrouverai-je? » demanda-t-il.

— « Hé bien! à six heures ici pour aller dîner au Bois... Mon Dieu! » ajouta-t-elle, « si je n'avais pas ces deux rendez-vous chez la modiste et chez la couturière, j'irais avec toi. Mais je ne peux pas les manquer...

— « Tu y tiens donc encore, à ce dîner au Bois?... » reprit Claude.

— « Ne sois pas méchant, » répondit-elle dans un baiser, « il fait si joli et j'ai trop envie de t'aimer à la campagne... »

Sur cette phrase qui finissait de la peindre tout entière, avec ses passages subits des attendrissements les plus sincères au goût passionné du plaisir, Larcher rendit son baiser à sa maîtresse, saisi d'un vague mépris pour lui-même, tant il se trouvait faible devant ses moindres caprices, même à cette heure où il venait d'apprendre une catastrophe qui le touchait d'aussi près. Il s'élança dans l'escalier ; il descendit les trois étages, quatre marches par quatre marches ; il se jeta dans une voiture, et un quart d'heure plus tard il en ouvrait la portière devant cette grille de la rue Coëtlogon qu'il avait franchie, de même, quelques mois plus tôt, lorsqu'il venait chercher René pour le conduire à la soirée de l'hôtel Komof... Brusquement, toutes les pensées qu'il avait eues à cette place lui revinrent à la mémoire, et le ciel sinistre de ce soir-là, et la froide lune qui courait parmi les nuages mobiles, et l'étrange pressentiment qui lui avait serré le cœur. Maintenant le jour délicieux de mai remplissait le ciel de lumière, les feuilles verdoyaient dans la bande étroite du jardinet, devant les fenêtres du rez-de-chaussée des Fresneau. Ce printanier décor d'une vie si paisible représentait trop bien ce qu'avait été longtemps le destin de René ; ce qu'il fût demeuré s'il n'avait jamais rencontré Suzanne. Et cette fatale rencontre, qui en avait été l'auteur indirect ? Claude essaya vainement de secouer ce remords en se disant : « Pouvais-je prévoir ce malheur ?... » Il l'avait prévu, cependant. Il ne pouvait résulter que du mal de cette transplantation subite du poète dans un milieu de luxe, où sa vanité et sa sensualité s'étaient épanouies aussitôt. Le pire était arrivé. Par un affreux hasard, soit. Mais qui avait provoqué ce hasard ? La réponse à cette question était cruelle pour un ami véritable, et ce fut le cœur serré que Claude sonna à la porte de cette maison où régnaient jadis la simplicité, le noble et pur amour, avec le travail. Que de mortels miasmes y avaient pénétré à sa suite et que de tristesses ! Il put le constater une fois de plus au visage décomposé de Françoise, qui vint lui ouvrir, et qui fut prise, à sa vue, d'une crise de sanglots. Elle essuyait ses yeux avec le coin de son tablier bleu, tout en disant dans son langage mêlé de mots de patois :

— « Ah ! l'la faut-i !... Mon bon monsieur. Vouloir se périr ainsi, un enfant que j'ai connu tout cheti et minaud comme une fille !... Jésus, Marie, Joseph ! — Entrez, monsieur Claude, vous trouverez madame Fresneau et mademoiselle Rosalie... M. l'abbé Taconet est avec lui qui le console... »

Émilie se tenait avec la petite Offarel dans cette salle à manger où Claude avait été accueilli si souvent par un bienfaisant tableau d'intimité. Le docteur venait sans doute de sortir, car une odeur d'acide phénique remplissait la chambre, comme après un pansement. Une fiole de cette substance, marquée d'une étiquette rouge, traînait sur la table à côté d'une potion, près d'une soucoupe, et parmi des morceaux de coton coupés en carré. Des bandes de linge enroulées, du taffetas, un pot de pommade, étiqueté de rouge comme la fiole et couvert d'un papier métallique, des épingles de nourrice, une ordonnance timbrée achevaient de donner à cette pièce une physionomie de chambre d'hôpital. La pâleur d'Émilie révélait assez les émotions qu'elle avait traversées depuis quarante-huit heures. La vue de l'écrivain produisit sur elle le même effet que sur Françoise. Il lui rappelait trop, par sa seule présence, les journées anciennes où elle avait été si orgueilleuse de son René. Elle fondit en larmes, et, en lui tendant la main, elle lui dit :

— « Comme vous aviez raison !... »

Rosalie, elle, avait jeté au visiteur un regard aussi explicite que si elle l'eût accusé de vive voix du suicide de René. Il y avait dans ces yeux de jeune fille une telle rancune, l'arrêt exprimé par eux s'accordait si bien avec les secrets remords de Claude, qu'il détourna ses yeux, à lui, et après un silence, il demanda :

— « Est-ce que je peux le voir ?... »

— « Pas aujourd'hui, » répondit Émilie, « il est si faible. Le docteur craint pour lui les émotions. » Et elle ajouta : « Mon oncle va vous dire comment il se trouve... »

— « Et quand est arrivé ce malheur ? Je n'ai rien su que par les journaux. »

— « Les journaux en ont parlé, » fit Émilie, « moi qui avais pris tant de précautions ! »

— « Une petite note de rien... » repartit Claude qui devina la vérité à la subite rougeur de Rosalie. Le vieil Offarel avait, sous ses ordres dans son bureau, à la Guerre, un jeune homme qui s'occupait de littérature et que l'écrivain connaissait un peu. Le sous-chef avait dû parler, et sa fille le savait déjà. Il tenta de s'attirer un regard plus aimable, en égarant les soupçons de madame Fresneau : « Les reporters furètent partout, » disait-il ; « pour peu qu'on soit connu, on ne leur échappe pas... » Et il continua : « Mais les détails ? »

— « Il est rentré avant-hier, » dit Émilie, « vers les quatre heures, et tout de suite j'ai deviné à sa figure qu'il avait quelque chose... Mais quoi ! J'étais si habituée à le voir triste depuis quelque temps!... Il m'avait annoncé un grand voyage en Italie. Je l'ai interrogé : — Tu pars toujours demain?... — Non, m'a-t-il dit, et il m'a prise contre lui et il m'a embrassée longtemps, longtemps avec des sanglots. Je lui ai demandé : — Qu'as-tu?... — Rien, m'a-t-il répondu, où est Constant? — Cette question m'a étonnée. Il savait bien que le petit ne revient pas de la pension avant six heures. — Et Fresneau? a-t-il dit encore. Puis il a poussé un grand soupir et il a passé dans sa chambre. Je suis restée cinq minutes à me tâter : je ne devais peut-être pas le laisser seul. Puis j'avais peur. Dans ses passages de désespoir, il est si facile à s'emporter... Et voilà que j'entends une détonation. — Ah! je l'entendrai toute ma vie!... »

Elle s'arrêta, trop émue pour continuer, et après une nouvelle crise de larmes :

— « Et que dit le docteur? » reprit Claude.

— « Qu'il est hors de danger, sauf une complication impossible à prévoir; » répondit Émilie, « il nous a expliqué que ce malheureux pistolet — c'est moi qui le lui ai donné! — était un peu dur de détente. L'effort par lequel il a dû presser sur la gâchette a fait dévier la balle... Elle a traversé le poumon sans toucher le cœur, et elle est ressortie de l'autre côté... A vingt-cinq ans!... Mon Dieu! mon Dieu! quelle misère!

Non ! il ne nous aime pas, il ne nous a jamais aimés !... »

Comme elle se lamentait ainsi, montrant à nu la plaie de son âme, cette souffrance de la tendresse prodiguée en vain que connaissent surtout les mères, l'abbé Taconet parut sur le seuil de la porte de la chambre du malade. Il serra la main à Claude, auquel il avait pardonné d'avoir jadis quitté l'école Saint-André sans crier gare, et il répondit au double regard inquisiteur de sa nièce et de Rosalie :

— « Il va reposer, et moi, il faut que je regagne mon école. »

— « Me permettez-vous de vous accompagner ? » fit Claude.

— « J'allais vous le demander, » dit le prêtre.

Les premières minutes durant lesquelles les deux hommes marchèrent ensemble furent silencieuses. L'abbé Taconet en avait toujours imposé à Larcher par un de ces caractères irréprochables qui contrastent trop avec la bassesse des mœurs courante pour que leur seule existence ne constitue pas un blâme constant au regard d'un enfant du siècle, comme était l'écrivain, perdu de vices et affamé d'idéal. Encore maintenant et tandis que l'abbé allait auprès de lui de son pas un peu lourd, il le regardait, en songeant aux abîmes moraux qui le séparaient de ce prêtre. Le directeur de l'école Saint-André était un homme grand et fort, de cinquante ans environ. A première vue, rien, dans sa robuste corpulence, n'annonçait l'ascétisme de sa vie. La grosseur de ses joues et la coloration de son teint lui auraient même donné un air poupin, si le pli sérieux de sa bouche et surtout la beauté de son regard n'eussent corrigé cette première apparence. La sorte d'imagination propre aux artistes, qui, élaborée par l'hérédité, avait produit la mélancolie morbide de la mère de René, le talent du poète et son attrait pour toutes les choses brillantes, comme la tendresse désordonnée d'Émilie à l'égard de son frère; cette imagination qui empêche l'esprit de s'arrêter au fait présent et positif, mais qui teinte sans cesse les objets de couleurs trop brillantes ou trop sombres; cette dangereuse, cette toute puissante faculté allumait aussi ses éclairs dans les yeux bleus du prêtre. Seulement la discipline catholique en avait corrigé l'excès, comme la foi profonde en avait sanctifié l'emploi. Il y avait une sérénité dans cet ardent regard, celle de l'homme qui s'est endormi chaque soir et réveillé chaque matin, durant des années, sur une idée de dévouement. Cette idée à laquelle la conversation avec l'abbé Taconet revenait toujours, Claude en connaissait la formule si précise et si définie : reconstituer l'âme française par le Christianisme. Telle était, d'après ce robuste ouvrier de la vie morale, la tâche réservée dans notre époque à tous les hommes de bonne volonté. Claude n'ignorait pas non plus quelles espérances ce prêtre, vraiment supérieur, avait placées sur son neveu. Que de fois il l'avait entendu qui disait : « La France a besoin de talents chrétiens!... » Aussi le regardait-il avec une curiosité singulière, étudiant sur ce visage si calme d'habitude un passage d'anxiété, — il aurait presque voulu de doute. Ils marchaient sur le trottoir de la rue d'Assas, et ils allaient franchir la rue de Rennes, quand l'abbé s'arrêta pour interroger son compagnon :

— « Ma nièce m'a dit que vous connaissiez cette femme qui a poussé mon neveu à cet acte de désespoir. Dieu n'a pas permis que ce pauvre enfant disparût ainsi. Le corps guérira, mais il ne faut pas que l'esprit retombe... Qui est-elle? »

— « Ce que sont toutes les femmes, » répondit l'écrivain qui ne put résister au plaisir d'étaler devant le prêtre sa prétendue connaissance du cœur humain.

— « Si vous aviez confessé, vous ne diriez pas toutes les femmes, » interrompit le prêtre. « Vous ne savez pas ce que c'est que la Chrétienne et jusqu'où elle peut aller dans le sacrifice... »

— « Ce que sont presque toutes les femmes,

soit, » reprit Claude avec une nuance d'ironie, et il commença de raconter ce qu'il savait de l'histoire de René, puis il esquissa de Suzanne un portrait assez exact, à grand renfort d'expressions psychologiques, parlant de la multiplicité de sa personne, d'une condition première de son moi et d'une condition seconde : « Il y a en elle », disait-il, « une femme qui veut jouir du luxe, et elle garde un amant qui la paie; il y a une femme qui veut jouir de l'amour, et elle a pris un amant tout jeune; une femme assoiffée de considération, et elle vit avec un mari qu'elle ménage. Et l'amant d'argent, l'amant d'amour, le mari de décor, je parierais qu'elle les aime tous les trois, — d'une manière différente. Certaines natures sont ainsi, comme ces boîtes chinoises qui en contiennent six ou sept autres... C'est un animal très compliqué!... »

— « Compliqué? » fit l'abbé en hochant la tête. « Je sais : vous avez de ces mots, pour n'en pas prononcer d'autres bien simples. C'est tout simplement une malheureuse qui vit à la merci de ses sensations... Tout cela, c'est de grandes saletés. » Son noble visage exprima un dégoût profond, tandis qu'il prononçait cette phrase brutale. Il était visible que l'idée des choses de la chair lui causait l'espèce de répugnance irritée qu'elle donne aux prêtres qui ont dû lutter contre l'énergie d'un tempérament fait pour l'amour. Ce dégoût céda aussitôt la place à une tristesse profonde et l'abbé continua : « Ce qui m'épouvante pour René, ce n'est pas cette femme. D'après ce que vous m'en dites, son caprice assouvi, elle l'aurait laissé. Malade, elle n'y pensera plus. C'est l'état moral dont cette aventure témoigne chez ce pauvre garçon... Avoir vingt-cinq ans, avoir été élevé comme il l'a été, se sentir si nécessaire à la meilleure des sœurs, posséder en soi ce don incomparable que l'on appelle le talent, et qui peut, mis au service de convictions fortes, produire de si grandes choses, l'avoir reçu, ce don divin, à un moment tragique de l'histoire de son pays, savoir que demain ce pays peut sombrer à jamais dans une tempête nouvelle, oui, savoir que son salut, c'est notre œuvre à tous, à vous, à lui, à moi, à ces passants... » il montrait devant eux quelques gens sur le trottoir, « et que tout cela ne pèse pas dans la balance contre le chagrin d'être trompé pas une coquine ! Mais... » et il insista, comme si son discours s'adressait à Claude autant qu'au blessé qu'il venait de quitter « qu'espérez-vous donc rencontrer dans cette redoutable région des sens où vous vous engagez, sous prétexte d'aimer, sinon le péché avec son infinie tristesse ?... Vous parlez de complication. Elle est bien simple la vie humaine. Elle tient tout entière dans les dix commandements de Dieu. Trouvez-moi un cas, je dis un seul, auquel ils n'aient pas répondu d'avance?... Y a-t-il donc un aveuglement sur les hommes de cet âge, qu'un enfant, que j'ai connu si pur, en soit arrivé là en si peu de temps, pour avoir seulement respiré la vapeur du siècle?... Ah! monsieur, » ajouta-t-il avec l'accent déchirant d'un père trahi par son fils, « j'étais si fier de lui! J'en espérais tant!... »

— « Vous en parlez comme s'il était mort, » interrompit Claude, qui se sentait tout ensemble attendri et irrité à l'égard de son interlocuteur. D'une part, il le plaignait de sa visible souffrance, de l'autre, il ne pouvait supporter les idées que venait d'énoncer le prêtre, quoiqu'elles fussent aussi les siennes dans ses crises de remords. Comme beaucoup de sceptiques de nos jours, il soupirait sans cesse vers la simplicité de la foi, seul principe de la suite dans le vouloir, et sans cesse le goût des complexités intellectuelles ou sentimentales lui montrait dans une foi, quelle qu'elle fût, une mutilation, il n'osait ajouter : une bêtise. Il éprouva subitement le besoin irrésistible de contredire l'abbé Taconet et de défendre ce René sur lequel, en arrivant rue Coëtlogon, il se lamentait lui-même: « Et pensez-vous, » continua-t-il, « que cet enfant ne sortira pas de cette épreuve plus fort, plus capable d'exercer et de développer ce talent d'écrire auquel vous croyez, vous, du moins, monsieur l'abbé?.. Ah! écrire, si ce n'était que découvrir des idées en chambre, comme un géomètre devant son tableau noir, pour les énoncer, là, posément, tranquillement, en termes bien choisis, bien nets, mais le premier venu pourrait s'établir écrivain, comme on s'établit ingénieur ou notaire. Il n'y faudrait que de la patience, de la méthode et du loisir!... Ecrire, c'est bien autre chose... » Et, s'exaltant à mesure qu'il parlait : « C'est vivre d'abord, et avoir de la vie un goût à soi, une saveur unique, une sensation, là, dans la gorge... C'est se transformer soi-même en champ d'expériences, en sujet auquel inoculer la passion. Ce que Claude Bernard faisait avec ses chiens, ce que Pasteur fait avec ses lapins, nous devons le faire, nous, avec notre cœur, et lui injecter tous les virus de l'âme humaine. Nous devons avoir éprouvé, ne fût-ce qu'une heure, les mille émotions dont peut vibrer l'homme, notre semblable, — et tout cela pour qu'un inconnu, dans dix ans, dans cent ans, dans deux cents, lise de nous un livre, un chapitre, une phrase peut-être, qu'il s'arrête et qu'il dise : Voilà qui est vrai, et qu'il reconnaisse le mal dont il souffre... Oui, c'est un jeu terrible que celui-là, et l'on court le risque d'y rester. Avec cela que le médecin qui dissèque ne court pas le risque de se couper avec son scalpel, et, quand il visite un hôpital de cholériques, de tomber foudroyé... C'est vrai, René a failli disparaître, mais quand il écrira sur l'amour maintenant, sur la jalousie, sur la trahison de la femme, il y aura un peu de son sang sur ses phrases, du sang rouge et qui a battu dans une artère, et non pas de l'encre prise dans l'encrier des autres. Et voilà une belle page de plus à joindre au patrimoine littéraire de cette France que vous nous accusez d'oublier. Nous la servons à notre manière. Ce n'est pas la vôtre, mais elle a sa grandeur. Savez-vous que c'est un martyre aussi que de souffrir ce qu'il faut souffrir pour s'arracher des entrailles *Adolphe* ou *Manon?...* »

— « *Beati pauperes spiritu...* » répondit le prêtre, « je crois bien avoir entendu soutenir quelque chose d'approchant à l'École normale, il y a quelque trente ans, quand je me promenais dans le préau avec des camarades qui ont fait du bruit dans le monde. Ils avaient moins de métaphores et plus d'abstraction que vous, ils appelaient cela l'antinomie de l'art et de la morale... Les mots sont des mots, et les faits sont des faits... Puisque vous parlez de science, que diriez-vous d'un médecin qui, sous le prétexte d'étudier sur lui-même une maladie contagieuse, se la donnerait et avec lui à toute une ville? Ces grands écrivains que vous enviez, songez-vous quelquefois à la tragique responsabilité qu'ils ont prise en propageant leur misère intime? Je n'ai pas lu ces deux romans que vous avez nommés, mais le *Werther* de Gœthe, mais le *Rolla* de Musset, je me les rappelle. Croyez-vous que dans le coup de pistolet que vient de se tirer René, il n'y ait pas un peu de l'influence de ces deux apologies du suicide? Savez-vous que c'est une chose effrayante de penser que Gœthe est mort, que Musset est mort, et que leur œuvre peut encore mettre une arme à la main d'un enfant qui souffre?... Non! les maladies de l'âme veulent qu'on ne les touche que pour les soulager, et cette espèce de dilettantisme de la misère humaine, sans pitié, sans bienfaisance, que je connais bien, me fait horreur... Croyez-moi, » conclut-il en montrant à l'écrivain la croix dressée au-dessus de la porte de l'église du couvent des Carmes, « personne n'en dira plus que celui-là sur la souffrance et sur les passions, et vous ne trouverez pas le remède ailleurs. »

— « Il trompe comme le reste, » dit Claude, que la certitude du prêtre achevait d'irriter : « c'est en son nom que vous avez élevé René, et vous avouez vous-même que votre espérance a été déçue. »

— « Les voies de Dieu sont impénétrables, » répondit l'abbé Taconet, dans le regard duquel passa un muet reproche qui fit rougir Claude. Il avait cédé à un vilain mouvement, dont il eut honte, en cherchant à toucher l'oncle de René à une place douloureuse, parce que la discussion tournait contre lui. Les deux hommes dépassèrent sans parler le coin de la rue de Vaugirard et de la rue Cassette, et ils arrivèrent devant la porte de l'école Saint-André au moment où une division d'enfants y rentrait, venant du lycée. C'étaient des garçons de quinze à seize ans, au nombre de quarante environ, tous bien tenus, tous l'air heureux, avec cette physionomie franche et pure de l'adolescence que de précoces désordres ne flétrissent pas. Leur salut, lorsqu'ils passèrent devant le directeur, trahissait une telle déférence, une telle affection personnelle, que l'influence profonde de ce rare éducateur aurait été reconnaissable à ce seul signe; mais Claude savait, par expérience, avec quelle minutie l'abbé Taconet s'acquittait de sa noble tâche; il savait que tous ces enfants étaient suivis, par ces yeux vigilants et doux, de journées en journées, presque d'heure en heure, et, prenant la main du prêtre avec une soudaine émotion, il lui dit :

— « Vous êtes un juste, monsieur l'abbé, c'est encore là le plus beau talent et le plus sûr !... »

— « Il sauvera René... » songeait-il après avoir vu la soutane du grand Chrétien disparaître derrière la porte du collège, qu'il avait si souvent franchie lui-même autrefois, dans les années mauvaises. Sa rêverie devint alors singulièrement sérieuse et mélancolique. Il marchait, presque machinalement, du côté de sa maison de la rue de Varenne, où il n'avait pas reparu depuis ces quelques jours, et il laissait son esprit flotter autour des idées que la conversation, et plus encore la seule existence du prêtre, avaient éveillées en lui. C'en était fini de la félicité physique éprouvée deux heures auparavant sur le balcon de Colette. Toutes les misères de la vie sans dignité qu'il menait depuis deux ans refluaient à la fois dans sa mémoire, rendues plus misérables par la comparaison avec les magnificences cachées de la vie du devoir dont il venait de contempler un exemplaire accompli. Cette impression amère du mépris de soi augmenta, quand il se retrouva dans son appartement, rempli du souvenir de tant d'heures coupables et douloureuses. Vingt images se présentèrent dans lesquelles se résumait tout le drame dont il avait été un des acteurs : René lui lisant le manuscrit de *Sigisbée*, la première représentation aux Français, la soirée chez madame Komof et l'apparition de Suzanne en robe rouge, Colette chez lui au lendemain de cette soirée, puis René de nouveau lui racontant sa visite chez madame Moraines, son départ à lui pour Venise, son retour, les scènes qui avaient suivi, les deux passions parallèles qui s'étaient développées dans son cœur et dans celui de son ami pour finir par le suicide de l'un et l'avilissement de l'autre. « L'abbé a raison, » songea-t-il, « tout cela, c'est de grandes saletés... » Il se dit ensuite : « Oui, l'abbé sauvera René, il le forcera de partir, une fois guéri, de voyager six mois, un an ; il reviendra, délivré de cette horrible histoire. Il est jeune... Une âme de vingt-cinq ans, c'est une plante si vigoureuse, si verte ! Qui sait ? Il se laissera peut-être toucher par Rosalie, il l'épousera... Enfin, il triomphera. Il a souffert, il ne s'est pas avili... Mais moi ? » En quelques minutes, il dressa le tableau de sa situation actuelle : trente-cinq ans bien passés, pas une raison sérieuse de vivre, désordre en dedans et désordre au dehors, dans sa santé et dans sa pensée, dans ses affaires d'argent et dans ses affaires de cœur, un sentiment définitif du néant de la littérature et des hontes de la passion, avec une incapacité absolue d'abdiquer le métier d'homme de lettres et de quitter le libertinage... « Est-il vraiment trop tard?... » se demanda-t-il en marchant dans sa chambre de long en large. Il aperçut, comme un port lointain, la maison de sa vieille parente, de cette sœur de son père, isolée en province, à laquelle il écrivait deux ou trois fois chaque hiver, et presque toujours, depuis des années, pour lui demander de l'argent. La petite chambre qui l'attendait se peignit dans sa pensée, avec sa fenêtre ouverte sur une prairie. Un coteau fermait cette prairie, que traversait une rivière bordée de saules. Pourquoi ne pas faire là une retraite, où il essaierait de se reprendre? Pourquoi ne pas tenter une dernière fois de s'arracher aux vilenies d'une existence sur laquelle il n'avait plus une illusion? Que ne partait-il tout de suite, et sans même revoir cette femme qui lui avait été plus funeste que Suzanne à René?... L'agitation où le jeta cette vue subite d'un salut encore possible le chassa de son appartement, non sans qu'il eût dit à Ferdinand de préparer sa malle. Il sortit, et il se laissa conduire au hasard de ses pas jusqu'à l'entrée des Champs-Élysées. Par cette claire soirée de la fin de mai, les équipages passaient, passaient, innombrables. L'antithèse entre ce décor mouvant du Paris des fêtes, tant aimé autrefois, et le décor immobile qu'il rêvait maintenant à une conversion suprême séduisit l'artiste. Il s'assit sur une chaise, et il regarda ce défilé, reconnaissant celui-ci, celle-là, et se rappelant les histoires, ou vraies ou fausses, qu'il savait sur chacun ou chacune... Une voiture tout à coup attira son attention parmi les autres. Il ne se trompait pas... Un élégant vis-à-vis approchait, emportant madame Moraines avec Desforges assis à son côté et Paul Moraines en face. Suzanne souriait au baron qui, évidemment, emmenait sa maîtresse et le mari au bois, — sans doute pour y dîner. Elle n'aperçut pas l'ami de René qui, après avoir suivi des yeux longtemps la jolie tête blonde tournée à demi vers le protecteur, se mit à rire et dit tout haut :

— « Quelle comédie que la vie et quelle sottise d'en faire un drame ! » puis il tira sa montre et se leva précipitamment :

— « Six heures et demie, je serai en retard chez Colette... »

Et il héla un fiacre qui passait à vide, pour arriver rue de Rivoli — cinq minutes plus tôt !

Février-Octobre 1887.

TABLE

TABLE

		Pages
Dédicace		1
I.	Un coin de province à Paris	1
II.	Ames naïves	21
III.	Un Amoureux et un Snob	41
IV.	Le *Sigisbée*	61
V.	L'aube de l'amour	88
VI.	La logique d'un observateur	112
VII.	Profil de Madone	130
VIII.	L'autre profil de la Madone	150
IX.	Une comédienne de bonne foi	175
X.	Dans le piège	200
XI.	Déclarations	221
XII.	Loyauté cruelle	243

		Pages
XIII.	At home.	269
XIV.	Journées heureuses.	291
XV.	Les rancunes de Colette.	320
XVI.	Histoire d'un soupçon.	343
XVII.	Évidences.	377
XVIII.	Le plus heureux des quatre	409
XIX.	Tout ou rien	437
XX.	L'abbé Taconet	475

Achevé d'imprimer

le trente octobre mil huit cent quatre-vingt-sept

PAR

ALPHONSE LEMERRE

(Aug. Springer, *conducteur*)

25, RUE DES GRANDS-AUGUSTINS

PARIS

www.ingramcontent.com/pod-product-compliance
Lightning Source LLC
Chambersburg PA
CBHW071710230426
43670CB00008B/962